日本思想史と現在

渡辺 浩
Watanabe Hiroshi

筑摩選書

日本思想史と現在　目次

Ⅵ　挨拶と宣伝　295

日本思想史と現在

はじめに

私たちが、考えるとき、感じるとき、そして思い悩むとき、それは、「自然」にしているわけではありません。私たちの文化と言語とを形成してきた永い歴史を受け、その流れの中で、感じ、思い、考えているのです。では、過去にどのようなことがあったために、あなたは（そして、私は）、今、このように感じ、思い、考えるのか。そして、私たちは、その過去に気付くことによって何を得られるのか――特に「日本」をめぐって、それを探求することを、私はこれまで主な仕事としてきました。

そして、その成果と思えるものを、様々の機会に国内外で発表してきました。それをまとめた本も出しました。[1]

本書は、これまでに私が書き、公表した日本語の文章の内、既刊の小著に収められていない短編（但し、時々、小著と関連はしています）の多くをまとめたものです。中には、出版社の宣伝パンフレットやPR誌に書いた小文もあり、学会誌に書いた書評もあり、学会報告もあります。つまり、そのほぼすべては、日本や中国などの思想史に関心のある（そう多くない）読者に向けて、その時々の読者を意識して書いたものです。

でも、どこにも「ここだけの話だけど……」というものはありません。私は、単に業界向けではなく、単に日本人向けではなく、その主題に関心を持ってくれるかもしれないあらゆる人に通用するように文章を書こう、と努力してきました（自然科学者と同じです）。誰に読まれても恥ずかしくないような文章、そして、あなたがどこのどなたであろうと、どこかでその内容に意味が、そしてできれば驚きや刺戟がある文章——ひそかに、それを目指してきました。

それにいくらかでも成功しているかどうか、これからこの本をお読みになり、判定していただければ幸いです。

これらの文章を書く機会を与えてくださった編集者や、学会・大学の同僚などに、改めて深く感謝します。

そして、最後に、本書刊行を勧めてくださった筑摩書房の元編集者、湯原法史さんと、面倒な編集作業を良心的に遂行し、貴重な助言をしてくださった筑摩書房選書編集長、松田健さんに、あつく御礼申し上げます。

二〇二三年秋

渡辺　浩

（1）単著としては、主に次の四点です。『近世日本社会と宋学』（東京大学出版会、一九八五年、増補新装版二〇

一〇年。韓国語版有り）、『東アジアの王権と思想』（同、一九九七年、増補新装版二〇一六年。中国語版・韓国語版有り）、『日本政治思想史　十七～十九世紀』（同、二〇一〇年。英語版・韓国語版有り）、『明治革命・性・文明――政治思想史の冒険』（同、二〇二一年）。

I

その通念に異議を唱える

1　どこが新しいのか――『学問のすゝめ』初編について

福沢諭吉『学問のすゝめ』初編（明治五／一八七二年）は、周知のように、冒頭部分でこう説いている。

天は人の上に人を造らず人の下に人を造らずと云へり。人は生れながらにして貴賤貧富の別なし。唯《ただ》学問を勤《つとめ》て物事をよく知る者は貴人となり富人となり、無学なる者は貧人となり下人となるなり。

これは、当時の読者にとって、新鮮で、衝撃的な主張だったろうか。

そうではないであろう。

まず、当時の多くの読者は、『学問のすゝめ』という題名を見れば、（『荀子《じゅんし》』冒頭の「勧学篇」にまで遡らないとしても）、例えば、漢詩文入門用に重宝された中国渡来のアンソロジー、『古文真宝』前集巻之一冒頭にずらりと並ぶ、「勧学文」を想起したであろう。筆者（とされているの）は、真宗《しんそう》・仁宗《じんそう》（二人とも、宋代の皇帝）・司馬光・王安石・白居易・朱熹《しゅき》など[1]である。そして、そこには、例えば、こう書かれている。

賢愚同一初。由其不能学、所入遂異閭。（韓愈《かんゆ》）

（賢者と愚者は、その生の始めにおいては同一である。しかし、学問をしないと、遂には入る門が異なるという結果になる。）

つまり、「学問の勧め」と題する文章が、「人には生まれながらの相違は無い。しかし、その後の学問次第で大きな差が生ずる。だから、君も学問に励みたまえ。」と説くのは、当時、まったくの「儒生の常談」なのである。朱子学者、室鳩巣《むろきゆうそう》の著とされる書には、こうある。

もと人に貴賤《きせん》なし。唯《ただ》人望に依て貴を生ず。その子細は、人天地の内に生じて五体同《おなじく》、知覚不異《ことならず》、皆天地に取り、皆天地に行、皆天地に居し、皆天地に食す。誰をか貴とし誰をか賤とせん。是に人あり、その徳天地のごとく、その明日月の如くに、仁群生《ぐんせい》をおほひ、智万物を照し、当るものは化し、従ふものは楽み、是に来れば利あり、是に訴ふれば益有《えきあり》。是を以て人の望は甘露のごとく、人の仰《あおぐ》こと天の如くなり。人望によつて貴きを生ずるにあらずや。

（（伝）室鳩巣『不亡鈔』巻之三）

ここでは、人には元来貴賤は無いが、「徳」と「智」を磨けば人望が集まり、その結果、貴い地位を得ることになるのだと説明しているわけである。

「儒生」すなわち儒学者だけではない。例えば、西川如見《じょけん》は、町人向けの教訓書『町人嚢《ちょうにんぶくろ》』（享保四／一七一九年刊）で、こう説いている。

畢竟《ひっきょう》人間は根本の所に尊卑有べき理なし。唯生立《そだち》によると知べし。

夫《それ》人間は陰陽五行の神物なり。其始、尊卑の隔《へだて》なく、都鄙のかはりなし。しかれ共《ども》、出胎已後、漸々《ようよう》習ひ染る処によつて、尊卑都鄙の品《しな》相分る。

そして、寺子屋の定番教科書、『実語教《じつごきょう》』も、「玉不磨無光。無光為石瓦。人不学無智。無智為愚人。（玉磨かざれば光無し。光無くして石瓦となる。人学ばざれば智無し。智無くして愚人となる。）」と教えている。この引用の後半部を、福沢が「初編」で引用しているとおりである。そして、福沢は、徳川の世を回顧して、「如何なる寒村僻邑《へきゆう》と雖《いえ》ども、至愚極貧《しぐごくひん》の者に非《あら》ざるより以上は、論語・大学の名を知らざる者なし、実語教を読まざる者なし」と指摘している（『通俗国権論』）。

つまり、徳川日本では、「人（主に男性を指す）に、生まれながらの尊卑貴賤などは無い。どのように育てられ、どのように学問をするか（しないか）によって、尊卑貧富が決まるのだ」という言説は、広く流布し、常識化していたのである。

何故か。

無論、それが儒教の基本的な信条だからである。孔子は、「性相近也。習相遠也。（性は相《あい》近し。

習へば相遠《あい》し。）」（『論語』陽貨）、「有教無類。（人は教によって相違が生ずるのであって、本来、類の違いなどは無い。）」（『論語』衛霊公）と述べている。儒教が、当時、不動の道徳と人生の指針を教えるものだと広く理解され、実際に相当数の人々が学んでいた以上、このような「学問の勧め」論が流布するのは当然なのである。

しかし、生まれついた「家」によってその身分が基本的に定められた社会において、そのような教説が流布するのは、体制維持の観点からして、危険ではないだろうか。

危険であろう。

宋代以降の中国のように、基本的に身分制が消滅し、科挙制度が確立していれば、「学問が尊卑貴賤を決める。悔しかったら学問したまえ（そうして、科挙に合格したまえ）。」という教訓は、男性たちを（特に、才能に恵まれた、その意味で危険な男性たちを）体制への参入の努力に駆り立てる。男性であれば基本的に誰でも科挙を受験でき、それに合格すれば統治者階級に参入できるという仕組みがあれば、皇帝が「勧学文」を書いてもおかしくない。しかし、「お家柄」によって武士であり、家老であり、大名であり、将軍である人々の統治体制内では、人の本来的同一性と学問による差異化という理念は、その実態との距離故に、体制への不信と嫌悪を招きかねないはずである。能力がありながら（あるいは、みずから、あると信じながら）、それを発揮する機会を得ず、「空しく不平を呑んで世を去」っていった人の息子が「門閥制度は親の敵《かたき》で御座る」と憤っても、おかしくないはずである。「上士族」に対して、「読書会読と云ふやうな事になれば、何時《いつ》でも此方《こっち》が勝つ」ような男性が、「上士族」への軽蔑と反感をつのらせても（福沢諭吉『福翁自伝』）、当然なはずである。

では、何故、そのような危険思想が公然と受容され、普及が放置されていたのだろうか。それは、第一に、儒学を修めるのは、経済的・時間的余裕からしても、現に「尊貴」にして富裕なる人が多かったからであろう。「我々が「尊貴」なる身分にあるのは、単に生まれによるわけではない、我々は、百姓・町人共《ども》、そして下士族と異なり、学問に励んでいるのだ」と称することができれば、「危険」な思想も、逆に、身分制の擁護になる。無論、それは欺瞞である（自己欺瞞でもある）。しかし、欺瞞を欺瞞と見抜くのは、必ずしも容易ではない。第二に、そのような主張を裏付けるように、十八世紀半ばから、大名が、家中のための学校を設立することが、増えていった（「藩学」「藩校」）。そして、武士ならばある程度は漢学の素養があるであろう、上級の武士ならば一層そうであろう、と想定される社会に変わっていったのである。

その結果、儒学のさらなる社会的浸透が促進された。しかし同時に、「門閥制度」への憤懣も密かに蓄積していった。やがて、下級の不平士族たちを主な動力とする運動によって、徳川体制が崩壊した。新政府の「官武一途、庶民ニ至ル迄、各《おのおの》其志ヲ遂ゲ、人心ヲシテ倦《う》マザラシメンコトヲ要ス。」（五箇条の御誓文）という宣言、そして「廃藩置県」（「封建」の世から「郡県」制度への変革）による大名身分の廃止とその「御家中」の消滅は、あの儒学の理想が遂に実現する日が来たことを、多くの人に予感させたことであろう。

いわゆる明治維新は、一面で儒学の理想の実現である。そして、「封建」から「郡県」への変革とは、世襲身分制の廃止と中央集権化という、(儒学の本場である)当時の「中華」のように日本を変えることである。この「中華」化と西洋化とが複合し融合したことが、改革の急激な進行と深化とを可能にしたのである。

福沢は、『学問のすゝめ』初編で、議論において陳腐だが実行においては新鮮な儒学的理想に添う形で論を進めた。そして、そこに、「人の天然生れ附《つき》は、繋がれず縛られず、一人前の男は男、一人前の女は女にて、自由自在なる者」、「人の一身も一国も、天の道理に基《もとづき》て不羈《ふき》自由なるものなれば、若《も》し此《この》一国の自由を妨げんとする者あらば世界万国を敵とするも恐るゝに足らず、此一身の自由を妨げんとする者あらば政府の官吏も憚《はばか》るに足らず。」等の新鮮な主張を、華やかなレトリックをもって加え、交えたのである。

『学問のすゝめ』の内容と構造との正確な理解には、このような面への配慮もおそらく必要であろう。

(1) 実は、次に引く韓愈「符読書城南」以外は、本当に彼等の作であるかどうかは怪しい。参照、齋藤希史《まれし》『漢文ノート――文学のありかを探る』(東京大学出版会、二〇二一年)一九五~二〇六頁。

☆初出、『福澤手帖』一九五号（福澤諭吉協会、二〇二二年十二月）。本書への収録にあたって、『不亡鈔』からの引用を加えた。また、引用文に適宜、新たにルビを付した。本書を通じてそのような場合がある。煩雑になるので、一々注記しない。
『福澤手帖』は、福澤諭吉協会発行の季刊誌である。二〇二二年は、『学問のすゝめ』初編刊行の一五〇周年にあたったため、同年発行の四つの号には、「特集『学問のすゝめ』を考える」として合計二〇編の文章が掲載された。その内の一編である。

2 「可愛い女」の起源

（一）重大な選択

現代日本の多くの少女は、十代のあいだに、ある重大な選択をしているらしい。次のような指摘がある。

①（前略）自分の外見に対するコンプレックスゆえ、学校の成績や自己主張の内容を通じて自己実現をはかる以外に方法はないと思う一方で、そうしたことを通じて自己実現をはかるのは「女らしくない」やりかたなのだという二重のコンプレックスがいつも私のなかにはあった。**美しくないなりにかわいらしく**ふるまい、男と結婚し、その人を裏からささえることが「女らしい」自己実現の方法だ、と高校生くらいまでは真剣に思っていたのである。（掛札《かけふだ》悠子《ひろこ》『「レズビアン」である、ということ』河出書房新社、一九九二年、一二九〜一三〇頁。ゴシックも原文のまま。）

②ヤンキーが支配する学校での階級は、あくまでもその学校の中だけで通用する、しかも在学中だけの期間限定の階級でした。しかし、高校の階級は「学力」と「モテ」の二つの階級

で、その二つは、学力のほうは「大学進学」につながるし、「モテ」のほうは校内だろうが校外だろうがかわいい女のコの基準は変わらないので、学校内だけの問題ではないわけです。しかも高校生の年齢は16〜18歳。もう「大人」になる寸前ですから、その二つの評価基準は「大人の自分」の評価に限りなく近く感じました。（雨宮まみ『女子をこじらせて』ポット出版、二〇一一年、一二八頁）

③自分で言うのもなんだが、私は同世代の親戚の中では一番、勉強ができた。伯母やいとこから「勉強ができるのに、女の子だなんてかわいそう」と言われたこともある。日本社会で育った女であれば、学校生活のかなり早い時点で、勉強を頑張るか愛され女子を目指すか決めなければならない。私には最初から、後者の選択肢などなかった。（朴沙羅《ぱくさら》『家《チベ》の歴史を書く』筑摩書房、二〇一八年、一五頁）

書名なども示すように立場の大きく異なる女性たちが、異口同音に、日本社会に生きる少女たちは、いわば「出来る女」になるか、「愛される女」になるかの二者択一を迫られていると指摘しているのである。多分、事実なのであろう。

しかし、この二種の女性像は、そもそもどちらかを選択しなければならないものなのだろうか。高い能力や業績と愛されることとは、当然に相反するのであろうか。

そうではあるまい。優秀で有能な人は魅力的ではないか。高い能力と業績の故に好意を寄せられる方が、むしろ自然ではないか。
では、何故、日本では違うのか。
（二）「愛されること」と「可愛いこと」
それについては、次のような説明がある。

日本女性に対する、最高の褒め言葉。それは「きれい」でも「色っぽい」でもなく、「かわいい」です。「きれい」も「色っぽい」も、はたまた「清楚」も「いい人」もよかろう。しかし女性達は「かわいい」と言われた時に最も大きな喜びを感じ、男性もまたとっておきの女性に対して、「かわいい」を使う。（酒井順子『男尊女子』集英社、二〇一七年、一四一頁）

かわいい女性は、モテます。かわいい女性は、男性達の庇護欲求をかきたてるからこそ、きれいな女性よりも色っぽい女性よりも、モテるのです。「かわいい」とされるには、まず容貌がかわいいことが大切なのはもちろんですが、外見がさほどかわいくなくても大丈夫。日本語には「かわいげ」という言葉があるのであり、ふとした表情、態度などに滲み出るかわいさを男性は律儀にキャッチして、「キュン死」してくれる場合があります。このようにかわいさは、女性にとって化学調味料のような役割を果たしてくれるのです。どのような素材であっても、「かわいい」という調味料を一振りすれば、あっという間に万人好みの味に。

（同一四二～一四三頁）

思い起こせば私も若い頃は、「あの子は単なるぶりっ子なのに、どうして男の子は気づかないのだ！」と、いちいちプリプリしていました。「ああいう女がいるから、女は本当に素のままで生きられないのだ」と。（同一四四頁）

しかし「ありのまま」ではあまりに異性ウケしない、という焦りのあまり、ためしに「かわいい」という化学調味料を使用してみたら、これが意外なほどに効くではありませんか。何かを知らないフリをしてみたりすると、「ばっかだなぁ」なんつって、髪をくしゃくしゃっとされたりする！　化学調味料によって得た異性からの評価に、自分が思いのほか舞い上がっていることにも、驚きました。（中略）その「かわいい」はあくまで演出であり嘘であることは自分が一番よく知っているのだけれど、異性から「かわいい」と評価されたことによって、それが天然「かわいい」であるかのような錯覚に陥ることができる。その嬉しさは麻薬のような快感なのであり、「中毒になるの、わかるわ……」と、初めて実感したものです。（同一四五頁）

しかし我々のゴールは、まだ先にあります。日本女性は、「かわいいおばあさん」になることができるか否かで、老後の幸福が左右されるのです。かわいいおばあさんになることができれば、周囲の人に優しくしてもらえる。我々は死ぬまで「かわいくあらねばならぬ」というプレッシャーと闘い続けるのでしょう。このように、我々がなぜこれほどまでに「かわいい」に執着するかといえば、「かわいい」にはもれなく「愛され」がついてくるからです。というより両者はほぼ同義語と言ってもいいでしょう。(同一四六〜一四七頁)

これも、事実なのかもしれない。確かに日本語の「可愛い」は、愛される資格がある、という意味を含む(「かわいい」:「①いたわしい。ふびんだ。かわいそうだ。②愛すべきである。深い愛情を感じる。③小さくて美しい。」『広辞苑』第七版)。それ故、男性に「可愛くねえなあ」「可愛げないなあ」と言われれば、多くの日本女性は、多分、傷つく。あなたには人から愛される資格がない、と言われたにほぼ等しいのだから。そして、一般に日本人の「カワイイ」好きは有名である(kawaiiは、世界に広く知られる日本語になっている)。

こうして、日本では、女性については「愛されること」と「可愛いこと」とがほぼ同意義であるならば、思春期を迎えた多くの少女が、「可愛く」あろうと努めるのも、当然なのであろう。

(三) 驚くべき現状

よく話題になるように、日本の主要国立大学、特に東京大学の学部における女子学生の比率は低い。東大では、一九七〇年代からかなり上昇したものの、約二〇%に達したところで上昇が止まった。無論、(数年前、某医科大学で発覚したように)入学試験で差別しているわけではない。

そもそも受験生の女子比率が約二〇％なのである。その結果、東大は、最優秀の女子高校生をかなり採り逃がし、その分、それほど優秀でない男子を受け入れているのである（ちなみに、二〇一七年から一八年についての調査によれば、学部学生の内の女子の比率は、カリフォルニア大学バークレイ校五二・七％、シンガポール国立大学五一・六％、オックスフォード大学四七・三％、ソウル大学四一・八％である）[1]。これは、大学間の国際競争において、重いハンディキャップである。おそらく学問の内容にもバイアスをもたらしているであろう。そこで、東大は様々な努力をしているのだが、めざましい効果は出ていない。

最優秀の女子高校生が東大を受験しないとすれば、それは何故か。

彼女たちは、例えば、大学生になって「合コン」に出た時に、「大学どこ？」と聞かれて「東大」と答えると「引かれてしまう」と思っているのかもしれない。「女性は、東大出だと愛されにくいらしい。わざわざ受験勉強で努力して愛されないようになるなんて……。」と判断しているのかもしれない。男性で東大出だと、「合コン」で、あるいは結婚市場で多分マイナスにはならない。しかし、女性だとマイナスになる。そう信じているのかもしれない。そして、親たちもそう信じて娘の進路を助言しているのかもしれない。実際、次のような指摘もある。

特に悪気なく、性差別をするつもりもない親が、次のように話すのを耳にすることがあります。「うちは女の子だから、勉強はそこそこで、可愛くて愛嬌があればいいかな」。みなさんは、こういう意見について、どう思いますか。確かにそうだな、と思う人もいるでしょう。

それはきっと、これまでの人生で「可愛い女の子」が得をするのを見てきたからでしょう。ご自身が「可愛い女の子」であり、様々なメリットを感じてきたのかもしれません。（治部《じぶ》れんげ『「男女格差後進国」の衝撃　無意識のジェンダー・バイアスを克服する』小学館新書、二〇二〇年、一八五〜一八六頁）

上野千鶴子氏が指摘するように、男性に対する評価は、何よりも仕事（「男同士の世界での覇権ゲーム」）に関してなされ、評価者は主に男性である。その評価が高いと、女性からの「モテ」が付随してやってくる。(2) 男性自身がそう信じて自己形成する。仕事での自己実現に邁進しやすいのである。ところが、女性の評価は異なる。勉強や仕事ができるということと、男性からの「モテ」とが連関しない（らしい）。時には、むしろ矛盾する（らしい）。そこで、男性と異なり、多くの女性はどちらかを選ばされることになる、とりわけ日本では。――そういうことであろう。日本の多くの男性の性的選好が女性たちにそのような選択を迫っている、ということになる。(3)「私、可愛くしなくちゃ。だって女の子だもん。」と思っている少女は、将来、頼もしいリーダーになって活躍しようとは思わないであろう。大企業の幹部になって大組織を経営することを夢みないであろう。(4) まして、総理大臣になって、日本政治を牛耳ろうとは志さないであろう。「可愛い」ことが女性であることの重要な一部なら、女性が社会的・政治的な指導者たらんとすることは、日本では女性としての自己否定になりかねないからである（さらには、断乎たるフェミニストであること自体、「女らしくない」ということになりかねない）。

とりわけ、政治家は万人に愛されることはできない。政敵を持ち、政敵を攻撃し、政敵に攻撃されることは避けがたい。批判や憎悪に耐えるたくましさも必要である。実際、いわゆる女子アナウンサーは、人気のある憧れの職業らしいが、女性政治家はそうではないようである。どちらも人前で話す人気商売であり、知性と聞く力・話す力との高さが必須なのだが……。例えば、小池百合子東京都知事はロール・モデルとして、少女たちに高い人気を得ているか、疑わしい。蓮《れん》舫《ほう》議員や辻元清美議員が登場すれば、若い女性たちが憧れの歓声を上げるという様子も無い(5)。

ちなみに、東京大学（情報学環）の林香里教授は、こう指摘している。

出世したい女性は、男性の脅威にならない程度に賢く発言して、女性らしさも忘れず。そういった「技術」がないと、男性上司に選ばれない。単に「生意気」だと潰されます。（『朝日新聞GLOBE』二二七号、二〇二〇年三月一日、一一頁）

「生意気」とは「可愛い」の反対語であろう。多分、日本社会では、女性は「生意気」では不利なのである。そこで、少数派である野心的な女性たちは、能力発揮と「可愛さ」とを両立させる高度な技術を修得し（させられ）、用い（させられ）ているのである。あなどられず見くびられず、しかも、嫌悪されず反撥されないように振る舞うという、きわどい綱渡りである。そして、彼女たちは時に成功し、時に失敗しているのである。その中には、「こんな面倒な、厭な思いをするくらいなら、出世などしない方がいいわ」と思う人もいることであろう。

日本の衆議院における女性議員の割合は、（女性の方が、一時、選挙の投票率は高かったにもかかわらず）一〇・二%にすぎない（世界一九二カ国の議会下院の中で、一六三位）。中央省庁の事務次官・局長などの上級管理職における女性の割合は、二〇一八年七月現在で三・九%である。[6] つまり、九六%が男性である。要するに、日本政府は男性の政府である。その結果、周知のように、世界経済フォーラムが毎年発表している世界各国のジェンダーギャップ・ランキングにおいて、特に political empowerment における日本の地位は極めて低い（今年三月のランキングで、一五六カ国中、一四七位）。「先進国」と称しながら、この面ではほぼ世界最低なのである。[7]

もしも、これが逆だったらどうだろうか。首相以下の大臣、議員、官庁の幹部、最高裁判所判事、企業の幹部――そのほぼすべてが女性であるという状態が続いていたら、男性たちは、「ちゃんと男性のことも配慮してやっていますから」と言われて、納得するだろうか。

納得しないであろう。彼等は憤激し、「不公平だ。構造的差別だ。女性支配を打倒せよ」などと叫ぶであろう。そして抗議集会を開いたり、デモ行進をしたりするであろう。暴動すら起こすかもしれない。ところが、現在の日本では、そのような運動を女性たちは起こしていない。そのような挙に出ていない。日本の多くの女性は、この驚くべき現状を穏やかに受け入れ、あるいは静かに諦めているようなのである。[8] いったい、何故なのだろうか？

その一因として、右記のような女性についての「可愛いさ」理想（それは、男性理想と対をなしている）が蔓延する下での、女性の意識的・無意識的な自己抑制と、男性による意識的・無意識的な方向付けや抑圧があるのではないだろうか（「抜擢したくても適当な女性がいないんですよ」とぼやいているあなた自身が、そのような状況を造り出し、今日も維持しているのではありませんか）。

では、何故、日本では、そのような「可愛い女」像がそれほどに強力なのか。特異な現象には、特異な原因があるはずである。

様々な仮説が考えられる（例えば、「日本の男性の自我はひ弱なので「強い女性」をパートナーとする自信が無く、特に若い女性に（それが擬態だと薄々知りながらも）幼女めいた愛らしさを求める」、「男に伍して社会的上昇を目指しても、いずれガラスの天井に頭をぶつけることを予期して、女性たちが、男にはできない方式での自己実現を図る」、「執拗に続いている性別役割分業の意識と慣習が、それに対応すると信じられた性格を形成させている」、「仕事と家庭の両立を困難にさせている苛酷な労働慣行や法制が、女性を「家庭的」であるように仕向けている」等々）。

ただ、それらに加えて、おそらく歴史的な説明も可能である。そのような問題意識もあって書いたのが、拙著『明治革命・性・文明――政治思想史の冒険』（東京大学出版会、二〇二一年六月）所収の三論文である（第五章「「夫婦有別」と「夫婦相和シ」」、第六章「どんな「男」になるべきか――江戸と明治の「男性」理想像」、第七章「どんな「女」になれっていうの――江戸と明治の「女性」理想像」）。世界に稀な、この国の驚くべき現状は、多分、その特異な歴史の中に一つの根がある。

拙著に対し、読者諸兄姉の御批判をいただければ幸いである。

（1）東京大学統合報告書製作委員会『ＩＲ×ＩＲ東京大学統合報告書二〇一九』（東京大学経営企画部ＩＲデータ

課、二〇一九年）三五頁。
（2）上野千鶴子『女ぎらい――ニッポンのミソジニー』（紀伊國屋書店、二〇一〇年）二三〜二四頁。
（3）その結果、気質などからして「可愛く甘える」ことなどができず、つらい恋をしたり、結婚を諦めたりする女性もいるのであろう。
（4）ちなみに、二〇〇六年に、二〇代後半の男女を対象にして、カナダ・イタリア・韓国・日本で同じ質問をした「若年層男女の管理職志向」に関する調査（大槻奈巳「女性管理職の声から考える――管理職志向の変化と職場重視モデル」、大沢真知子編著『なぜ女性管理職は少ないのか――女性の昇進を妨げる要因を考える』青弓社、二〇一九年、八一〜八二頁）によれば、「管理職を目指したいか」という質問に、「とてもそう思う」「まあそう思う」と答えた女性の合計は、カナダ六六・五％、イタリア六一・九％、韓国七一・六％である。一方、日本の女性では二五・八％である。そして、「あまりそう思わない」「まったくそう思わない」と答えた女性の合計は、七三・九％に達する。「思う」と「思わない」との比率が、ちょうど諸外国の逆なのである。
（5）この状況に関連して、日本では、選挙において女性候補者が特に有利であるということはない。その結果、政党が選挙に女性候補を最優先で立てるということもない。それが、首長や議員の女性比率が低い直接の原因の一つであろう。
（6）前田健太郎『女性のいない民主主義』（岩波新書、二〇一九年）一一頁。
（7）勿論、議員や行政府幹部における性別割合などの形式的な数字は、女性の政治的影響力の実際の大小とは異なるとも考えられる。しかし、それらの形式的な数字は世界最低に近いが、政治的決定における女性の実質的な影響力は世界的に見て高いなどと言えるだろうか。
（8）ちなみに、統計数理研究所が五年毎に行う「日本人の国民性」という世論調査（同研究所ホームページ）において、繰り返されている質問の一つは、「もういちど生まれかわるとしたら、あなたは男と女の、どちらに生まれてきたいと思いますか？」である。結果が公表されている内では最新の二〇一三年の調査では、女性たちの七一％が、女性と答えている。次は男性にという女性は、二三％である（男性は、男性が八七％）。戦後間もない一九五八年の調査では、逆に、「男性が良い」六四％、「女性が良い」二七％だった。しかし、それが逆転し、今では圧倒的多数の女性が、もう一度生まれても女性が良いと答えるのである。また、同じ二〇一三年調査の「あなたは男と女の、どちらが楽しみが多いと思いますか？」という問いに対し、女性の六二％が、女性の方が楽しみが多いと答えている。男性の方がと答えたのは僅かに二二％である（男性は、男性の方が四七％、女性が二七％）。そして、「ひとくちでいうと、あなたは幸福だとおもいますか？」という質問に、「ふつう」「まあまあ」を含めて幸福と答えた女性は、実に九六％に達する（男性は九一％）。そして、日本女性の自殺率は、男性の約半分である（二〇二〇年で、一〇万人あたり、女性一〇・九、男性二二・九）。

☆初出、『UP』五八七号（東京大学出版会、二〇二一年九月）。
文中に触れた拙著刊行を機に、東京大学出版会編集部の依頼を受けて執筆した文章である。

なお、初出の際の「女性の方が概して選挙の投票率は高いにもかかわらず」という一節を、「一時……高かったにもかかわらず」と改めた。近年では「概して」とは言えないと指摘してくださった、現代日本政治研究の田中善一郎氏（東京工業大学名誉教授）に感謝する。

3 国号考

（一）「日本」は恥ずかしい？

「日本国」という国号は、独立国として、恥ずべきものではないだろうか。

理由は大きく三つある。

第一に、この国号は、この国の固有の言葉ではない。外国語である。この国は、自称に自国語を用いず、わざわざ隣国――中国――の言語でみずからを呼んでいるのである。即ち、この国号は、中国文字（いわゆる「漢字」）で表記され、中国音（いわゆる音《おん》）で発音される。なお、「ニホン」は、この地の言葉の影響を受けてなまった発音であり、「ニッポン」の方が原音により近い。NHKのアナウンサーなどは、必ず「ニッポン」と発音しているようだが、それは、中国の原地音に、より忠実に発音しようという立場であるわけである。

第二に、仮に、この国の言葉による名称が無いならば、外国語を利用するのもやむを得ないかもしれない。しかし、例えば、「みずほのくに」「やまと」「おほやしまくに」「あきつしま」「あしはらのなかつくに」等、様々な土着の名称があるのである（「ひのもと」は、「日本」を訓読みした言葉であって、土着の言葉ではない）[1]。しかも、「かな」という（中国文字が基であるとしても）独自の文字もある。しかるに、現状は、あたかもドイッチュラント Deutschland が、自国をアルマーニュ Allemagne と隣のフランスの言語で呼び、国号をフランス語の République fédérale d' Allemagne としているようなものである。独立国として、いかがなものだろうか。

第三に、「日本」とは、日の出る方角、つまり東方にあることを自認した名称である。しかし、南北と異なり、東西は相対的である。世界のどの国も、西とも東とも中央とも言える。そして、太陽はこの列島から見ても、はるか東から昇る。にもかかわらず、「東の国」と自己規定しているのは、なぜなのか。それは、無論、この列島から見てすぐ西方の大陸を世界の中心――「中華」――と認めたからであろう。我が国、あるいは我が王朝は、そちらから見て東の方角の周辺でございます、と認めたのである。それ故に、八世紀初め、「中華」の王朝（そちらは、決して「西の国」だとは自称しない）も、それを、従来の「倭」に代わる正式国号あるいは王朝名として、速やかに承認したのであろう(2)。

首尾一貫したナショナリストだった本居宣長《もとおりのりなが》は、この国を「日本」などとは呼ばなかった。『日本書紀』（中国からの来訪者に委託して中国語で書いてもらった(3)、「日本」王朝の「史」の「本紀」らしき部分）も、研究上は利用したものの、好まなかった。彼によれば、その書名自体、「辺《ホトリ》ばみたる題号《ナ》」（周辺だという自己意識の露呈した書名）（『古事記伝』一之巻「書紀の論《アゲツラ》ひ」）だった。そこで彼は、常にただ『書紀』と呼んだのである。

以上のように、形式からしても、意味内容からしても、中国を意識し、中国に依存し、見方によっては中国に媚びたような国号を、この国では、現在に至るまで使用しているのである。反中国的な言動をする人が、一方で、「「日本」はすごい」とか、「「日本」万歳」とか言うのは、いじらしくも滑稽ではないだろうか。「中華」の掌の上で踊っていることを自覚しない憐れな態度ではないだろうか（ちなみに、「大日本」とは、「大唐」「大明」「大清」のような時の王朝を尊ぶ呼び方を、「日本」に応用したものであり、「大日本」と尊大に言うこと自体が、中国の真似である）。

（二）何をいまさら

さて、以上のような議論を読まれて、どう思われるだろうか。

この議論に、論理的に反論することは、多分、難しい。しかし、言いくるめられた気はしても、納得はしにくいかもしれない。また、そもそも余り意味の無い、愚劣な議論だと思われるかもしれない。


なぜか。

それは、「この列島の住人たちは、古代以来、中国を意識し、中国から学び、中国をまね、そして、（意識の上では、往々）中国と張り合ってきた。そうであるのに、いまさら国号だけをとりだして、恥ずかしい名称だなどと言うことには意味が無い」と思えるからであろう。

確かに、文字だけでなく、古代以来の国制（律令制）も、仏教も、儒教も、中国由来である。豆腐も饂飩《うどん》も饅頭もお茶も、そして箸も、中国渡来である。梅も桃も牡丹《ぼたん》も菊も金木犀《きんもくせい》も銀杏も、中国原産である。言語も深く影響されている。今、漢語を除いたら、この列島では会話が成り立たず、文章も書けないであろう。もしも、いかなるばあいにも、つねに、やまとことばとひらがなだけで、かくようにしたならば、さまざまないいかえをしなければならず、また、まだるく、ながながしくもなるだろう。そして、よみにくくて、こまるかもしれない。

しかも、いわゆる明治維新以後には、今度は西洋を現代の「中華」（世界の「文明」の中心）とみなし[4]、そこから学ぶことによって、この国の政治・法律・経済・学問・文化などが成立してきた。明治天皇制は、議会開設によって政争が激化して分裂がもたらされることを懸念し、西洋諸国におけるキリスト教のような、「人心」の「帰一」する「機軸」が必要だとして、意識的に考案されたものである（枢密院における憲法審議冒頭の、憲法起草者、伊藤博文の説明[5]）。つまり、明治天皇制は、姿を変えた、国教としてのキリスト教なのである[6]。それを、欧州に倣って創設した貴族制度、やはり欧州に倣った議会制度・内閣制度・司法制度等と組み合わせて、西洋風の国家を急造したのである。それは、明治期に日本の大工たちが、手持ちの材料を用い、見よう見まねで建てた擬洋風建築に似ている。

そして、そうした擬洋風化はその後も、衣食住を含めて、広く深く浸透した。その結果、例えば、列島の中央に屹立する山岳群を、わざわざヨーロッパの山脈になぞらえて「アルプス」と呼ぶようにさえなった。今では、正式に「南アルプス市」と称する市（山梨県）さえある始末である。（「長安」をまねた「平安」京から、「北京」によく似た名の「東京」に遷った）都の入り口の橋を、「虹の橋」と呼ばずに「レインボー・ブリッジ」と呼び、国を代表する港の入り口の橋を、「いりえ橋」と呼ばずに「ベイ・ブリッジ」と呼ぶのも、同様の心性によるのであろう。それが、この国の文化であり、歴史なのである。

いまさら「日本」という国号は恥ずかしいと言われてもねえ、と思える所以である。

(三) 国境は何のため?

それに、(「南ローデシア」を「ジンバブエ」に改めたように)今から国号を、例えば「みずほのくに」に改め、我々が「みずほびと」になったとしても、それが何だろうか。例えば「日本銀行」が「みずほ銀行」になって起きる混乱や様々のコストを考えれば、ちっぽけな誇りのためにそのようなことをするのは、愚の骨頂であろう。

そもそも数万年以前に我々みんなの先祖がアフリカの故郷を旅立ち、地球表面の各地に拡散して以後も、相互に学び、相互に模倣してきたのは周知のことである(技術や制度だけではない。例えば、現代中国語は、明治日本で考案された多数の擬似漢語を含んでいる)。人類を細かく分割し、分割された小さな集団同士で張り合い、尊大になったり卑屈になったりするのは、ばかげている。つまらない、きょうだい喧嘩である。

しかも、あらゆる政府は、各人がそれぞれに満足して生きられるよう、その条件を整備するために存在する。では、なぜ国境線を引くのか(経済活動や文化活動自体は、国境線を必要としない)。結局、国境は、単に行政の責任範囲を決めるためである。主たる管理責任者を決めておかなければ、無駄な重複と責任放棄とが生じるからである。(7) 東京で板橋区と北区とを区切るのと同じである。便宜上の分担である。それ故、板橋区と北区の境界線を少々動かしたところで、血相を変える人はあまりいないであろう。そうであるならば、同様に、小さな無人島がどちらの「国」の「神聖な領土」であるかを争うのも、愚かしく無意味だということになろう。

（四）問いかけ

いや、それはまた極端な議論だ。「国」については、そうはいかない。そう思われる方もいるであろう。

なぜだろうか。

その解答を考えることは、読者にお任せしたい。私は、永い間、「日本政治思想史」担当の大学教師として、例えばこのように問題を提起して、学生を刺戟するように努め、自分で、政治・歴史・文化等について、自由に様々に思考するよう促してきた。その一端を御紹介したのが、この小文である。

（1）「日本《ニホム》とハ、もとより比能母登《ヒノモト》といふ号の有《ナ》しを書《カケ》る文字にハあらず、異国《アダシクニ》に示《シメ》さむために、ことさらに建《タテ》られたる号なり、」（本居宣長『国号考』松坂：柏屋兵助、天明七年刊、四〇～四一丁）。

（2）但し、始めは、百済・新羅に対して東という趣旨だったらしい（神野《こうの》志《し》隆光《たかみつ》『「日本」とは何か　国号の意味と歴史』講談社現代新書、二〇〇五年、第二章）。しかし、「中華」の側の承認の背景には、「日本」側に、「中国を世界の中心とする中国王朝の中華思想に同調する意味があったのであろう」（東野《とうの》治之《はるゆき》『遣唐使』岩波新書、二〇〇七年、四七頁。神野志前掲書八二～八三頁も、ほぼ同趣旨）。「日本」については、他に、東野治之「日出処・日本・ワークワーク」（同『遣唐使と正倉院』岩波書店、一九九二年）、小林敏男『日本国号の歴史』（吉川弘文館、二〇一〇年）を参照。

（3）森博達《もりひろみち》『日本書紀の謎を解く　述作者は誰か』（中公新書、一九九九年）。

（4）渡辺浩「「進歩」と「中華」　日本の場合」（同『東アジアの王権と思想（増補新装版）』東京大学出版会、二〇一六年、二二六～二六八頁）。
（5）国立公文書館所蔵『憲法草案　枢密院会議筆記』明治二一年六月一八日条。
（6）参照、三谷太一郎「日本近代化と天皇制」（同『近代日本の戦争と政治』岩波書店、一九九七年、一九五～二〇四頁）。
（7）参照、長谷部恭男「国境はなぜ、そして、いかに引かれるべきか？」（同『憲法の境界』羽鳥書店、二〇〇九年、第二章）。

☆初出、『學士會会報』第九四七号（學士會、二〇二一年三月）。
學士會は、七つの国立大学の同窓会的な組織で、その『会報』は年に六回刊行される。これは、同誌の編集者から、主題は任意との依頼を受けて執筆した文章である。本書収録に際し、極く一部の表現を改め、新たに小見出しを付した。

なお、「日本」の意味については、註（2）に挙げた研究に加え、小口雅史《おぐちまさし》「国号「日本《にっぽん》」「日《ひ》の本《もと》」の起源とその意味、そして後代への影響――近年の国号論議の隆盛をうけて」（法政大学国際日本学研究所編『日本のアイデンティティ――形成と反響（國際日本学研究叢書16）』法政大学国際日本学研究センター、二〇一二年）が、本稿の単純な叙述を超えた興味深い指摘をしている。

4　いつから「国民」はいるのか――「日本」の場合

（一）「国」の意識

「明治以前には、日本という「国」の意識など一般には無かった。当時「国」と言えば、専ら大名の領国を意味した」などという人がいる。

誤りである。

確かに、当時、大名が「帰国の御暇を賜る」と言えば、参勤交替による江戸滞在を終えて領国に帰ることをいう。しかし、「日本」あるいは「和国」「和朝」「本朝」「皇朝」、そして「皇国」も、間違いなく「国」である（現在でも「国に帰省する」というように、「国」を二重の意味で使う）。現に、「三国一の花嫁花婿」などと言った。お釈迦様の天竺《てんじく》、孔子様の唐《から》、そして日本の「三国」である。さらに、輸入されたマテオ・リッチの『坤輿《こんよ》万国全図《ばんこくぜんず》』（一六〇二年）を引いて、「万国は各々自国を以て上国と為して、しかも自国の説を用ひて自国の美を断ずる」ことの問題性を指摘した人さえいた（西川如見《じょけん》『日本水土考』序、元禄十三／一七〇〇年）。この世には既に「万国」が並立していたのである。

美しく彩色した様々の全国図も市販されていた。それは、琉球国を含まず、「蝦夷地《えぞち》」は松前付近のみが記載されるのが通例である。つまり、徳川政府の直接・間接の支配下にある地域が

「日本」なのである。その意味で、「国」の領域も明確だった。そして、全国図は、時に各城下町について江戸への距離を「〇〇里」と表示している（すべての道は江戸に通ず！）。やがて、「和学」「御国《みくに》学び」も発展した。

遅くも十八世紀ともなれば、山村に暮らす字の読めない人でも、「唐人《とうじん》」とは異なる「日本人」という人のまとまりがあることは、了解していたであろう[1]。

それも当然である。第一に参勤交替の示すように、強力な政治的統合があった。第二に、その範囲では同一の貨幣が用いられ、活潑な商業活動が行われ、一つの市場圏が成立していた。荻生《おぎゅう》徂徠《そらい》が、「アキ人ノ勢盛ニ成テ、日本国中ノ商人通ジテ一枚トナリ、物ノ直段《ねだん》モ遠国ト御城下ト釣合セテ居ル故、数万人ノ商人一枚ニ成タル勢ニハ勝《かた》レヌ事ニテ」（『政談』）と嘆いた通りである。第三に、公式文書や手紙は、文体は候文《そうろうぶん》、字体は御家流《おいえりゅう》で統一されており、出版物も全国的に流通していた。八戸《はちのへ》の医者が、京都の出版社から著書を刊行することもあった（安藤昌益《しょうえき》『自然真営道』宝暦三／一七五三年）。

さらに、例えば「唐人《とうじん》の寝言《ねごと》」という成句があるように、唐人は日本人に聞き取れない言語を話し、その寝言となれば一層ちんぷんかんぷんだろうとは、常識だった。

日本語と異国の言葉は違う。そして、髪型・服装も違う。それを、無数の絵や芝居が広め、江戸を訪れる異国人の使節がくりかえし証明した（オランダ人は毎年、朝鮮人・琉球人は、将軍代替わり等の際）。

（二）政治的統合

しかも、その政治的統合は、念の入ったものだった。

ちなみに、優れた国際政治学者、藤原帰一氏は、その著『平和のリアリズム』（岩波書店、二〇〇四年、一〇〇頁）で、次のように述べている。

人々の暮らしが村で始まり村で終わる、そのような生活を想定した場合、「国家」との関わりは著しく希薄なものでしかない。「国民国家」という虚構が成立する以前の「国家」とは、いわば軍隊と税務署であり、外部から権力を振るい、資材を奪う存在でしかない。

この説明を前提にすると、徳川日本は「国民国家」だったということになる。徳川政府の政治的統合は、決して、「軍隊と税務署」、一方的な威圧と収奪ではなかったからである。

例えば、当時の政府は、民間の紛争について、暴力による自力救済を厳重に禁止した代わりに、借金を返せ、売掛金を払えといった訴訟も受け付けていた。結果として、徳川日本は、高度な訴訟社会だった。享保三年（一七一八）の統計で、江戸の町奉行所が受け付けた民事訴訟の合計数は、三万五七五〇件である。天明三年（一七八三）、大坂町奉行所で、五六一三件である(2)。

当時、「公事（くじ）」という語がある。それは公共の関心事（res publica）という意味ではない。publicと異なり、「おほやけ」とは「お上《かみ》」に近い意味であり、要するにお上に関わる事をいう。

その「公事」が、戦国の世までは租税の一種を指したのに対し、徳川の世では訴訟を意味するのである。つまり、お上が、何よりも民間のもめ事を裁いてくれるものになったのである。「コレぐつ共すつ共いはれぬ與《よ》市兵衛の印形《いんぎょう》、証文が物いふ」（竹田出雲『仮名手本忠臣蔵』六段目）、「イヤ是、目の見へぬものだとおもつて、そのちやらくらおかつしやれ。ハテ見てゐた子どもが証拠人だ」（十返舎一九『東海道中膝栗毛』三編）といった訴訟社会的表現は、芝居・小説などに頻出する。儒者、貝原益軒《かいばらえきけん》も、「凡そ初において、証人を多くむすび、証文を詳《つまびらか》に取りおき、初をよくつゝしめば、終に訴なし。」と忠告している（『家道訓』）（その配慮が、人々が、今も無数に残る証文の束を大事に保存し続けた一因であろう）。「物事穏便」もよいが、それは「佞人《ねいじん》悪人ヲシテ賢人君子ヲ侮弄《ぶろう》セシムルコト」にもなる、「正理公道ハ農商ノ際《きわ》ニ多シ。是非曲直ヲ幾度モ官訴セラル、ニヨリテ、冤屈《えんくつ》誣《ふ》枉《おう》自然ニスクナシ」と、お上の裁判に遠慮無く頼れる百姓・町人の間の方が、武士の間より「正理公道」が実現している、という指摘さえあった（清田《せいた》儋叟《たんそう》『孔雀楼筆記』）（「日本人は生来訴訟嫌いだ」などという奇論を、いったい誰が言い出したのだろう）。

　しかも、この政府は、外国との関係においては出入国と貿易の厳格な管理体制を敷いていた。「異国」からの漂流者の送還も制度化されていた。これらは、外国と本国との境界線の確定のみならず、外国人と本国人の明確な区別を前提にしている（そうでなければ、出入国管理はできない）。同時代のヨーロッパでは、例えばジャン＝ジャック・ルソーのように、フランス共和国の偉人としてその遺体がパンテオンに恭しく安置されているものの、当人はその著書で堂々と「ジュネーヴの市民」と称していたなどという杜撰なことがある。しかし、徳川日本では、「異国人」と日本人の判別は、一義的に可能だった（琉球国の人々は「異国人」であり、「唐人」と呼ばれることもある）。現に、「人別改め《にんべつあらため》」という、町村毎の戸籍ないし住民登録の制度があった。旅行の際にはそれに基づく身分証明書（「往来手形」）の携帯が必須だった。

そして、徳川政府は、寺院・神社もすべて寺社奉行の支配下に置いていた。由緒ある大寺社には、将軍代替わり毎に、改めてその土地を宛行《あてが》うという文書が発行される。そして、その内部の不祥事は、政府が裁き、処罰する。不輸不入の特権を持った中間団体が盤踞《ばんきょ》していて、王権も介入できないなどという（フランス「絶対」王政のような）ことは無いのである。地方政府は武装した世襲の組織だが、それも慣習の範囲内では従順に服従していた。

そして、統治について、いかなる「異国」の指図も受けていなかった。

その意味では、徳川日本は既に国際政治学者などのいう「領域主権国家」だったのではないか。

（三）「ネーション」

しかし、福沢諭吉は、「日本は古来未だ国を成さずと云ふも可なり。……嘗《かつ》て余が説に、日本には政府ありて国民（ネーション）なしと云ひしも是の謂なり。」（『文明論之概略』第九章、明治八／一八七五年。カッコ内も福沢による。）と述べたではないか。そう思われる方もいるかもしれない。

しかし、それは、万一外国と敵対した時、出陣しないまでも心にかける者が、「日本国中の人民」にどれだけいるのか、という彼の自問への自答である。一般人民が対外戦争を我が事として深い関心を抱くようになるのが、「国民」成立の徴表であるなら、徳川日本に「国民」が無いのは当然である。長期安定軍事政権の支配する世襲身分社会である。統治・軍事は武士の特権であり任務である。町人・百姓の分際で、「お上」の統治や、まして外交・戦争を我が事のように云々すること自体、「お上」を恐れざる不埒である。

その一方で、言語・服装・髪型などの共通性という風俗と（遠国への寺社参拝、芸能・遊芸・書物等の流通による）文化の一体性の意識を基礎とし、そのような共通性を持つ「日本人」すべてを直接・間接に江戸の政府の統治が掩っている——それを自覚したまとまりの意識は広範に抱かれていたのである。

但し、明治国家と違って、そこには、「日本人は大きな血縁共同体だ、共通の血でつながった親戚集団だ」という意識はない。現に、徳川日本では、大名や武士も、先祖が、「カラ」から渡来したことや、秀吉の侵略の際の捕虜だということは、隠さない。(3) それはきまりの悪いことではなかった。

風俗的文化的な共通性を基礎とした、「上」からの強力な政治的統合、それが集団意識を形成していた。それは、「国民」**civic nation** 意識ではない。「民族」**ethnic nation** 意識と言えるかどうかは定義による。しかし、「臣民」**subject** 意識ではあった。みずから政治社会を形成し、支えようとする「国民」の成立以前に、ひとまとまりの「臣民」が形成されたのである。

ちなみに、與那覇潤《よなはじゅん》氏は、『翻訳の政治学——近代東アジア世界の形成と日琉関係の変容』（岩波書店、二〇〇九年）第二章「国境の翻訳論——「琉球処分」は人種問題か、日本・琉球・中国・西洋」において、次のような事実を指摘している。明治十二年に琉球国を「沖縄県」として日本国に編入した際のことである。その時、日本政府は、清国政府に対して主に「島津家久による琉球征服」を論拠に正当性を主張したという。「同一民族」「同一人種」などが論拠ではなかったのである。

これは、「日本人」が、「上」からの政治的統合に依って成立していたという理解と整合的である。

（四）臣民と国民

ちなみに、ペリー来航の四年前、対外的な危機感を強めた、時の老中、阿部正弘は、次のように「口達」した（嘉永二（一八四九）年十二月二十八日）。

凡《およそ》日本国中にある所、貴賤上下となく、万一異賊共《ども》、御国威をも蔑《ないがしろ》にしたる不敬不法之働抔《など》あらば、誰かは是を憤らざらん。然らば則《すなわち》日本闔国《こうこく》之力を以《もって》、相拒み候趣意に相弁《わきまえ》候はゞ、諸侯は藩屛《はんぺい》之任を不忘《わすれず》、御旗本之諸士、御家人等は、御膝元之御奉公を心懸《こころがけ》、百姓は百姓だけ、町人は町人だけ、銘々持寄《もちより》、当然の筋を以《もって》力を尽し、其筋之御奉公致し候儀、是二百年来昇平《しょうへい》之沢《たく》に浴し候御国恩を報ずる儀と、厚く心懸候はゞ、即《すなわち》総国の力を尽し候趣意に相当《あいあたり》候間、沿海之儀、相互に一和之力を尽し可被申候《もうさるべくそうろう》。（『幕末御触書集成』五二〇七号）

「百姓は百姓だけ、町人は町人だけ、銘々持寄《もちより》、当然の筋を以《もって》力を尽」すようにと、既に説いているのである。「上」からの、「臣民」の「国民」化への早熟な呼びかけであり、徳川体制崩壊の予兆であった。

（五）日本史の重要性

日本の歴史は、比較的孤立した列島の中で独特の展開を遂げた。興味深いのは事実だが、所詮、特殊な例にすぎない。要するにガラパゴス化しているのではないか。

そういう意見もあるかもしれない。しかし、そのガラパゴス諸島の研究が、生物の見方を永遠に変える巨大な一般理論成立の契機となったことを、誰が知らないだろうか。

国際政治学者にも、西洋史の研究者にも、無論、政治理論家たちにも、「日本」史を重要な参照事例とされることを強くお奨めしたい。(4)

（1）水本邦彦氏も、「徳川国家の国民は、自分たちを「日本人」、みずからの国家・社会を「日本」と認識していた。」と強調している（『徳川の国家デザイン（日本の歴史十）』小学館、二〇〇八年、一一頁）。但し、「国民」という用語、「みずからの国家・社会」という表現には違和感がある。例えば「社会」という語のみならず、そのような観念自体、未だ無かったのではないか。「世の中」「世間」とsocietyとは、大きく異なる概念である。

（2）小早川欣吾『増補　近世民事訴訟制度の研究』（名著普及会、一九八八年）、八～一〇頁。

（3）矢沢康祐「「江戸時代」における日本人の朝鮮観について」（朝鮮史研究会『朝鮮史研究会論文集』六、一九六九年）、大石学「近世日本社会の朝鮮人藩士」（『日本歴史』六四〇号、二〇〇一年九月）。また、新井白石『藩翰譜』にも例がある（第十上「秋月」・第十二下「坂崎」）。古賀（劉）精里・趙陶齋のような儒者ともなれば、むしろその出自に誇らしげである。

（4）本稿は、日本国際政治学会二〇〇九年度研究大会分科会D・E五「ウェストファリア神話の終焉と二一世紀世界秩序像のゆくえ」（二〇〇九年十一月八日）における報告の一部を増補改訂したものである。また、拙著『日本政治思想史 十七〜十九世紀』（東京大学出版会、二〇一〇年）の内容と一部重複している。

☆初出、『UP』第四四八号（東京大学出版会、二〇一〇年二月）。
東京大学出版会から、拙著『日本政治思想史 十七〜十九世紀』の刊行を機に、依頼されて書いた文章である。

極く一部、意味の明確化のために語句を補い、新たに小見出しを付した。

5　なぜ「性」か。なぜ今か。

(一) 用語

この『年報政治学　二〇〇三』の特集の主題は、「「性」と政治」である。ここで、「性」とは、主にジェンダー gender を意味するが、セクシュアリティ sexuality の意味をも重ねており、実際、掲載論文には主に後者にかかわるものも含まれている。

ジェンダーについては種々の定義がある。但し、本特集では、ジェンダーの定義をあらかじめ執筆者間で厳密に統一するようなことはしていない。しかし、遺伝子・身体の形状・性的な指向等とは一応別個に、「「女」とはこのようなものである〈はずである〉」「「男」とはこのようなものである〈はずである〉」「両者にはこのような差異がある〈はずである〉」という、歴史的に形成され、社会的・文化的に構成されている信念・観念・思いこみ・イメージが存在し、それが政治にとっても重要な意義を有すると考える点では、共通の理解がある。

この社会的・文化的意味での「性別」は、人類の「性」が普通二種類であると考えられていることに対応して、相関する対《つい》の構造を持ち、その構造が人々の人生と生活に深甚な影響をもたらしている。では、それの政治との関係はどうなのか、どうであったか、どうであるべきか——この巨大な問題に、少しでも光を当てたいというのが、本特集の狙いである。

以下、この特集の主題の発案者として、その趣旨について補足したい。

北米と西欧の学界ではジェンダー研究は極めて盛んであり、政治学を含む社会・人文諸科学において花形的な領域となっている。日本でも、社会学・歴史学等では、かねて関心を集め、既に多くの成果が公表されている。しかも、かねてフェミニストたちは、The personal is political.「個人的・私的な領域の問題とされてきたことも、実は政治的問題なのだ」（「私的」な状況が政治のありようを規定しているという意味と、政治のありようが「私的」な状況を規定しているという意味の双方にとりうる）と指摘してきた。ところで、「政治的問題」となれば、政治学者の出番であろう。しかし、後述するように、何故か（その何故かが問題だが）日本の政治学においては、これまで研究が相対的にすこぶる乏しいのである。

それ故、この『年報政治学』の読者の中には、そもそも「ジェンダー」という用語についても、異和感を覚えられる方もいるかもしれない。「そうは言っても、性別はつきつめれば性決定遺伝子によって決まることであり、結局は生物学の問題でしょう」「性別は性別であって、わざわざジェンダーなどという外来語を用いるのはいかがなものか。何でもかんでも社会的な構成物だとし、すぐ『発明』などと呼ぶ風潮に便乗しているようで苦々しい」などといった疑問を持たれる方も、おられるかもしれない。

しかし、どうやら事はそう単純ではないようである。念のために、最も基本的なところから順次確認しておきたい。

第一に、例えば性決定遺伝子をXのみ有しているという人がいる。体内の細胞に、XX遺伝子とXY遺伝子が混在しているという人も、この世には存在する。[1]

第二に、体内の細胞がどちらかに統一されていても、それと身体の形状は、必ずしも一致しない。XY遺伝子を有していながら、女性性器（らしき外観を呈する器官）を有して生まれ、当人も自分を女性と思って育つ人もいる。[2] また、そもそも性器や体型自体が両性具有的である人もいる。[3]

第三に、遺伝子と身体の形状はどちらかに一致していても、それが本人の自己意識（「性自認」）とは一致していない人もいる。いわゆる「性同一性障害」「性別不適合」である。例えば、遺伝子も体型も女性型でありながら、幼い時から自分は男性であるという確乎たる自己意識を持ち、それ故、自分は間違った肉体に閉じこめられているという不幸の意識を持ち、身体の形状の方をその意識に適合させる手術によって、初めて自分が自分らしくなりえたと感じる人がいる。[4]

この自己意識が、胎児の脳においてどちらかにスイッチが入るように決まる、その意味で生物学的・医学的なものなのか、誕生後の環境で決まる、その意味で心理学的なものなのかは、なお不明なようである。ちなみに、日本の現行法では、実際上誕生時に観察された身体の形状によって戸籍上の性が定められているが、「性同一性障害者の性別の取扱いの特例に関する法律」（二〇〇三年七月一六日公布）によって、身体の形状・機能が変更された、現に未成年の子の無い、独身の成人について、家庭裁判所の審判によって戸籍上の性別が変更できることとなり、「民法その他の法令の規定の適用については、法律に別段の定めがある場合を除き、その性別につき他の性別に変わったものとみなす」こととなった（二〇〇四年七月一六日施行）。

第四に、身体の形状は明確であっても、自分がどちらの「性」に属するのか、その意識に揺らぎのある人もいる。(5) そのような人に対しては、例えば「性別」を問うこと自体、突然踏み絵を突きつけるような無礼な圧迫にもなりえよう。

第五に、性的な行為の相手方として、どのような人を求めるか、好むかは、上記の「性別」にかかわる種々の複雑性とはまた別個の問題である。身体の形状が男性であって、性行為の相手に男性を好む人が、必ずしも自分を本当は女性だと思い、あるいは女性になりたいと思っているわけではない。男性同性愛でマッチョな人も当然いる。また、自分は本当は女性だと思っている男性の形状を有する人が男性を求めるのは、外見上同性愛であっても、あくまで（当人からすれば）異性愛である。しかも、身体は男性に生まれたが、性的自己意識は女性で、しかも同性愛である、つまり性的相手としては女性を求めるという人も、(6) その逆の人もいる。(7) また、無論、（戦国時代から江戸時代初期の武士が往々そうであったように）、性行為の相手として、異性と同性の双方を好むという人々もいる。要するに、身体の形状・性別に関する自己意識・社会的振舞い方等と、性的な希求の相手がどのような人であるかとは、別次元の話なのである。

第六に、それぞれの社会で「性別」表示の記号あるいは象徴として機能しているもの（服装・髪型・持ち物・話し方・仕草等）について、どちらの「性」のものを採用するか、つまり、一見したところどちらの「性」として受け入れられ、応対されようとするかは、またまた、別個の問題である。女性装を好む男性の身体を持つ人が、性別自己意識において女性とは限らないし、性的相手に男性を好むとも限らない。また、時によって同性装と異性装を切り換える人もいる。[8]

第七に、それぞれの社会の通念的な性別役割規定あるいは役割期待に照らして、どちらの役割を引き受けるかは、いうまでもなく、更に、上記のすべてと、またまた別個の問題である。ひげもじゃで筋骨隆々、しかし自分は、職業人として活躍する愛する妻のために、家事と育児に専念し、「専業主夫」として生きるぞ、という人がいても、何の不思議があろうか。

第八に、「性別」についての言語による解釈や説明がある。

儒学者であれば、例えば次のように体系的に説明するであろう。万物は「気」によって成っており、その「気」は「陰」と「陽」の二つの性質を持つ。「陰」の「気」を多く有するのが「女」であり、「男」は逆である。「陰」である「女」は、当然「内」にいて「内」の事をなすのが務めだし、「男」は逆である。「男女別有り」「夫婦別有り」というのが、人間らしいことであって、両者のけじめは明確にすべきである。「女」は、幼児からの「纏足《てんそく》」によって足を変形させ、よちよち歩きしかできないようにするのも、いかにも「内」なる存在にふさわしく、大いに結構である。(カギの中に適宜、「アダムのあばら骨」「ゲノム」「母性」「きちんとした躾け」「良妻賢母」「コルセット」「伝統的服装」等々を代入してみることもできよう。)

また、現代日本でも、次のような議論に納得する人もいるかもしれない。「男は強く、女は弱い。スポーツの記録をとっても、すべて男子選手の記録の方が高水準である。君も男ではないか。

男らしく、強くなければならない。」

しかし、言うまでもなく、これは論理的欺瞞である。そもそも、ある集団に属する人々の平均値や極値に差があったとしても、個々人を比較したときにどちらが上になるかは一概には言えない（例えば、田村亮子さんと組み合って投げ飛ばされない日本人の男が何人いるだろうか。高橋尚子さんより早く四二・一九五キロを走れる男がいったい何人いるだろうか）。まして、平均値や極値の差を、集団全体のあるべき性質へと当為化し、規範化するとは（つまり、「男である以上強くあるべきだ、何故なら平均値では男の方が強いのだから」と主張するとは）、無理な話というほかあるまい。しかし、「性別」については、往々このような非論理的思考が今も出現し、真顔で語られるようである。

このように、「性別」は、単に生物学の問題ではない。生物学的にも心理学的にも単純には決定できない。上記の諸例は少数者であるとしても、その少数が、「性別」なるものの自明性は幻影であることを、身を以て証し立ててくれている。性別とは、多次元的な構造を持つ複雑な現象なのである。

まして、ある人が「女らしさ」「男らしさ」と感じるものが、ほんの僅かでも生物学的根拠を持つのかそうでないのかは、往々決定困難である。そしてヒト・ゲノムに由来することと、歴史的に形成され、社会的・文化的に構成された「性」に関する様々な意識や制度とが、併存し絡み合って、一見、自明な「性別」にかかわる秩序を織りなしているのである。であるとすれば、現に社会的・文化的に「性別」として通用し、それぞれの「性」の特徴と広くみなされていることについては、安易に「自然」や「本質」の現れであるとはせず、身体の形状等とは一応別個に扱うのが、認識の深化のためには適切であろう。そうすれば、少なくとも、儒学者的思いこみや非論理的思考への転落に対する防壁にはなるであろう。それが、敢えてジェンダーという語を用いる一つの理由である。

セクシュアリティは、性行為にかかわる様々の観念・意識・態度・行動を広く指す。性行為は、市民や国民や臣民の後継者を不断に再生産し、政治社会の存続を根底において可能ならしめているという意味では、マルクスの言う国王のそれでなくとも、そもそも政治的行為かもしれない。しかし、政治との関わりは、単にそれだけではない。周知のように、思春期以後の人類の多くは、性行為に対し、強い関心を抱いている。そして、それをめぐって様々に感じ、思い、考え、評価を下し、様々の行動を起こしている。それらは、時に「正常」とされ、時に「異常」「変態」などとされ、時に犯罪とされる。ある行為はほほえましく、ある行為はおぞましい。しかもその分類基準は、社会によって異なり、歴史的にも変化する。さらに誰から見るかによっても異なりうる。(「男色」「エス」「ストーカー」「セクシュアル・ハラスメント」等の概念を想起されたい)

それは、正義や人権の意識に関連し、法と倫理に関連し、政治に関連する。時には重大な政治問題になる。

本特集は、主に以上のような二つの意味での「性」と政治との関連や、政治における「性」の問題を、様々の角度から探ろうとするものである。

政治学において、何故「性」か。より具体的に考えてみよう。例えば、次のように考えてみてはどうだろうか。

(二) 参加

現在の日本社会は、少数の例外を除けば、大きく分けてほぼ同数の二つの人間集団によって構成されていると言える。ほとんどの場合、当人は、その二つの集団のどちらに属しているかを明確に意識しており、かつ、多くの場合、それが外見でも表示されている。そのため、ある人について、一見して集団帰属を判定できるのが通例である(それが「正しい」か否かは別の話だが)。しかも、両集団間で、平均的な生活様式にもかなりの差異がある。そして、その集団帰属と意識・意見の差異とに、往々高い相関のあることも、よく知られている(現に、意識調査等では、冒頭の設問で、回答者がどちらの集団に属するかを問うのが普通である)。

そして、ある個人がそのどちらの集団に属するかによって差別的扱いをすることは、法によって明示的に禁止されている(日本国憲法第一四条、二四条)。

ところが、それにもかかわらず、政治への直接的関与を見ると、両集団間で、顕著な差があるのである。例えば、これまでの内閣総理大臣は全員、片方の集団から選出されている。国会議員の数でも、両集団間に大差がある。二〇〇二年現在、一方は、衆議院で僅かに七・三%である。(9)

閣僚では二二・二%である(一九九八年ではゼロ[10])。国家公務員では二〇・二%で、上位の役職に限れば、一・四%にすぎない[11]。政策立案・法律案作成における日本の国家公務員上位役職者の影響力を考えれば、九八・六%対一・四%という比は重大な意味を持っているであろう。

地方自治体でも、事態は同様である。四七都道府県中、一方の知事は僅かに四名である。都道府県議会議員における割合は、五・八%、市議会で一〇・八%、町村議会で四・九%である[12]。二〇〇三年四月現在、全国の都道府県で管理職に占める割合は四・八%、政令指定市で六・三%、市区町村で七・二%、約三二〇〇の市区町村の内、管理職がゼロであるのが、一二七二(三九・六%)、五%未満を併せると、五一・五%に達するという[13]。さらに、全国の裁判官では一二・二%、検察官で七・七%である[14]。

以上は、最も控えめに言って、政治学的にはなはだ興味深い現象ではないだろうか。さらに言えば、民主政として、はなはだ問題ではないだろうか。これが二つの民族集団であったら、直ちに暴動や独立運動が発生してもおかしくあるまい。驚くべき事態が、概ね平穏に継続しているのである。一体、何故だろうか。何故、このようなことが起き、かつ継続しているのだろうか。政治学者には、何らかの解答を提出する責務があるのではないだろうか。

このように言うと、第一に、「でも、それが自然でしょう。世の中そんなもんでしょう」と、口には出さずとも心の中でささやく人もいるかもしれない。しかし、例えば、女性国会議員の比率は、ドイツでは三二・二%、スウェーデンでは四五・三%である[15]。スウェーデンは「不自然」

で、日本の現状は「自然」なのだろうか。何故、このような大きな相違が生じているのだろうか。そもそも何故、有権者の比率からすれば最も「自然」な概ね五〇％にならないのだろうか。

第二に、「自然とはいわないけれど、女性が政治にあまり関心を持たないというのが日本の伝統でしょう。文化でしょう」と言う人もいるかもしれない。しかし、一九六〇年代以降、概して国政選挙における投票率は、女性の方が高いのである（二〇〇〇年の総選挙で、女性六二・九％、男性六二・〇％。ちなみにドイツでは男性の方が高い）[16]。選挙する側とされる側でのこの落差は、何故生じているのだろうか。

第三に、「確かに日本の現状は妙だ。でも、社会の発展につれて時間が解決しますよ」という考えもあるかもしれない。しかし、例えば、フィリピン国会の女性議員の比率は、一七・八％で[17]、日本より遥かに高い。本特集岩本論文によれば、下院の女性議員比率としてはパキスタン・マレーシア・タイ・インド・インドネシアよりも低く、本年の統計で、世界一四一ヵ国中、日本は九二位であるという。要するに、経済的には最先進国であるはずのこの国は、女性議員比率において、全世界の下位を低迷しているのである。また、英国等のみならず、インド・パキスタン・インドネシア・フィリピン・スリランカ、そしてイスラエルでも、女性の首相や大統領が出現している。どうやら、「発展」と女性の政治参加は単純に相関しないのである。では、どう相関しているのだろうか。それとも、まったく関連性を持たないのだろうか。

第四に、「選挙にしろ、公務員試験にしろ、制度は完全に平等なのだから、要するに女性の意欲と努力が足りないのだ。問題だというなら女性たちが頑張ればいいというだけのことだ」と思う人もいるかもしれない。しかし、政治・行政の場において、上記のようにいつでもどこでも、一方が極度の過少代表になっているということを、単に個々人の努力不足で説明できるだろうか。何かが、体系的かつ継続的に圧倒的な力を及ぼして、このような事態を生ぜしめているのではないだろうか。その何かとは何だろうか。

第五に、「そもそも性別での比率をことさらに問題にすることもないのではないか。ある資質で人を分類して、代表の比もその分類による比に照応しているべきだ、あるいははずだという発想がおかしい。例えば議員の年齢・資産・学歴等の構成が有識者のそれと正確に一致している必要は無い。あくまで個人で考えるべきだ」と指摘する個人主義者もおられるかもしれない。確かに、無数にある人の資質のすべてについて、議員における分布が有権者のそれの縮図になっているべきだとは言えまい。しかし、「性」は、多くの場合当人の努力では換えがたい個人のアイデンティティの基軸を、現になしている。年齢と違って生きていれば誰もがその変化を経験するものでもない。敢えてそれを無視し、政治参加における極度の偏りにも問題がないとすることが本当に可能だろうか。

次の引用も、参考になるだろう。「『日本人・韓国人といったことにこだわるのはもうやめよう。民族に関わりない個人として考えよう』という発想は、日本人の方からは出てきやすいが、それは韓国人からはしばしば反撥を招く。フェミニズムとかジェンダーという問題を取り上げるのが主として女性であり、男性の多くは性別というカテゴリー自体に無関心で、性にかかわらない個人を論じがちだという構造も同様である」（塩川伸明氏[18]）。「女性」の間での利害や意見の多様性を前提にしても、なお、「性別」を無視するわけにはいかないのではないだろうか。

このように考えてくると、問題の根源は社会のあり方それ自体にあるということになるかもしれない。例えば、上記の二つの集団の一方から他方に対する私的な暴力の行使は、その逆よりもはるかに大きく、かつ重大であるようである。(19) 一方の集団が日常的な暴力の威嚇によって、直接間接に他方の政治参加意欲や「権力への意志」を萎えさせ、政治的覇権を握っているのだろうか。それでは、単純で短絡的にすぎるのだろうか。そうではなく(あるいは、それに加えて)、もっと柔らかい力が、ゆっくりと、しかししっかりと、一方の集団を政治から排除しているのだろうか。それは、ジェンダー構造とどのように関係しているのだろうか。それとも、逆に、政治の方が社会のあり方を規定しているのだろうか。社会のあり方と政治の現状との関連を、実証的に明らかにする必要がありそうである。

また、あるいは、「実は一見平等な現在の政治制度に問題があるのだ。代表制自体が、男が覇権を握るための巧妙な仕掛けになっているのだ。だから注目する所が的はずれだ。代表選出をやめれば代表の問題は即時に解決する。要は直接民主政にすることだ」という意見もあるかもしれない。しかし、直接民主政の集会にならば、両性が同様に出席でき、同様に発言できるだろうか。例えば、育児や病人・高齢者の介護、あるいは勤務等に追われて政治に関与し難い人の比率に偏りがあれば、直接民主政にしても問題は解決しない。「集会に出ない方が悪い」では、事は済まないはずである。

無論、日本でも、政治における上記の奇怪な事態を解決し、克服するための様々な努力がなされてきた。政策も種々考案され、実施されてきた。それらの成功と失敗とを評価し、原因を探ることも必要であろう。

以上を要するに、最も目立つ政治参加という一例においてさえ、政治学的に重要で、しかも興味深い課題が山積している。現代政治分析、政策論、制度論、比較政治、政治文化論、政治史、外交史、国際政治、政治思想史、政治哲学等々、政治学のほぼすべての分野に対し、問題が突き付けられているともいえよう。そして、これらの研究の赴くところ、従来の政治のあり方、さらに社会のあり方にも重大な見直しを迫ることにさえ、恐らくなりうるのである。

(三) 交錯

「性」に関しては、さらに次のような広大な問題領域もある。それは、ジェンダーやセクシュアリティが、他の諸観念・諸意識と、様々に交錯し、混合し、融合し、そして往々政治化するという問題である。

例えば、「伝統」である。擁護するにせよ、打破するにせよ、「伝統」が政治問題化するとき、焦点は往々既存のジェンダー構造である。とりわけ「女性」の存在様態が、慕わしい習わしの、あるいは忌まわしい因習の象徴とされる。結果として、現実の女性個々人の生活と人生が、翻弄されることにもなる。現に、隣国では古代以来の伝統である「夫婦別姓」について、伝統と家族を破壊する過激な措置であるかのように敵視する日本人もいる。さらに生活習慣に相違のある集団同士が、相手方のジェンダーとセクシュアリティの特色を蔑視し敵視し、その批判と攻撃のための象徴とすることも起きる。[20]無論、「民族」や「国民」の統合と排他、つまりナショナリズムの象徴ともなる。ひいては、戦争（内戦を含む）への動員、平和への牽引の、装置にもなる（戦争にしばしば伴うレイプ――往々象徴的意味を付与される――の被害者は女性だが、だからといって当然に女性一般が平和の象徴となるというわけでもない。「軍国の母」もいる）。

また、かつて西洋人は、女性の地位の高さがその「文明」の高さを示すとして誇った[21]（同様に、社会主義者は、社会主義化によってのみ女性が解放される、あるいはされていると主張した）。彼等の当時のジェンダー構造が「文明」と「未開」「野蛮」とを区別する基準となり、結果として「文明国」による「未開」「野蛮」な人々の支配の正当性を保証したわけである。実際に、例えば十九世紀の欧州の「紳士」たちは、「未開社会」での女性の有り様に義憤を感じ、このような社会はやはり変えてあげなければいけないと、時に心から実感しえたのかもしれない。現代のイスラーム諸国への欧米からの視線にも、類似した所があるのではあるまいか。

また、「秩序」と「混乱」も「性」と深く交わる。「性の乱れ」は往々社会の混乱や崩壊の顕著な証拠として、問題化される。女性の服装は、些細な皮相としてではなく、あたかも秩序の内奥で進行している深刻な病いの徴表であるかのように、往々扱われる。「若い娘があのような姿で街を闊歩するようでは世も末だ」と言うのは何故だろうか。文明開化期に、東京府が女子については断髪を禁止した（「散髪ノ儀ハ勝手次第タルヘキ旨、先般御布告相成《あいなり》、専ラ男子ニ限候処、近来婦女子ノ中へモザンキリ相成候者《あいなりそうろうもの》往々相見へ、畢竟《ひっきょう》御趣意ヲ取違候儀《とりちがえそうろうぎ》ニ可有之《これあるべく》、抑《そもそも》婦人女子衣類ハ素《もと》ヨリ男子トハ区別ノ御制度ニ候条、婦女子ノ儀ハ従前ノ通《とおり》相心得、御趣意ヲ取違不申様可致候《とりちがえもうさざるよういたすべくそうろう》」明治五（一八七二）年四月五日、『新聞雑誌』四〇号、明治五年）のは何故だろうか。「正常」と「異常」の区分も、しばしば「性」と交錯する。実際、「変態」という日本語は元来広く例外的状態を指していたが、急速に性的な意味に特化していったのだという（本特集菅野論文参照）。

さらに、具体的な種々の政治的・社会的事象も、往々深く「性」と関わっている。失業・経済停滞（消費の低迷と企業の沈滞）・犯罪・教育・少子化（日本だけの問題ではない。スウェーデンをも含む全ての欧州「先進」国も、人口の単純再生産をなしえていない）・健康・介護・年金・環境等々、日々の新聞の報ずる多くの「問題」は、ジェンダーと家族の構造とその変化とに関連しており、逆に、その維持や変革が「問題」解決の鍵とも称されている。

また、理論的な問題としても、「性」は、「正義論」「リベラリズム」「民主主義論」「共同体論」「多文化主義」「アイデンティティの政治」「差異の政治」等々、全てに関わる。どの理論を採るにせよ、また新たな理論を構築するにせよ、「性」は、それらの有効性と意義を測定する一つの重要な試金石であろう。また、「合理的選択理論」に登場する主体は概して「性」を持たないが、逆にそのことに問題は無いのだろうか。

以上は簡単な例示にすぎない。しかし、このように考えてみると、政治学者たるもの、何かを研究する際には、先ず、「これはジェンダーとは、どう関連するだろうか」「ジェンダーの視角から眺めると何が見えるだろうか」等と自問してみる必要がある、ということになるのではあるまいか。

(四) 学界

以上の検討からすると、「性」が政治学上の重要な問題として、日本政治学会の『年報』の特集に、二〇〇三年に至るまで一度も採り上げられなかったことが、むしろ奇妙だということになろう。何故こうなったのだろうか。

戦前以来、日本の政治学者たちは、欧米での新しい理論動向に実に機敏に反応してきた。マルクス主義、多元主義国家論、行動論、数量分析、ポスト行動論、正義論、合理的選択論、新制度論等々、枚挙に暇がない。それを「軽信軽疑」(福沢諭吉『学問のすゝめ』一五編)として苦々しく思い、嘲笑する人々もいた(そして、いる)。ところが、不思議にも、ことジェンダー研究に関しては、ひどく反応が鈍いのである。一時期盛んに検討がなされたが、政治学の分野ではあまり実りが期待できないと判断されて下火になったなどというのではない。そもそもこの問題視角についてのみは、関心が薄いのである。

多数刊行されている政治学の入門書も、その多くは「性」の問題に全く触れていない。例外は、石川捷治《しょうじ》・平井一臣編『自分からの政治学』(法律文化社、一九九六年)、阿部齊《ひとし》『政治学入門』(岩波書店、一九九六年)、賀来健輔《かくけんすけ》・丸山仁編著『ニュー・ポリティックスの政治学』(ミネルヴァ書房、二〇〇〇年)、朝日新聞社編『アエラムック 政治学がわかる(新版)』(朝日新聞社、二〇〇三年)程度であろう。(22) 政治学者による「性」と政治にかかわる単著も、御巫《みかなぎ》由美子『女性と政治』（新評論、一九九九年）、菅野聡美《かんのさとみ》『消費される恋愛論　大正知識人と性』（青弓社、二〇〇一年）、横山文野《ふみの》『戦後日本の女性政策』（勁草書房、二〇〇二年）、岡野八代《やよ》『法の政治学　法と正義とフェミニズム』（青土社、二〇〇二年）等があるものの、なお極めて少ない。

また、この日本政治学会（会員数は約一五〇〇名）の年次大会において、「性」にかかわる分科会が開催されたのは僅かに三回（一九九八年、二〇〇〇年、二〇〇二年）のみであり、共通論題に採り上げられたことは未だに無い。政治思想学会・選挙学会・比較政治学会でも、セッション共通の論題になったことは無いようである。

一方、世界政治学会（International Political Science Association）の二〇〇三年世界大会のプログラム（**19th IPSA World Congress Programme**, ***Democracy, Tolerance, Justice: Challenges for Political Change***）では、十七のセッションが **Gender**、**Feminism**、**Woman** 等を表題に掲げている。

外国と比べても、日本の他の社会・人文系の諸学問分野と対照しても、ジェンダーへの関心の乏しさにおいて、日本の政治学の世界は特異であり、例外的なのである。そのこと自体、日本における政治学の性質やあり方に、問題を投げかけているのではないだろうか。

それは、政治学の分野では、研究者の性別の偏りが極端であることと関連しているのかもしれない。日本政治学会の『会員名簿　二〇〇二年五月』で、名前からほぼ確実にジェンダーを判定できる会員の数を数えてみると、女性は、一四七三名中の一二〇名で、八・一五%にすぎない。これは、上記の衆議院議員における女性比率よりは僅かに高く、市会議員よりやや低いという数字である。つまり、日本では、政治が主に男のものとなっていることに対応して、政治学も、主に男のものになっているのである（因果連関があるのだろうか。）そのことが、ジェンダーへの関心の低さと連動しているのかもしれない[23]。

仮にそうだとすれば、日本の政治学研究とその中心をなす日本政治学会のありようも、また、反省を迫られることになろう。

（五）要請

「性」と政治は、いかなる政治的・思想的立場に居ようとも、極めて知的に興味深い領域である。現状分析・政策論・比較分析・歴史・理論、あらゆる分野で、広大な研究の未開拓地が待っている。本特集は、本学会会員の内で、かねて関心を有し、かつたまたま都合のついた者の一部が集まって、そこにささやかな数歩を踏み入れたに過ぎない。当然、内容に御批判や御不満もあるであろう。そうであれば、それを述べられるだけではなく、是非、御自身も研究を試み、成果を発表していただけないだろうか。

この特集をきっかけとして、多くの政治学者が「性」と政治にかかわる諸問題に関心を持たれ、さらには研究に参入されることを、強く希望する。

（1）Holly Devor, *Gender Blending: Confronting the Llimits of Duality*, Indiana University Press, 1989, pp. 7-10.

(2) ibid., p. 8.

(3) 橋本秀雄『男でも女でもない性――インターセックス（半陰陽）を生きる』（青弓社、一九九八年）。

(4) 虎井まさ衛『女から男になったワタシ』（青弓社、一九九六年）。Holly Devor, *FTM: Female-to-Male Transsexuals in Society* (Indiana University Press, 1997) は、さらに種々の複雑な例を紹介している。

(5) 伏見憲明『変態（クィア）入門』（ちくま文庫、二〇〇三年）四八頁。

(6) 同書、一一九―一六〇頁。

(7) Holly Devor, *FTM*, 1997, pp. 501-512.

(8) 伏見憲明前掲書、一六一―一九六頁。

(9) 内閣府編『男女共同参画白書　平成一五年版』（国立印刷局、二〇〇三年）、九頁。二〇〇三年八月末現在、衆議院定数四八〇名（欠員四）の内、女性三六名、参議院定数二四七名の内、女性三六名。

(10) 同書、一〇頁。

(11) 同書、一八頁。

(12) 同書、一一頁。

(13) 内閣府による調査。二〇〇三年八月二三日『朝日新聞』朝刊。

(14) 前掲『男女共同参画白書』五〇頁。

(15) 同書、九頁。

(16) 同書、一五頁。

(17) 同書、九頁。

(18) 塩川伸明「集団的抑圧と個人」（江原由美子編『フェミニズムとリベラリズム』勁草書房、二〇〇一年、第二章）、五二頁。

(19) 内閣府男女共同参画局の『配偶者等からの暴力に関する調査』（国立印刷局、二〇〇三年）（二〇〇二年一〇月と一一月に、無作為抽出した全国の成人男女四五〇〇人を調査対象とし、三三二二人から回答があったもの）によれば、これまでに配偶者や恋人から「なぐったり、けったり、物を投げつけたり、突き飛ばしたりするなど身体に対する暴行をうけた」経験のある女性は、一五・五％（男性は八・一％）で、特に三〇歳代の女性では二三・六％（男性では一一・八％）にのぼる（八〇、八三頁）。また、女性の四・四％（男性の〇・七％）は、

「命の危険を感じた」と答え、「医師の治療が必要な程度のけがをした」とする女性が二・七％（男性〇・六％）にのぼる（八七頁、九〇頁）。日本社会では、女性の約二三人に一人が、「命の危険を感じ」るほどに、身近な男から暴行等を受けているということになる。

(20) 参照、竹中千春「ナショナリズム・セキュラリズム・ジェンダー――現代インド政治の危機」（押川文子編『南アジアの社会変容と女性』アジア経済研究所、一九九七年）。同論文で竹中氏は、インドでのヒンドゥーとムスリムの対立がジェンダーと深く関わっている状況を紹介し、**Ratna Kapur**、**Brenda Cossman** 両氏の **Communalising Gender/Engendering Community** という表現を援用している。また、竹中「世界政治をジェンダー化する」（小林誠ほか編『グローバル・ポリティクス――世界の再構造化と新しい政治学』有信堂高文社、二〇〇〇年）を参照。

(21) *Political Economy, Use in Schools, and for Private Instruction*（**William and Robert Chambers, 1870**）**p. 6.** 福沢諭吉が大いに学んだ「チェンバース」の **Civilisation** と題する節である。また、米国の初代駐日総領事は、その日記にこう記した。「私は世界の殆どあらゆる国を歩きまわり、一つの試験《テスト》をおこなっているが、それが不変なものであることを発見している。それは、如何なる国においても婦人の社会的地位は、その国の文明の程度を示すだろうということだ。それ故に、婦人の社会的な状態がわかれば、すぐにその国民の精神状態を知ることができる。」、**Townsend Harris**『日本滞在記』上（一八五六年一月一一日の項）（岩波文庫、一九五三年）、九八―九九頁。

(22) 他に河田潤一編著『現代政治学入門』（ミネルヴァ書房、一九九二年）には、「女性の政治参加」という小見出しの下に約三頁の記述がある。

(23) ちなみに、日本学術会議の調査によれば、日本の学術研究団体全体での女性会員比率は、一六・七％、それらの役員に占める比率は七・五％であるという。『朝日新聞』二〇〇三年七月二一日朝刊。

☆初出、『年報政治学二〇〇三』（岩波書店、二〇〇三年十二月）。
本稿は、文中で述べているように、日本政治学会（日本における政治学分野の代表的な学会である）の年報の特集「「性」と政治」の冒頭に、この企画を提案した「年報委員長」として執筆したものである（同特集の論文執筆者は、次の各会員。岩本美砂子、竹中千春、御巫由美子、相内真子《あいうちまさこ》、大海篤子《おおがいあつこ》、菅野聡美、石川捷治、齋藤純一)。

本稿は、今では学界外でも常識化していることまで、縷々説明している。それは、当時の日本の政治学界においては、「「性」と政治」を論じること自体が少なかったために、何の関心も無い会員をも何とか巻き込もうと努めているからである。幸い、その後、状況はかなり変化し、近年では、日本政治学会の年次研究会でも、毎回、いくつものジェンダー関連の分科会が開催されるようになっている。なお、前田健太郎「政治学におけるジェンダーの主流化」(『国家学会雑誌』第一三一巻第五・六号、東京大学大学院法学政治学研究科、二〇一八年六月)は、本稿にも触れている。

なお、本文で触れた「性同一障害者の性別の取扱いの特例に関する法律」について、二〇二三年十月二十五日の最高裁判所判決は、同法第三条第一項第四号は、憲法第十三条に違反するとして無効とした。これにより、本文の「身体の形状・機能が変更された」の「機能」の語は、不要となった。

6 ヴォランティアとしての「知識人」

「知識人」とは何であろうか。

(一) 物識り?

『広辞苑』(第五版)は、「知識人(intellectuel・intellectual)」とは「知識・教養のある人」だという。「知識人」とは、「知識」のある人、つまり物識りのことらしい。しかし、人はそれぞれに物識りである。その人生・仕事・趣味等によって、各人はそれぞれに独自の「物」を知っている。どの十歳の子供にも、いかなる大学者にもない「知識」があろう。

とすれば、右の「知識」とは、実は「知識」一般ではあるまい。特別な社会的威信を持つ、ある特定の種類の「知識」をいうのであろう。それは、(古くは)権威ある寺院や教会、(その後は)公認の世俗的な教育制度等が供給し、保証したりするものであろう。確かに、大学卒であるだけで、「知識人」「インテリ」と称し、また、そう呼ばれた時代が、日本にもあった。

しかし、大学進学率が四〇%にも達するような、そしてインターネットが情報獲得のコストを急激に小さくしている社会で、大学教育を受けただけで「知識人」と称するのは可笑しかろう。しかも、「教養」の内容についてかつてあったように見えた合意も、もはやあるまい。ほとんどの人がそれぞれに「知識」ある「人」だと現実感を持って言える「知識社会」では、逆に、右のような「知識人」の語はさらに意味を失うのではないだろうか。

(二) 批判的知性?

『平凡社大百科事典』(一九八五年)は、「知識人(intellectual・intelligentsia)」をこう説明している(高橋徹氏執筆)。

ふつう、知識人という場合の知識は、**intelligence**ではなくて、**intellect**を指す。すなわち、**intelligence**とは、それぞれの学問や芸術において、すでに正当化されている認識パラダイムを遵守し、その規範的枠組み内部で業績や〈生産性〉を追求する知的能力であり、そのかぎりにおいて〈把握、操作、再調整、整理などをこととする〉精神の一側面である。それに対して、**intellect**とは、〈創造性〉を求めて規定の認識パラダイムの拘束から自己解放し、新たな認識基盤を構築せんとする知性であり、その意味で〈批判、創造、観照などをこととする〉精神の一側面である。

「知識人」とは、実は「知識」の人では無く、批判的・創造的な「知性」の人を謂うのだ、というわけである。しかし、これを文字通り受け取るならば、要するに、ひどく凡庸ではない研究者・芸術家は皆な「知識人」だということにもなりそうである。およそ研究し、芸術創作を目指す以上は、既成の枠組みをただ遵守しようとはしないであろうから。だったら、解りやすくただ

「勝れた研究者・芸術家」と呼べばよさそうである。また逆に、厳格に捉えるならば、アインシュタインは確かに「知識人」だとしても、多くのノーベル賞受賞者程度では、到底そうは呼べないということにもなりそうである（「パラダイム転換」が毎年起きたりしようか）。このような「知識人」観は、西欧発でこの二世紀余り流行し、今や消えつつある「天才」の観念と、運命を共にするのかもしれない。

（三）ヴォランティア

こういう説明もある。

一九世紀末のフランスで、ドレフュース事件の最中、はじめてアナトール・フランスが、現代固有の、今日普通に使われる意味で「インテレクチュアルズ」という言葉を使用した。彼が見るインテレクチュアルズとは、普遍的な利害を先取りするかたちで公的な事柄に言葉と文章によって介入する知識層の人々、その際に自分の職業上の知識を職業以外のところで、しかも「いかなる政治的党派の委託もなしに」使用することで介入する人々のことである。彼のこうした記述を見るとすでに、インテレクチュアルズの理念的な特性が透けて見えてくる。つまり、公共の事柄に参画するにあたってそれ相応の知的能力があるが、しかし、それはスペシャリスト的な意味ではないし、政治的な参画であるが、しかし、それは誰かに委託されたわけではない。明確に党派的立場を明らかにするとはいえ、いかなる組織にも服しているわけではない――そうしたアンガージュマンに相応する役割のことである。（ユルゲン・ハーバーマス『近代　未完のプロジェクト』序文。三島憲一編訳、岩波現代文庫、二〇〇〇年、iv―v頁）

つまり、誰からの依頼を受けたわけでもないのに、公共のために、言語をもって活動する、非党派的ヴォランティアとしての「知識人」という概念である。これからすれば、いかなる大学者・大芸術家であっても、「知識人」であるとは限らない。逆に、「知識人」であっても学者でないことは十分にありうる。多分、今後の世界にも、この意味での「知識人」は、いなくてはならないであろう。

ところで、この定義は、宋代以降の中国の「士《し》大夫《たいふ》」の建前にも――それが男性に限られることを除けば――奇妙なまでによく当てはまる。彼等は、天下万民のために、しかも「党人」としてではなく、言語をもって活動する、非専門家たる、ヴォランティアで（あるはずで）あった。彼等が支える国制を、西欧「知識人」の先駆者、ヴォルテールが、「実のところ、この世で最善」と評した（*Dictionnaire philosophique*, 1764. Chine の項）のも不思議ではあるまい。

しかし、本書所収の諸論文も示すように、彼等の国も天国ではなかった。決して、天国ではなかった。

☆初出、伊原弘・小島毅編『知識人の諸相——中国宋代を基点として』（勉誠出版、二〇〇一年）。
中国宋代の「知識人」を主対象とする文集への寄稿である。「知識人」という観念について論じると共に、中国の「士大夫」に触れているのは、そのためである。新たに小見出しを付した。

Ⅱ

日本思想史で考える

7 侍たちとヨット・スクール

たとえ自分や自分の家族、自分の属する集団に不利益となろうと、悪いこと、正義に反することはしない、というのは難しい。「誰でも自分が一番可愛いのだ、世の中とはそういうもの」と言えるのかもしれない。しかし、人々がそう「達観」しきるとき、最も得をするのは最も奸悪《かんあく》な社会的強者である。しかもそのとき、彼はその奸悪さ故に、実は彼によって加害されている弱者たちの尊敬を集めることにもなろう。少なくとも、自由な政治共同体は、それでは立ち行かない。

古来、「自分の利益になる悪」に対する抵抗力は、様々の内面的支えを得た。例えば、悪は結局は大きな不利益をもたらすという信念である。不利益は、直ちに現れるとされることもある。おてんと様のバチを思えば、人の眼は無くとも滅多なことはできない勘定である。賞罰が、子孫に及ぶこともある。不善を積む家にはやがて必ず禍いが訪れるとは、古代中国以来の教えである。「親の因果が子に報い……」という言葉もあった。そして、輪廻転生《りんねてんしょう》を信じるとき、不利益は来世に生じる。豚に生まれ変りたくなかったら、貪欲もはばかられよう。そしてまた、不利益は、死後の世界において手ひどい形で実現する。審判と地獄の責め苦を思えば、札束に延ばしかけた腕も縮まろう。

しかし、このような応報の実在を信じられないことも充分ありうる。また、長い目で見て割が合わないから悪をしないというのは所詮不純であるという感想もありうる。イエズス会士マテオ・リッチの説教に対し、ある明朝の士人は「利益に趣き、禍害を避けるという理由で善をなし、悪を禁ずるというのは、つまりは利益を善とし、禍害を悪とすることです。善をそれ自体として善とし、悪をそれ自体として悪とする正しい志ではありません」（『天主実義』）と反撥した。江戸時代の儒者が、地獄極楽を説く仏教を「愚民」用の教義と看做したのも、同様の見地からである。

名誉感情の保持は、利益ある悪への抵抗を支える、また別の方法である。

例えば、自分は武士である以上、武士として恥ずべきことはしない、という気持である。恥を知ること、繊細な名誉心を持つことは、立派な武士の最大の要件だった。彼等は、厚い防御壁の陰で飛び道具を操作する巨大組織の一歯車ではなかった。本来、白刃《はくじん》を振りかざす個人戦闘の専門家だった。それ故、戦場では飽くなき功名心、平時には強烈な自尊心が、彼等を導き、支えねばならなかった。侮辱を甘受するようでは信頼できないと考えられ、そのような者は往々切腹を命ぜられた。従って、主君でも、「男女によらず、士たる者をはづかしめず」（熊沢蕃山《くまざわばんざん》『夜会記』）、これが侍身分にある人々の扱い方だった。

当然、侍たちは子供たちも強い名誉心の持ち主となるように育てた。慶長六年（一六〇一）生まれのある男児が、「人をあなづる事、いふ人かな」と遊び仲間に言った時、その父は「今のことばは戯《たわむ》れ也といへども、みづから其恥をうくるに似たり、しかるべからず」と注意したという（新井白石『折たく柴の記』）。逆に、怯えさせ、怖じ気づかせ、従順な小心者にすることは禁物だった。

彼らは子供を注意深くまた柔和に養育する。たとえ終夜喧《やかま》しく泣いたり叫んだりしても、打擲《ちょうちゃく》することはほとんど、あるいは決して無い。……常に名誉欲をうえ付け、名誉に関しては他に勝るべしと激励し……

江戸時代初め、オランダ平戸商館員、フランソワ・カロンの報告である（幸田成友《しげとも》訳）。名誉感は、人の眼が無ければ何でもするというものでもありうる。しかし、視線が内面化するとき、たとえ誰一人気付かずとも、自分として恥しいことはしないという態度にも高まりうる。内面的誇りが、悪に身を汚すことを拒むのである。

但し、泰平が続くにつれ、武士の名誉感は単に生まれを誇るものへと、徐々に空洞化していった。しかも、こうした身分的名誉感は、所詮その有効範囲が限局されている。維新後、やがて「武士道」の名残りすら消え、帝国軍隊も人格を侮辱する私的制裁によって秩序を保つ組織になっていったのである（『近代日本思想史の基礎知識』有斐閣、一九七一年　四七七頁、参照）。

これに対し、普遍的たりうる名誉感もある。それは、「先づ我一身を独立せしめ、我一身を重んじて、自から其身を金玉視《きんぎよくし》し、以て他の関係を維持して人事の秩序を保つ」（福沢諭吉『徳育如何』）ものである。勿論、脅し、打擲し、嘲《あざ》けり、辱《はずかし》めて、「やる気を起こさせ」たり、「根性を叩き直し」たりするのは、右の如き個人の内面的尊厳の感情とそれに基づく規範意識を培う最悪の手段であり、かの奸悪な社会的強者の密かに喜ぶ所に他ならない。

☆初出、『創文』二三七号（創文社、一九八三年一〇月）。「日本思想史と現在（一）」として、掲載された。この第Ⅱ部に収載した六編の文章は、創文社編集部の依頼により、同誌に連続して執筆したものである。その際、日本思想史が現代に生きる我々の抱えた諸問題と無縁でないことを示す意図があった。

なお、表題の「ヨットスクール」とは、「戸塚ヨットスクール」のことである。同「スクール」は、「非行少年」等の更生に厳しいヨット操縦訓練が役立つとして活動していたが、この年、「体罰」と称する激しい暴行等によって訓練生を死に至らしめていたことが発覚した。主宰者とコーチ等は、その後、有罪判決を受けた。

なお、文中にマテオ・リッチ『天主実義』を引いて、それが、「ある明朝の士人」の発言としているのは、同書は「中士」と「西士」との想定問答の形式であるのに、不正確ではないかという御指摘があった。しかし、マッテーオ・リッチ『中国キリスト教布教史　一』（川名公平ほか訳、岩波書店、一九八二年、四二八〜四三一頁）は、明朝の士人の実名を挙げて同趣旨の質問があったことを記している。つまり、これは仮定の問いではなく、実際にそのような批判が宣教師に向けられたのである。

極く一部、表現を改めた。

8　伴信友と「ヤス」

つかこうへい氏に『蒲田行進曲』という小説がある（一九八一年。後、映画化された）。作中、大部屋俳優の「ヤス」は、命に関わる危険な演技を、日頃仕える映画スターの「銀ちゃん」に依頼される。彼は感激する。

「ヤスが死ぬ」名指しされて、俺は胸がキューンとしたよ。トメさんやマコトはガタガタ震えてうつむいていたのに、俺だけは顔を上げてお名指しを待ってたんだ。俺と銀ちゃんは付き合いが違うもんね。

日本では、このような人間関係がくり返し奨揚されてきた。一九五八年、佐藤忠男氏がヤクザ映画で「しょっちゅう」使われる台詞として挙げたのは、「親分！　なぜ一言、死ねとおっしゃってはくださらないんです」である。対照的に、アメリカの暗黒街映画や西部劇では「おれは他《ひ》人《と》の指図は受けねえ！」という台詞が目立つという（『裸の日本人』）。

ところで、人がある特定の人物に積極的に服従し、献身的な忠誠関係を結ぶという現象は、様々な動機から成立する。

例えば利益である。献身的御奉公も割に合えば厭う理由は少ない。ボスの下、利益を求める人々の強固な「軍団」さえ形成されうる。但しこの場合、結局の所、ボスは配下たちの利用の対象となっているともいえる。他の事情では団結は揺がないとしても、当然、金の切れ目が縁の切れ目となろう。他に、例えば理念がある。ある理念を信ずるが故に、それを体現する人物――運動指導者、預言者等――に進んで服従するのである。しかしこの場合も、指導者が理念を裏切り、預言者から「恩寵」が去ったと判断される時、熱烈な忠誠も解除されうる。

また他に、ある人物自体への好意、敬愛、愛着故の献身願望もありうる。仰せに従うことによって彼（女）に喜んでもらいたいという気持である。それは恋愛感情に似ている。これが昂《たか》まれば、「この人のためなら死ねる」「この人のために死にたい」という心情さえ生まれる。「士は己れを知る者の為に死し、女は己れを説《よろこ》ぶ者の為に容《かたち》づくる」（『史記』刺客列伝）というわけである。戦国武士の主君たちもそれを知っていた。例えば、家康の祖父松平清康は、「我馬の先にて打死をさせ、御用に立させられんと思召」して、家来たちに情けをかけた。特に、清康が自分の汁茶碗で家来たちに酒を振舞った時、彼等は感激し、知行も宝も要らぬ、「此御情《このおなさけ》には妻子をかへりみず、御馬の先に打死をして、御恩を報ぜん」と誓い合ったという（大久保忠教『三河物語』）。

侍に、追求すべき理念はない。しかし、名誉欲と物欲に加え、主人との心情的な結合が、彼等を鼓舞する。しかも、彼等は主人に一層認められたいと願い、戦場で互いに張り合う。確かにそれは「大勢の妾《めかけ》が寵《ちょう》を争つて、女ぶりを競ふといふことに、よほど似てゐ」た（三田村鳶魚《みたむらえんぎょ》『武士道の話』）。江戸時代に入って「泰平」が続き、武勇をもって「愛」を獲得する機会の失われた時、その忠誠を「忍恋《しのぶこい》」に譬える者の現れたのも自然だった（山本常朝《つねとも》（述）『葉隠《はがくれ》』）。それは、遠くから、密かに、しかし激しく慕う恋である。彼は、美女の回りで時めく色男たちを眺めつつ、彼の心も知らないでいる彼女を真に愛し、いざという時彼女のために命を捧げるのは自分しかいないと考え、密かな思いを慕らせる。

我は殿の一人被官なり、御懇《ねんご》ろにあらうも、御情《おなさけ》なくあらうも、御存じなさるまいも、それには曽《かつ》て構はず、常住御恩の忝《かたじけ》なき事を骨髄に徹し、涙を流して大切に存じ奉るまでなり。……恋の心入れの様なる事なり。情なくつらきほど、思いを増すなり。偶《たまさか》にも逢ふ時は、命も捨つる心になる、忍恋《しのぶこい》などこそよき手本なれ。

彼の真情は、恋の対象の気まぐれな要求に応じて喜んで自己の生命を捨てる時、極限的に実証される。何の罪もないのに切腹を仰せつけられ、「ひとしほ勇み進み候こそ、御譜代の御家来」と常朝はいう。「泰平」の中で、彼はこのようなマゾヒスティックな夢想に耽ったのである。

やがて、一部の国学者は、このような夢想を「古道《こどう》」論に込めた。例えば伴信友《ばんのぶとも》（一七七三〜一八四六）である。彼は、悲壮な献身の「真心」を賛美しつつ（『残桜記』等）、ひたすら「身をつくし心をいたして、たゞ一道に忠《まめ》やかに仕奉《つかへ》るぞ、皇大御国《すめらおほみくに》の大道」とし（『中外経緯伝草稿』）、外国との戦さに「額には矢はたつとも、背には箭《や》は立たじとたけくいさみて、海行《ゆか》ば水づく屍《かばね》、山行《ゆか》ば草むす屍、のどには死なじと、一ッ心に出向」う日を夢みた（『方術源論』）。ここで、マゾヒズムは一種の天皇制ナショナリズムの下に、甘美なナルシシズムと結合したのである。

勿論、信友と「ヤス」の中間には、十五年戦争があった。日本浪漫派があり、特攻隊があり、「純真」で「美しい」死への自己説得があった。そこでの死は、夢ではなかった。

☆初出、『創文』二三八号（創文社、一九八三年十一月）。「日本思想史と現在（二）」として掲載された。一部、語句を新たに補い、表記を改めた。

9　家業道徳と会社人間

人は常に立身出世《りつしんしゆつせ》を心がくべし
みな〳〵身を立て出世し、諸人に誉《ほめ》られ可愛がられんとの心ざしは、生れながらに自然の望みなり
するゑ〴〵の立身出世的《まと》にして、やたけ心にはげめ商《あきな》ひ

いずれも、江戸時代、町人教訓書の言葉である（『米穀売買出世車』、『商家見聞集《しようかけんもんしゆう》』、『現銀大安売』）。少なくとも、当時の文化の主要な担い手だった大都市町人にとって、立身出世の望みは、自然であり、正当であり、そのための努力は道徳的責務でさえあった。

無論この場合、立身出世とは経済的成功を意味する。「町家には上下なし、いはば同列にて差別なし、金銀を沢山に持たる者を上とす」（『商売教訓鑑《かがみ》』）。武士と違って「商はもと尊卑の位な」し（『世和多理草《よわたりぐさ》』）という基本的平等が上昇への競り合いを生み、その結果がまた「町人といふものは格式の極《きま》らぬものにて、其身の仕合《しあはせ》不仕合によつて、主が家来にもなれば家来が主のやうにも成《なる》」（『我身のため』）という基本的平等の実感をもたらした。競争は激しかった。「孫子《そんし》の兵法」や家康の伝記物を愛好する現在のビジネスマン同様、それを戦闘に譬える者もいた。「今の世にては銀《かね》もふけといふものは金銀の軍《いくさ》なり、智もなければならず、勇もなければな

らず」(『町人身体《しんだい》はしら立返答《だてへんとう》』)、「油断大敵ねた間も忘れず、売買に心がけ、敵の商人に先とられず、不意に得意の城がまへを、攻落されんやうの工夫、いかさま軍士と同じ」(『富貴《ふうき》の地基《ちがため》』)。『渡世《とせい》商《あきない》軍談《ぐんだん》』と題する経営実話小説も出版された。

また、ハードボイルド振りを発揮して、「役に立ぬ義理を恥と心得ては出世は出来ず」「向ふの者が難儀しやうが身体《しんだい》仕舞ふ(破産の意)が、なん共思はぬ丈夫成る根性持《もっ》べし」(『財宝速蓄伝《きんぎんはやもうけでん》』)と、言い放つ者もいた。

ところで、当時の町人の企業体は、全て家族経営、同族経営である。企業と職業は家業・家職の観念において一体化していた。従って、立身出世の競争は、同時に、家と家の競争である。個人の稼ぎも、同時に、企業体たる家の成員としての、家のためのつとめである。「人々の生れ出合たる家業は則ち天の命」(『町人身体はしら立』)、「朝は日の光さし、鳥のなくを相図におきて、手水《ちょうず》をつかひ、髪をゆひ、身ごしらへして、面々のつとむべき家業天職をつとむべし」(『渡世肝《かん》要《よう》記』)といった教えは、当時の教訓書に満ち〳〵ている。

家業に励めば、家も栄え、親も喜ぶ。先祖からの預り物である家産を守り、できれば増やして子孫に引渡す、それが、最大の孝行だった。隠居後は道楽して過去の苦労を埋め合わそうという風もありはしたが、家産を「全うして又我子に譲りあたふるは、先祖よりの預り物を又先祖にかへす道理なり、是孝行の第一」(同)という基本は明確だった。しかも、考えてみれば、その孝行の対象たる親・先祖もまた、家のために生きたのである。そうであれば、「家業は人道第一のつとめ」「道の本」（『商家見聞集』）とも言えよう。家業は単に生活の手段ではなかった。道徳の基軸でさえあった。

それ故、個人の信心や「学問」も、家業を妨げない限りで、容認ないし承認された。「たゞ売買の事を談じて余力有つて学問をせば、心に納て内分にてすべき事」（『商売教訓鑑』）という戒めがある。三井家の当主も、「神儒仏の道は、心裏《しんり》の守りたりといへども、それにふかくはまる時は、却《かえつ》て家を敗《やぶ》る。……只暫《しばらく》も忘《わすれ》ざるものは家業」（『町人考見録』）と教えている。「人と生れながらその身の道とすべき家職を忘れ、好《この》んで人の長短を是非し、迂闊《うかつ》の大言を事として実行を踏ざるは、是《これ》国土に無益の不道人」（『家業道徳論』）だったのである。理屈を言わず、自分の正義感など振り回さず、厳しい競争の中、ひたすら家のために働き続けるのが、人の道であり、ひいては「国土」のためだった。

近年、日本を始めとする東アジア諸国の顕著な経済発展の一因を儒教だとする議論が、米国等に多い。かつて、西欧資本主義の発生におけるプロテスタンティズムの日本での対応物を、石門《せきもん》心学《しんがく》や浄土真宗に求めた人もいる。それを日本の家の特性に見出す説もある（神島二《かみしまじ》郎《ろう》氏、小笠原真《しん》氏等）。ヴェーバーの仮説を日本にあてはめることの当否はともあれ、少なくとも右に見た家業道徳には、資本制社会に適した要素があろう。維新後、「四民平等」のスタート地点から、無数の家が、西洋渡来のものを含む新たな「業」を採用しつつ、猛然と上昇競争を始め、経済発展を推進したと見ることもできよう。だが、他面、それに伴う社会変化は、家制度自体を腐蝕していった。そして代りに、種々の擬制的な家が、装いを凝らして出現した。

こうした歴史的事情が、少なからぬ日本人を、当然のように、永続すべき擬制的な家のためのみに生きさせてきた、一つの原因かもしれない。

☆初出、『創文』二三九号（創文社、一九八三年十二月）。「日本思想史と現在（三）」として、掲載された。なお、平川祐弘《すけひろ》『進歩がまだ希望であった頃――フランクリンと福沢諭吉』（初め、『新潮』一九八四年二月号に掲載。その後、新潮社から一九八四年九月に刊行され、一九九〇年一月に講談社学術文庫として刊行された）の「プロテスタンティズムの倫理と日本資本主義の精神」と題する章には、「家業道徳」という語を用い、五つの引用文が同一の、本稿とよく似た個所がある（学術文庫版で、一頁弱）。ただ、本稿の初出の方が時間的には先であることをお断りしておきたい。

10 「雅び」と象徴

江戸時代、将軍の天皇宛て書簡は、同等者に対する形式をとっていたという。親王や最高位の公家たる五摂家《ごせっけ》宛ては、やや下位に対する書式だった（下橋敬長《しもはしゆきおさ》『幕末の宮廷』）。身分格式に極度にやかましく、書簡においても、文体、宛名の配置、敬称およびその書体等まで微妙に使い分けて自他を結ぶ線の傾斜度を表示していた当時のことである。当然、それは無意味な偶然ではありえない。そして、国体論的な日本史解釈からすればいかに奇怪であろうと、それは少なくとも、禁中並公家諸法度《きんちゅうならびにくげしょはっと》を下して天皇と公家を規制し、すさまじい「御威光《ごいこう》」をもって全土を睥睨《へいげい》した「天下様」にとって、本来、自然だった。同法度は、武家の官位を公家と別立てと定め、それ以降、朝廷の官職録『公卿補任《くぎょうぶにん》』には、将軍・大名の名は現れていない。統治機構の頂点には巨大都市江戸の千代田城が聳え、お歯黒をした「禁裏様《きんりさま》」は京都の土塀の奥でひそやかに暮していた。

それにもかかわらず、ペリー来航後僅か十五年、それまで二世紀半続いた幕府権力は「尊王」の旗印の前に倒壊し、かつての「禁裏様」の「親政」する建前の「帝国」が成立したのである。明らかにその一前提として、ペリー以前に既に進行していた天皇の権威の上昇があった。京の朝廷は、全くの無為にありながら（恐らくはむしろ、それ故に）、人々の意識の中においてその輝きを増していたのである。

それには種々の要因があった。

例えば、多くの指摘の通り、一面で徳川体制の安定に寄与した儒学が、他面でその忠誠論、王《おう》覇《は》論《ろん》の応用の結果、「尊王論」を析出し続けていた。『平家物語』『太平記』等が語られ、聞かれ、読まれ、それらに材をとった浄瑠璃・歌舞伎・小説そして史書類の普及があった。それらは、国王・天子としての天皇像を、人々に繰り返し想起させた。

しかもこの「王」は、居住地内に仏壇をしつらえ、諸寺院と深い因縁で結ばれながらも、「神代」との直接的交感を、諸祭儀の挙行をもって保持し続けていた。全国から、天照大御神《あまてらすおおみかみ》を祭る伊勢神宮に、御陰参りの年には数百万、近世末期で毎年二〜五十万人が詣でる一方（藤谷俊雄『「おかげまいり」と「ええじゃないか」』）、歴代天皇は、冬の深夜、大嘗祭《だいじょうさい》の死と再生の儀式を経て、天照の嫡孫《ちゃくそん》たる神に化した存在だった。天明の大飢饉に際しては、内裏に向けて連日、「今は願ふべき神も仏もなし、只活《いき》たる神様を願ふ事肝要なりとて、数万人参詣」するに至ったという（上原無休『五穀無尽蔵《ごこくむじんぞう》』）。

そして同時に、この内裏は、文華輝く唐朝の礼楽を伝え、『古今集』『源氏物語』の王朝の風雅を純粋保存する美的別世界と、往々観念された。それにひきかえ、武家の殺伐野卑は、儒者たちの嘆きの種だった。和歌・蹴鞠《けまり》・香道等、朝廷は雅びの家元の連合体ともいえ、公家でなければ和歌――それは「雅情」を詠むものだった――の達人にはなれないというのが常識だった。

無論、他の全てで圧倒されていた公家たちは、その美的優越を武家に向かって強調した。そこで、「雲上のことは、いかにも奥ゆかしきことどもなり。紙上に見ても思ひやらるゝに、其場の御有さまを窺《うかがひ》なば、何《い》か計《ばかり》か優美ならん。我等如き武夫《もののふ》は、弓箭《きゆうせん》を携《たづさへ》、皮敷《しき》て、かゝるとき御垣《みかき》の外の衛《まも》りぞせまほしと思へど……」と恐れ入る大名も現れた（松浦《まつら》静山《せいざん》『甲子夜話《かつしやわ》』巻四五）。「雲上」の「優美」に憧れ、せめてそのガードマンたらんと願う大名には、もはや幕府への絶対的忠誠は期し難かろう。郁々として文なる京の礼楽を称揚して武人政府を侮蔑し、その放伐さえ仄めかし、結局幕府に処刑された儒学者もいる。山県大弐《やまがただいに》である。そして、あの本居宣長の古学とは、天皇を廻る神秘と美の統一としての「古道」――「神道」であり、「歌道」を包摂する――への、言語を媒介とした執拗な接近の企てに外ならない。三島由紀夫の次の言葉は、右の如き思潮と幕末政治運動との関連に限れば、当っている場合がある。

「みやび」は、宮廷の文化的精華であり、それへのあこがれであったが、非常の時には、「みやび」はテロリズムの形態をさえとった。（『文化防衛論』）

維新後、王・神・雅びの三イメージに加え、「赤子」たちを擁する家族国家の家父長、軍を率いる大元帥《だいげんすい》陛下、そしてヨーロッパ風立憲君主等のイメージが重層された。こうした多面的構造において、明治天皇制はその強烈な威力と浸透力を保ったのである。そしてその次に、日本国憲法は、改めて天皇を主権者たる国民が自ら選んで戴いた象徴であると規定した。

無論この間、儒学的教養は衰滅し、大隈言道《ことみち》・正岡子規以来の歌論は雅びの美意識を掘り崩し、軍隊は一旦解散し、家族国家は崩壊し、「人間宣言」が出された。しかも、天皇制は、日本思想史上、なお重大な焦点たることを止めないであろう。

☆初出、『創文』二四〇号（創文社、一九八四年一月）。「日本思想史と現在（四）」として掲載された。極く一部、語句を補足し、表記を改めた。

11　徂徠学と『一九八四年』

東京大学の学部女子学生全員を対象とした最新の調査（回収率七七・六％）によれば、現在の日本社会について、「約半数は豊富で平和な社会とみている」そうである（東京大学広報委員会『学内広報』六二〇号）。その前年実施の学部男子学生の無作為抽出調査（回収率七四・二％）においても同様で、「現在の日本の社会をよい社会とみている者が七五・九％」であるという（同、五八三号）。しかも、双方において、今後は「悪くなる」という見通しが「良くなる」という見通しを大幅に上回っている。つまり、これらの若者たちは、この日本社会を、平和で、豊かで、現実的にありうる社会の中ではまず上々の部類に属すると考えているらしい。

ところで、徳川時代においても、少なからぬ人々は、当時の世についてほぼ同様の意見だった。確かに、かつての戦国の世と比べれば、「四海波静《しかいなみ》か」な「御静謐《ごせいひつ》」の持続はうそのようだった。十七世紀の新田開発などによる高度経済成長が一段落した後も、新商品、新流行が次々と生み出され、都会人たちを飽きさせなかった。お上への媚《こび》でなくとも、泰平で、豊かで、「自由」（当時、物が豊富で便利だという意味で往々用いられる）な、よい世の中だという感想はあったであろう。

しかし、勿論この時代にも、世の在り方に疑問を投げかけ、理想社会を追求した人々はいた。一切の人為的差別を否定し、「自然世」への復帰を主張し、儒教仏教などを激しく非難した安藤昌益ばかりではない。しばしば単なる道徳説教者とみなされる儒者たちも、中国古代に「国家の最善の状態」（トマス・モア『ユートピア』）が実在したと信ずるが故に、それに託してあるべき社会像を様々に描いていた。

　例えば、京の町儒者、伊藤仁斎《じんさい》（一六二七～一七〇五）によれば、最高善たる「仁」とは、少しも「残忍刻薄《ざんにんこくはく》」な所のない、思いやりに溢れた暖かい「愛」の態度を意味し、「仁」なる「先王」の治めた世は、あたかも毎日が正月のようだったという。晴れ着を着、お供えを飾り、杯をあげて互いに長寿を祝い、一家が和気藹々とくつろぐ、あの正月の明るくゆったりとした有様が来る日も来る日も続いていたというのである（『童子問《どうじもん》』）。

　一方、荻生徂徠《おぎゅうそらい》（一六六六～一七二八）によれば、「先王の世」とは完璧な社会・政治制度の布かれた時代だった。今日の社会問題も、為政者の心術やお説教ではなく、民が自然によい行動・思考様式に趣くような制度をしつらえることによって解決し、あの聖人王の世に近づくという。例えば、軽躁《けいそう》な風俗や犯罪も、戸籍と国内旅券の整備、転居制限、農村への帰住によって終熄に向う。それが人間関係を固定化し、その緊密な絆が人々を内面から拘束するからである。

　人々郷里ト云者定《さだま》ル故、親類モ近所ニ有リレ之、幼少ヨリノ友達モ充満《みちみち》タレバ、自然ト親類友達ノ前ヲ思フテ悪事ハセヌ物也。……一町一村ノ人相互《あいたがい》ニ先祖ヨリ知リ、幼少ヨリ知《しる》コトナレバ、善悪共ニ明ニ知ル丶コトナル上ニ、五人組ノ法ヲ以テ吟味スルコトナレバ、何事モ隠スト云コトハ曽《かつ》テ成ラヌコト也。（『政談』）

同様に、奉公人は、渡り歩くことなく、終身一つの主家に仕える譜代者を増やすべきである。主家として面倒もあるが、何より忠誠心強固だからである。こうして、濃密な人間関係の網が全社会を包みこむ。相互監視によって逸脱行動は防止され、後暗い秘密は盗聴器なしで暴かれ、社会は見事に安定する。彼のいわゆる土着論は、こうした意図の下、都市内での「土着」をも含意している。

ところで、こうした改革を、被支配者の納得を得て実行するのは、不可能にして不必要である。畏怖すべき「天」「鬼神《きしん》」「祖宗《そそう》」の権威を借りて統治を神秘化し、「鬼神・卜筮《ぼくぜい》・災祥《さいしょう》ノ術ヲ以テ愚民ノ心ヲ一致セシメ、疑ナカラシム」(『鈐録《けんろく》』)べきである。愚民はかくして理屈も説得もなしで信従し、いつの間にか正しい習慣と思考を身につけ、遂には「飢寒盗賊ノ患モナク、隣里ノ間モ頼モシク、其国ソノ世界ニハ住ヨク覚ヘテ、其家業ヲ楽ミテ、民ノ一生ヲクラスヤウニ」(『太平策』)なる。聡明な「民の父母」が「俗人の思ひかけぬ所より仕懸けを致し候て。覚えず知らず自然」と世の病弊を直し(『徂徠先生答問書《とうもんじょ》』)、超安定社会をもたらすのである。

これは一種の天国かもしれない。しかし、他の多くのユートピア同様、逆ユートピアにも見えそうである。周知のように、ジョージ・オーウェルは『一九八四年』において、テレスクリーンで常時見守る「偉大な兄弟《ビッグ・ブラザー》」の支配の下、家族関係を含む一切の人間的絆が断ち切られ、個々人が無限に孤立し、支配者の教えに沿って行動し思考する他はなくなる社会を描き出した。それは恐ろしい牢獄である。しかし、ある種の牢獄は、多分、丁度逆の方法によっても実在しうるのである。

☆初出、『創文』二四一号（創文社、一九八四年二月）。「日本思想史と現在（五）」として掲載された。極く一部、表記を改めた。

12　反文明論と核

「無産階級文化大革命」の最中、毛沢東が、「世界に政府のある限り、無政府主義は消滅し得ない」と述べたことがある（「召見首都紅代会負責人的談話」、『毛沢東思想萬歳』所収）。確かに、政治権力から、あるいかがわしさは拭い去り難く、その否定論も不滅であろう。人間の人間に対する暴力的強制、支配者あるいは政治家の白々しい自己正当化――それらの存在しない自由人たちの秩序は、成程、魅力的である。自由主義も一応はそれを理想と認め、マルクス・レーニン主義も国家の「死滅」を予言していたはずである。

だが、それは、高度な文明と両立するだろうか。生産力上昇を前提しているはずのマルクスの共産主義社会像が、「朝に狩猟を、昼に魚取りを、夕べに家畜の世話をし、夕食後に批判をする……」（『ドイツ・イデオロギー』花崎皋平《こうへい》訳）と、妙に牧歌的なのは周知の通りである。権力なく、管理なく、専門化も組織化もない大産業社会が可能だろうか。「朝には歯科医、午後には建築家、夕方には腎臓外科医、そして夕食後には市の清掃係で、しかもついにそれらのどの職務にも縛りつけられていない誰かの掌の上でその思いのままにされているとなったならば、いったいどう感ずるだろうか」（ジョン・ダン『政治思想の未来』半澤孝麿《はんざわたかまろ》訳）と問うこともできよう。文明の恩恵を享受して、権力だけ無くそうというのは虫がよすぎるのかもしれない。

事実、遥か昔から、政治権力やその理論への反撥は、しばしば文明への懐疑と結びついている。

そもそも文明は恩恵であろうか、というのである。

例えば老子である。儒教が、天子を文明の主宰者とし、燦然《さんぜん》たる礼楽の秩序においてこそ人は人と成ると主張するのを、老子はあざ笑う。こちたき道徳を押しつけるから不道に陥るのである。巧智《こうち》による利得をはかるから盗賊が生ずるのである。自然の世では、人々は小さな村で一生暮らし、その衣食住に安んじ、隣村が鶏や犬の声の聞こえるほど近くとも老いて死ぬまで往来することもない。そこでは、とりどりの文明の利器も用いず、舟や車があっても乗ることもない。

江戸時代、儒教が浸透して来た時、日本でも、例えば安藤昌益が現れた。「自然ノ世」において人は皆自ら耕した。上下の別は無く、「上ミ無《なけ》レバ下ヲ責メ取ル奢欲モ無シ。下無《なけ》レバ上ニ諂《へつら》ヒ巧ムコトモ無シ。故ニ恨ミ争フコト無シ」（稿本『自然真営道《しぜんしんえいどう》』第一）。そこには文字も学問も無かった。また、賀茂真淵《かものまぶち》も儒教を厳しく批判した。「儒の道こそ、其国を乱すのみ」、ただ「天地の心」のままにして「事の少ければ好少《コノミ》し。好少ければ心やすし。心易ければ平か也」と真淵はいう。「人は萬物のあしきもの」、「なまじひに智てふものあ」る点で、人は鳥獣に劣るのである（以上『国意考』）。「人間だけがよけいな能力をもっている。このよけいなものが人間をみじめなものにする道具になっている」と、その同時代人ルソーもいう（『エミール』第二篇、今野一雄訳）。

ちなみに、アフリカのカラハリ砂漠に住む「ブッシュマン」たちは――ルソーの自然人ほど「自然」ではないものの――小集団で不断に移動して採集狩猟し、いさかいがあれば自由に他集団に移り、首長もなく、性・年齢の差別もないという。労働は一日六～七時間、後は歌と踊り、世間話などで楽しむそうである（田中二郎『ブッシュマン』）。日夜時計に追われて神経をすり減らし、「ストレス解消」にニコチンとアルコールを摂取し、それで壊した身体を強力な薬剤で治療し、「便利」な社会で一生あくせくと働いて死んでいくのと、比べたくもなろう。

但し、勿論、文明を擁護することもできる。例えば、文明の罪は多くとも、功の方がなお大きいと主張できるかもしれない。（先進国における）快適な住居、美味い食事、多くの病苦からの解放、広い見聞、それらは素晴しい。また、功罪の差し引き計算は無意味としても、知的認識の深化、偉大な芸術の開花は、それ自体、価値であり、文明の賜物である、とも指摘できよう。あるいは、その結果はどうあれ、個々人の自己実現の機会の増加、自由の領域の拡大それ自体が、大いなる文明の恵沢なのだ、ともいえるであろう。また更に、自己家畜化した人類は人工的条件の下でしか生きられない、ともかくもはや森へ帰って熊と暮らすことはできないのだ（ルソー『人間不平等起源論』自註）と念を押すこともできよう。

但し、今から一週間後、あるいは一カ月後、「文明人」たちは自ら核戦争を起こすかもしれない。その翌日、異常に赤い太陽の昇る時、僅かに生き残って苦痛にあえぐ人々は、ニュートンやアインシュタインばかりか、そもそも人類が火を用い始めたのが誤りだったと、プロメテウスをさえ呪うのかもしれない。その時なお、文明の進歩は全体としてよいことだったと擁護するのは、難しそうである。

☆初出、『創文』二四二号（創文社、一九八四年三月）。「日本思想史と現在（六）」として掲載された。極く一部、表記を改めた。

Ⅲ

面白い本をお勧めする

13　島田虔次「三部作」を読む

島田虔次
『隠者の尊重——中国の歴史哲学』（筑摩書房、一九九七年）
『中国の伝統思想』（みすず書房、二〇〇一年）
『中国思想史の研究』（京都大学学術出版会、二〇〇二年）

（一）

この三部作（以下、それぞれ『隠者』『伝統』『研究』と略称する。）は、永く学界に広大な影響を及ぼし続けた島田虔次《けんじ》氏が、京都大学を定年退職（一九八一年）後、「それまでに発表した論文の類をまとめて一冊もしくは数冊の書物として出版し、もってみずから記念とし、同時に学界への便宜をもはかるという慣習」に従おうとして発案され（『隠者』二四二頁）、結局、最初の一冊が生前に、残る二冊が逝去（二〇〇〇年三月。八二歳）後に、刊行されたものである（但し、いずれも、退職後の文章をも含んでいる）。

『隠者』には、主に、清末以降の儒学にかかわる（中江兆民や宮崎滔天《とうてん》に関するものも含む）一般読者向けの文章が、収められている。『伝統』には、主に、明・清代の儒学に関する同種の文章と、少青年期を回顧した「自述」が、収められている。『研究』は、文字通り、研究論文集である。氏が最も力を注いだ（「中国近世の主観唯心論について――万物一体の仁の思想」を始めとする）広い意味での陽明学にかかわる諸論文、三浦梅園論、清代思想に関する諸論考等が収められ、さらに、詳細な「著作目録」が付されている。

この三部作の刊行によって、『中国に於ける近代思惟の挫折』（筑摩書房、一九四九年、改訂版一九七〇年。そして、井上進氏による懇切な補注付きの平凡社東洋文庫版、二冊、二〇〇三年）、『朱子学と陽明学』（岩波新書、一九六七年）、『大学・中庸』（朱子学の立場に徹底的に即した、『大学』と『中庸』の詳細な注と解説。朝日新聞社、一九六七年。朝日文庫版、一九七八年）以外の、島田氏の主要業績にも、容易に接しうるようになったのである。

（二）

『伝統』と『隠者』は、儒学を中心とする中国思想史への、すばらしい入門書である。

儒学に初めて接する読者は、例えば、『伝統』冒頭で、「天地間に生まるるもの、人より尊きものはなし」という明治初期の文を、ある文学者が「近代ヒューマニズムの主張」と誤解した例が摘抉されているのを見て、類似のとんでもない誤解を自分もしていないか、スリリングな衝撃を受けるかもしれない（この文は、『書経《しょきょう》』とその古注に基づく）。続いて、日本の武士風の「殉死」などはおよそ儒教的ではなく、「儒教が要求するのは何よりもまず思慮、そして思慮によって中庸を守ること、である。直情径行は戎狄《じゅうてき》の美学にすぎない」と断言されている（六頁）のを読めば、アリストテレスとの比較にも思いが及ぶかもしれない。そして、民の意向に沿って統治し、その死後、位は賢者に伝えられたとされる二人の古代の王についての、次の記述に接するとき、儒教といえば専ら権威主義的な「忠孝」の教えだという通念に囚われていたような読者には、中国近代とは一体何なのか、突然、疑問に思えてくるであろう。

堯・舜を伯理璽天徳（president）と（し、したがってその政治を民主政と）するのは、一八七九年、英仏公使曽紀《そうき》沢《たく》がロンドンで語ったのが最も早い例かと思えるが、「近世、民権を言い大同を言うものもみな、堯・舜をほめたたえ、中国に古く民主制度があった証拠としないものはなかった」と梁啓超《りょうけいちょう》のいうとおり、清末の革新派においてほとんど通説と称すべきものであった。孫文はそれを承けているに過ぎない。（『隠者』一三九頁）

また、前記の『朱子学と陽明学』『大学・中庸』は、刊行後四〇年近い現在でもおそらくなお朱子学入門書として相対的には最善であり、かつ優れた研究である。これらに接した後であれば、『研究』も、力作『中国における近代思惟の挫折』も、決して難解ではなく、そこに描かれた、強烈な個性の思想家たちによる劇的な思想史の展開に、息を呑むことになるのではないだろうか。

中国思想の研究書には、その用語・引用法等において、「素人」の接近を厳めしく拒否しているようなものもある。清朝考証学の研究者がすっかり清朝考証学者風の美意識に感染してしまい、整然たる最小限の説明しかしないことによってその秘儀的な知識の深さを密かに誇示しているかのような論文を書くことも、無いではない。しかし、島田氏には、そのような傲りや見栄はまったく無い。真率な探求の結果を、関心を持つすべての人に分かり易く伝えようという情熱をもって、氏は書いている。その意味で、島田氏の著作は、井上進氏が指摘するように（平凡社版『挫折』「解説」）、常に広く開かれているのである。それは、島田氏がかつて熱心なエスペランチストであった（「自述」）こととも、どこかで繋がっているのかもしれない。

しかも、島田氏の諸作品は、今も、無論、専門の研究者にとっても、刺戟と示唆に富んでいる。それは、その内容がすべて正当だということではない。強引な立論も、事実誤認もあるであろう。中国において開花しかけた「近代思惟」が結局「挫折」した、という論法も、いかにも古めかしい。「主観唯心論」「客観唯心論」等のマルクス主義的哲学用語は、もはや中国の研究者もほとんど使わないであろう。しかし、そのような時代性を帯びた表層から一歩踏み込んで読み進むとき、そこには、西洋とも日本とも全く違う条件下で生きていた我々と同じ人間たちが懸命に思想営為する姿が活き活きと浮かび上がり、改めて読者を深い思索に誘うのである。そして、例えば、次の一節は、これからも永く、世界中の儒学研究者を鼓舞し続けるであろう。

私の考えでは、キリスト教史が多く汎ヨーロッパ的な視野のもとに書かれているように、儒教史、朱子学史というものも、中国・朝鮮・日本（・ヴェトナム?）を通じての通史として、まず、書かるべきであると思う。…［中略］…一方の極、つまり儒教内面化の極に陽明学、他方の極、外面化の極に徂徠学、そのような構想での儒教教理史というものを、いったい、書けないものであろうか。（『朱子学と陽明学』一九八頁。二行目の補足も島田氏による。）

（三）

但し、この評者にも、この三部作の読後、できれば著者に問い質したかったことが、無いわけではない。特に二点、挙げたい。

（1）氏は、こう述べている。

私は中国の思想をまずヨーロッパ思想の範疇をもって考えることに、けっして反対なものではない。われわれは今日それ以外に進みようがないのだと思っている。しかし同時にまた、そのようにして進むことによってその範疇におさまりきらぬものを無理やりおさめてしまうのでなく、中国思想の中国思想たるゆえんを正確に把握すべきだというのが私の持論である。つまり、われわれはわれわれの用いるカテゴリーそのものをつねに反省しなければならないということである。靴に合わせて踵を切ってしまうのでなく、靴をたえず踵に合うように修正していく。そして特殊ヨーロッパ的なカテゴリーを普遍的なカテゴリーにまで高め、それによって中国思想の独自性とヨーロッパ思想の独自性とをともに定立し、それぞれあるべき位置を指定すべきだ、というのが私の考えである。（『伝統』二四一頁）

賛成である。しかし、実際には、この三部作においても、氏は、西洋思想や西洋史を既知・既定のものとみなし、それを以て中国を説明しようとすることが多い。例えば、陽明学の「良知《りょうち》」

を、氏はくりかえし、「ルソーのいう『心情《ハート》』にちかい」「良知をむしろハート heart, fr. cœur と呼びたい」「いわばハートという意味をもっている」(『伝統』五二、八九、一二五頁)などと解説する。しかし、これが説明になっているだろうか。heart という日常語自体、多義的である。「ルソーのいう cœur」といえば解りきっているというものでもない。例えば『エミール』第四篇の「サヴォアの助任司祭の信仰告白」でのそれを指すとしても、なおそれを「良知」と同一視してよいかは、大いに議論の余地があろう(多分、la conscience の方がより近い)(cf. Jean-Jacques Rousseau, Œuvres complètes IV, Éditions Gallimard, 1969, p. 566, p. 582)。

また、「〔横井〕小楠《しょうなん》の共和主義の理念――あの時代あの状況において、それは共和論と称して差支えないとわたくしは思う、しかも西洋のそれよりはより普遍的な共和主義、民主主義……」などという主張もある(『隠者』九二頁)。しかし、「西洋のそれ」といっても多様である。また、単に大統領制の賛美や世襲君主制の否定の意味ではなく、ここ数十年、西洋政治思想史研究で特に注目されている civic virtue と結合した republicanism の意味で「共和主義」を論ずれば、その儒学との共通性と差異が、より興味深い検討の対象となりえたであろう。

しかし、島田氏は、西洋思想や西洋史自体も多義的であり、しかも不断に再解釈されていることには、残念ながら、あまり注意を払わなかったように思われるのである。

(2)「はっきり言って私は、儒教の擁護、もしくは弁護の立場である」(『研究』六二二頁)、――そう島田氏は述べる。そして、「儒教というものは君主権、専制体制、に対して奉仕的な思想体系であったか、それとも抑圧的、批判的なものであったかという問題がある。大方の見方は奉仕的ということであるかも知れない。しかし私は必ずしもそうは思わない。君権に対して抑圧的、批判的であったと思う。」(『研究』六〇九―六一〇頁。『隠者』一三五頁もほぼ同趣旨)と述べ、さらに次のようにさえ主張している。

儒教思想のもっとも根本的な点は、力にたいする徹底的な蔑視である。儒教は本来的にいわゆる国家理論とはなりえない性質のものである。その点、中国がいわば列強体制であった戦国時代においては、「国家」の思想としてもっとも有効な思想は法家思想であったと思われる。それは徹頭徹尾、力の原理に立脚し、リアリズム政策に立脚するものであって、われわれのいう意味での国家の立場はここにもっともよく表現されているのである。(『伝統』一一九頁)

そうだろうか。「本来的にいわゆる国家理論とはなりえない性質のもの」が、二千年間、大帝国の「国家理論」だったのだろうか。

おそらく、逆に「法家思想」こそが、そうなのである。俺は俺だけのために支配する、その方法は恐怖と利益誘導しかない、いかなる残酷な手段でも俺は採る――そう広言する思想が安定した「国家理論」たりうるだろうか。むしろ、一見おめでたく、理想主義的で、「統治は万民のためである」、「力は真にやむを得ない時にだけ用いるべきだ」などと主張する思想だからこそ、巨大帝国を支えられたのではないだろうか。つまり、専制体制に「奉仕的」か「批判的」かという問題の立て方自体がおかしいのであり、実は、「批判的」だったからこそ「奉仕的」であり、「奉仕的」であるためには「批判的」でなければならなかったのではないのか。その意味で、「批判的」儒学と専制とは、根底において共生関係にあったのではないのか（その「批判」性が、ある時は専制打破にも役立ったとしても）。

それは、「自由」「民主主義」「解放」「文明」等の自分自身にも説得力のある御立派な理念と理論に支えられているからこそ、強大な覇権国ともなりうることと、似ている。善か悪かではなく、善と悪とのどちらが多いかでもなく、善が悪を生み、悪が善をもたらすと考えなければならないことが、多分、政治にはあるのである。島田氏は、この世の現実のそのような恐ろしいねじれについては、あまり語らなかったように思われる。

（四）

島田氏は、陽明学者に共感を懐いていた。そして、ルソーを、若い頃から好んだという（『隠者』二四四頁）。両者には共通性がある。例えば、理性と私心の無い感性とが一体となった澄明さへの憧憬である。島田氏にも、それがあったのであろう。

しかし、氏には、中国への傲岸《ごうがん》な無関心や無理解に対する激しい義憤はあっても、自分に何の私利私欲も無い以上、自分と意見を異にする者は当然なんらかの卑しい動機に導かれているのだと、聖なる不寛容をもって他者を憎む独善——その極致が、陽明学者、中斎・大塩平八郎であろう――は、無い。氏には、好意を隠さない率直さや、自分の迷い・誤り・「コンプレックス」を自認する正直さはあるが、ルソーのような臆面もない自己告白癖には決して陥っていない。氏に永く接した人々による追悼文（例えば、湯志鈞氏『東方』二〇〇二年四・五月号、狭間直樹氏『漢学研究通訊』二〇〇三年二月）や遺著の「解説」が、深い敬愛の情に溢れているのも、当然であろう。

思想、哲学、歴史、政治、文学――それらに関心のあるすべての方々に、この三部作をお薦めする。

☆初出、『UP』三七五号（東京大学出版会、二〇〇四年一月）。

この文章から、18の文章までは、東京大学出版会のPR誌、『UP《ユーピー》』のために、同誌編集者の依頼によって執筆したものである。東京大学出版会の刊行ではない書籍を採り上げるということだけが条件だった。したがって、書評対象の選定は専ら私の考えによっている。なお、極く一部、語句を補い、修正した。

14 ヨーロッパ、もしくは「自由弁当」の彼方

半澤孝麿『ヨーロッパ思想史における〈政治〉の位相』（岩波書店、二〇〇三年）

（一）

半澤孝麿《はんざわたかまろ》氏は、三七年間勤務された東京都立大学（まもなく消滅するという）での最終講義の冒頭、かつて「政治学史」だったその担当講義の名称を、「西洋政治思想史」に変更した理由を、こう説明している（「西洋政治思想史における『非政治的なもの』について――東京都立大学最終講義」、『東京都立大学法学会雑誌』第三八巻第一号、一九九七年七月）。

第一に、「政治学史」History of Political Theory の名の下に西洋の政治思想・政治哲学のみを扱うのは、一方に「日本政治思想史」や「東洋政治思想史」があることを考慮すれば、「やはりこれは無意識的な西洋中心主義なのではないかということ」である（註）。第二に、「政治についての人間の反省的思考の表現」は「人間の精神活動のすべての分野に姿を現わしているはず」であり、狭い意味の「政治哲学」のみを指すような「政治学史」の語は不適切であるということである。

この名称変更に示された姿勢は、古代ギリシアから二〇世紀までの無数の思想家・哲学者が登場するこの大著（そうであるのに索引が無いのはいかにも惜しい）にも活かされ、一貫している。

即ち氏は、第一に、特に日本との比較を意識しつつ、ヨーロッパの特徴的な政治的語彙や思考を根底から問おうとする。異質な言語で政治を語り続けてきた「わが国のような非ヨーロッパ世界において、政治について明晰な理論的思考を追求する」ためには、「ヨーロッパにおいて、最も広い意味で政治思想と呼んでよい歴史的な思想現象の中で、何が、どのような意味で、ヨーロッパに固有のものなのかを明らかにしていくという基礎的作業」が必要だというのである（二頁）。

また第二に、氏は、従来無視されがちだった多くの著者を含め、あくまで、具体的な歴史状況の中で、限られた視野の範囲内で、手持ちの限られた概念道具を使って、当面する問題に苦闘し苦悩しつつ、書いた人々として、思想家たちを紹介していく。著名な政治哲学者のみを選んで、あたかも中学校の音楽教室の壁にいかめしく居並ぶ大音楽家の肖像画群のように、何かを完全に成し遂げた偉人として並べていくようなことはしないのである。

しかも、氏は、「古典ギリシア以来、とりわけ十六世紀以降の、近代的・普遍的・デモクラティックな政治理念の連続的発展を跡付けるという、〈ヨーロッパ政治理念成長史〉」（八頁）としてヨーロッパ政治思想史を描き出すというかつてなされた手法を、峻拒《しゅんきょ》する。それは、所詮「神話創出的性格」を有するというのである。半澤氏は、スキナー氏等による厳しい思想史の方法批判（参照 Quentin Skinner『思想史とはなにか――意味とコンテクスト』半澤孝麿ほか編訳、岩波書店、一九九〇年）を真剣に受け止め、くぐり抜けた研究者である。思想家間の「影響」や「発展」を安易に想定したり、当人が想像もしなかったような「含意」や「今日的意義」を現代から読み込んだりはしない。野を越え山を越えて、輝かしいゴールに向かって一本のたすきを受け渡していく駅伝チームであるかのように、思想家たちを論ずることも、しないのである。

かといって半澤氏は、本書では、個別の思想家や、個別の作品に沈潜して、その歴史的個性を細密に描き出すという方法も採らない。氏は、ここでは、壮大な「観念史として」の「通時的思想史物語」（三四三頁）を叙述している。それは、「ヨーロッパ政治思想史においては、基本的語彙の持続性と対応して、重要な諸争点もまた、分析のための問題構成において妥当な抽象のレヴェルを設定しさえすれば、時代とともに形を変えつつもなお持続してきたと考えてよい」（一二六頁）という前提に基づく。しかも、その「物語」を、個別の主題について、仮説をまず提示し、ついで個々の思想的作品について「断片的な言葉の引用を慎み、可能な限りそのテクスト全体の蓋然的著作意図に即して理解することに努め」（五頁）つつ、それを論証していくという厳密な手続きをとって語る。特定の権威を引いて、第一次資料に基づく論証を省略することはしない。逆に、I・バーリン、J・G・A・ポーコック、Q・スキナー、J・グレイ、そして福田歓一等の諸氏も、容赦ない批判の対象とする。明らかに、本書の、註を含めた一言一句は、すさまじい努力と厳格な知的良心との成果である。

（二）

本書全体の主題は、ヨーロッパ思想史における「政治」の位置とその「位相」である。著者は、それを「非政治」との関係において明らかにしようとしている。具体的には、四つの章で、根底において相互に関連する四つの主題が扱われる。

第一章の主題は、「自由」である。時代は、古典ギリシア時代から現代に至る。仮説は、ヨーロッパの「自由」の観念にはバーリン氏のいう「自由の二つの概念」とは異なる二面があり、その組み合わせや内容の変化として「自由」の観念史を整理して描けるのではないか、というものである。

第二章は、「非政治的なもの」である。時代は、「萌芽的にはギリシア時代、とりわけキリスト教成立以降」である。仮説は、ヨーロッパ思想史では「政治」と「非政治」との間に緊張があり、しかも非政治的な人間の共同性の理念が、「キリスト教的愛」以外にも例えば「友情」として論じられていたのではないか、というものである。

そして第三章は、十六世紀政治思想におけるペシミズムである。仮説は、当時の人々が、なお「形相」と「質料」の二元論で思考しており、当時の「人間の現実は、神は世界を善なるものとして創造したにもかかわらず、それぞれの形相と結び付くべき質料がその本来の姿にはない」（二一一頁）と考え、さらに「この、形相と質料の非対応の現実意識は、最終的には世界理解の言葉としての形相・質料合成論そのものの破壊にまで進む」（二一二頁）、というものである。

第四章の主題は、保守主義である。時代は、初期近代から二〇世紀である。仮説は、「政治思想としての保守主義を近代に固有の現象と考え」、しかも類型としては、十六・十七世紀には「懐疑主義的保守主義」が、十八世紀末から十九世紀には「目的論的保守主義」が、二〇世紀には「生成論的保守主義」が、「それぞれ典型的に成立してきたのではないか」（二七五頁）、というものである。

（三）

本書は、単純な「思潮」の興亡史や「主義」の闘争史ではない。「物語」であるとしても、ハッピーエンドはない。第一章は、「では、すべての欲求が『自由』の言葉で語られる現代にあっては、そもそも『自由』という言葉の伝統的な意味はもはやまったく解体し、何か別なものに変質しつつあるのか、そうではないのか、この設問に答えるためには、また別の論考が必要であろう。」（一一九頁）と結ばれる。第二章も、「これまで、ヨーロッパにおいても他の何処においても国家は、その境界（boundary）性、すなわち地縁、血縁、言語、さらには権力の獲得とそれへの服従などを通して、それなりの連帯の原理と事実とを提供してきた。それはなお継続し、おそらくは強化されるであろう。これに対抗して、ヨーロッパ（および、ヨーロッパの政治言語の支配する現代世界）は、ここで見てきたのと同じ延長線上にある、またはそれとは異なった、何らかの非政治的な人間連帯の原理を語り得るであろうか。だが、この問いに答えようとすることは、自ずから本章の課題の外に出ることになる。」（一八八—一八九頁）と結ばれる。半澤氏は、「物語」を寓話としない。「だからどうなのだ？」「どうすればいいのだ？」といった問いに暗示的にせよ答えようとはせず、ただ、未来を憂慮しつつ、なおドラマが続いていくことを示唆するのみである。

それ故、読者の一部には、深く広い歴史の森を、能弁な案内人に導かれてあちこちと歩き回り、その挙げ句、突然、「この先は私にもよくは見えない。自分で歩きなさい」と突き放されたような不満足感が残るかもしれない。しかし、多分、本書の読者は怠惰な観光客でいてはならないのである。案内された思想的作品に自分も接し、それらを糧にみずから思索するほかは無いのである。

(四)

本書に、最後に補注を付したい。少なくとも江戸時代以来日常語である、日本語の「自由」の意味についてである。半澤氏も指摘するように、日本語の「自由」とは、「心の儘《まま》」「思い通り」を言う。そうなることも、そうすることも言う。そのことは、半澤氏が触れていない重大な意義を持つと思われる。

例えば、儒学者、荻生徂徠は、将軍徳川吉宗に提出した現状分析と政策提言の書、『政談』(二之巻)で、こう述べている。

武家、知行所《ちぎょうしょ》に居住すれば、諸事みなかくの如く不自由なる故……何事も年を積み心がけて成就する事なるに、御城下は自由弁当なる上に、せわしなく、急に間を合わする風俗にて、何事も当坐まかないに事をする故、上下の損失積《つも》りていうばかりなしと知るべし。

ここで「自由弁当」(「自由便当」とも書く)とは、類義語を重ねた表現である。「弁当」とは、便利であることをいう。本居宣長も、こう述べる。

さて又交易のために、商人もなくてはかなはぬ物にて、商人の多きほど、国のためにも民間のためにも、自由はよきもの也。然《しか》れ共《ども》、惣じて自由のよきは、よきほど損あり、何事も自由よければ、それだけ物入《ものいり》（註　物要り。つまり、出費）多く、不自由なれば、物入はすくなし、然るに今の世は、人ごとに我おとらじとよき物を望み、自由なるがうへにも自由よからんとするから、商人職人、年々月々に、便利よく自由なる事、めづらしき物などを、考へ出し作り出して、これを売弘むる故に、年々月々に、よき物自由なる物出来て、世上の人の物入は、漸々《ようよう》に多くなること也、（『秘本たまくしげ』上）

「自由」とは、便利であることである。この用法は、現代日本語には無い。しかし、日本語の「自由」の意味の核心の自然な延長である。徂徠は、さらに言う。

当時（註　現在の意味）も、人別帳《にんべつちょう》もあり、名主《なぬし》もあり、五人組もあれども、店替《たなが》えを自由にし、他国へも自由にゆき、また他国より来たりてその処に住むこと自由なれば、日本国中の人、入り乱れ混雑し、何方も何方も皆暫《しばら》くの住処というものになり、人に永久の心なし。隣にもかまわず、隣よりもこの方へかまわず、その人の本を知らねば、知らぬというにて何もかもすむ也。先をも知らねば、始終をば名主を始めわが苦にはせぬ故、人々面々こうになり、心まま也。（『政談』一之巻）

徂徠は、流動化し、匿名化した個人の「心まま」による治安の悪化を憂えているために、ここでは「自由」に舌打ちしている。しかし、時に誤解されているが、「自由」は、概して悪い意味ではないし、非難語でもない。「思いのまま」になること（その派生義として「思うままに物が手に入って便利であること」）が、どうして当然に悪いことだろうか。人情本で、侘び住まいをする若旦那に惚れた芸者は、「どんなことをしても私《わちき》が身のおよぶたけはおまはんに不自由はさせやアしませんから」と言う（為永春水《ためながしゅんすい》『春色梅児誉美《しゅんしょくうめごよみ》』巻之一）。現に、現代日本語でも、「金に不自由しない」「眼が不自由」「足が不自由」などという。「自由」とは、仏典の、解脱してとらわれない「自由自在」の境地を指す語から転じて、ただ一般に「思い通りになること」をいうのである。

そして、それ故に、ヨーロッパ語のlibertyやfreedom等とは大きく異なる。現に、liberty等の語では「眼が不自由」という表現はできないであろう。「自由」が「思い通りになること」である以上、「不自由」は、その「思い」の実現を妨げる条件が、自分自身の無能力であろうと、外的な障害や束縛であろうと、他者の意志であろうと、関わりがない。そして、その「思い」自体が「不自由」であることは、普通想定されない。「心の不自由な人」という表現は成立しない（そして絶対神の観念が元来無い以上、「意志は自由か」という論争も、切実感を欠く）。

そして誰もが知るように、人生、何事も思い通りになることなど、ありえない。「ままにならぬが人生」である（現に、「自由」に「きまゝ」と振り仮名した例もある。曲肱軒主人『開化のは那し』明治五年刊)。それ故に、「自由」が西洋語の訳語であると普通信じられている現代日本でも、「自由こそ人間をして人間たらしめるものであり、自由を喪失することは人間性を喪失すること」(半澤氏四一頁)といった表現は大袈裟で奇異に響く。むしろ「不自由」こそが人生の常態であるのに、「私は自由を愛する」「自由でなければ人として生きている意味がない」などとは、いかにも世間知らずな青二才の言い草であろう。

つまり、日本人は、今もなお、「自由」を往々古来の意味で解しているのである(いったい明治の「自由民権」論者はどう解していたのだろうか)。しかも、そのことを普通自覚していないのである。それ故に、西洋の「自由」論を読んでも、往々、今ひとつ腑に落ちないのではないか。そして、時にはあまり腑に落ちないままに、「自由主義」や「自由のはき違え」を論じたりしているのではないのか。

では、西洋語の liberty 等は、いかなる意味なのだろうか。半澤氏は、「他者の意志または支配に隷属しない」という〈状態〉の意味(「状態としての自由」)に加え、「その状態にある者、すなわち、他者に隷属していない者が、隷属していないという事実によって所有している〈能力〉」(「能力としての自由」)をいうとする(四五頁)。ただし、「能力としての自由」といっても、日本語のように視力・財力などまでを指すわけではない(その意味でこれは誤解を生みやすい表現である)。主に意志能力としての自由、自己の行為を選択し決定する意志の能力としての自由をいう。つまりは奴隷やロボットではないこと、責任の主体たりうることである。この「能力」が無ければ、行為は倫理性を持ちえない。善も悪もなしえない。であれば、「自由でなければ人とは言えない」のも当然であろう。libertas、liberty、Freiheit、libertéの世界は、「自由弁当」の世の遥か彼方である。本書は、その精密で大胆な記述によって、そのことを改めて痛感させてくれる。さらに、本書は、他の多くの重要な概念についても、同様であろうことを暗示している。多分、我々の頭の中では、「自然」「法」「権利」「正義」「公共」「公と私」、さらには「政治」という語さえ、西洋語の意味と日本語や漢語の意味とが、雑然と、そして朦朧と、混在しているのである。

半澤氏のいう「政治について明晰な論理的思考を追求する」ためになされるべきことは、まだまだ多そうである。

（註）ちなみに、例えば東京大学法学部では、今も「政治学史」の名称が用いられている。これにもなお一理あろう。西洋の政治思想・政治哲学は、ここ一〇〇年余りの間に全世界に拡がり、「極東」の政治制度や法も基本的に西洋渡来のものに変わったのだから。例えば日本人や韓国人が「クラシック音楽」と言えば、モーツァルトやベートーヴェンであって、雅楽や長唄やパンソリではない。同様に、プラトンやルソーも、既に「我々のプラトン」であり、「我々のルソー」であろう。

☆初出、『UP』第三八七号（東京大学出版会、二〇〇五年一月）。一カ所、語を改めた。
本文冒頭で、「東京都立大学」が「まもなく消滅するという」と書いたのは、二〇〇五年四月に、同大学が「首都大学東京」と改称され、改組されたことを指している。しかし、同大学は、二〇二〇年四月に再び「東京都立大学」と改称した。

15 「明治デモクラシー」と「昭和デモクラシー」

坂野潤治
『明治デモクラシー』（岩波新書、二〇〇五年）
『昭和史の決定的瞬間』（ちくま新書、二〇〇四年）

（一）

その成果の公表が、その度にほとんど知的事件であるような研究者がいる。坂野《ばんの》潤治《じゅんじ》氏はその一人である。一九六〇年代後半以来、次々と公刊されてきたその論文・著書[1]は、多くが「問題作」であり、明治初年から敗戦までの日本政治史研究に関心のある者は、その内容のすべてに同意しないとしても、強い刺戟を受け、みずから考えることを迫られるのである。

その坂野氏が、新書の体裁で広い読者に向けて書き下ろしたのが、ここで御紹介する二冊である。日本の政治に関心があり、しかも未だ坂野氏の著作に親しんでいない方には、是非お勧めしたい。それは（やや誇張のある文体が気になる読者もいるかもしれないが）読み易く、面白い。しかも、成熟した政治的思考への訓練をしてくれるからである。

「明治デモクラシー」「昭和デモクラシー」とは、「大正デモクラシー」になぞらえた坂野氏の造語である。岩波新書が前者を、ちくま新書が後者を、主に扱っている[2]（以下、それぞれを「明」

「昭」と略記する）。ここで「デモクラシー」とは、単に思想・言論ではなく、現実の国政における「民主化の波」（明ⅲ頁）をいう。

（二）

この二冊にもよく現れている坂野氏の研究の特色は、たとえば次のようなところにある。

第一に、通説や常識への果敢な異議申し立てであり、それらに寄りかかることによってそれらを持続させてきた怠惰への厳しい批判である（もっとも、同氏自身の影響もあって、その「通説」がもはや通説ではなくなっているのではないかと思われることもある）。

たとえば、坂野氏によれば、「戦前の議会は無力で、議会制民主主義は戦後憲法の下で初めて可能になったというのは、戦後歴史学の思い上りにすぎない」（昭八九―九〇頁）。「報道の自由、批判的言論の自由を奪われ、軍部の無謀な戦争計画を知らされていなかったから、日本国民はあの戦争に反対できなかったという『戦後神話』は、全くの虚構」である（昭七四頁）。そして、「総力戦中の八年間だけから、日本精神や日本人の心を引き出してくる保守派も、この八年間だけを反面教師として、戦後の自分たちだけが真の民主主義の理解者だと誤解してきた進歩派も、自分の頭の中で作り上げた勝手な日本近代史像に依拠してきた点では、共通の地盤に立っていた」（昭二一九頁）。さらに、「当時の軍部や左右両翼の主張を鵜呑みにして、政友会と民政党とを同程度に腐敗し、同程度に帝国主義的な『既成政党』と評価してきた戦後の日本史学は、この点では大きく修正される必要がある」（『日本政治「失敗」の研究』一〇八頁。同書は以下「失敗」と略記する)。

また、同氏によれば、「昭和二〇年の敗戦から今日にいたる日本の知識人には、奇妙な偏向がある。欧米の議会史、政党史、社会民主党史には驚くほど造詣が深いのに、日本の戦前史に関しては、戦争と軍ファシズムのことしか知らない」(昭一七六頁)。「欧米の最新思想の導入をめざす日本の知識人の間では、自国の過去の思想を自覚的に吸収することはほとんど見られない。……同時代の欧米思想には学んでも、自国の近過去の思想からは学ぼうとしない傾向」がある(挙げられた具体例は、美濃部《みのべ》達吉《たつきち》、北一輝、吉野作造である。明一八〇―一八一頁。失敗六五―七一頁では最近の例も挙げられている)。

第二に、坂野氏の研究は、現在の日本政治への強い関心に裏付けられ、導かれている。例えば、次のような率直な告白もある。


中道派を軸に戦前日本の政治史を分析するもう一つの理由は、中道派というものが、左右の両極端に対するアンチにすぎないのか、あるいはそれ自体で自立した政治的立場でありえるのかを知りたいという、著者の最近一〇年間の個人的関心にある。……社会主義者が居なくなったのに続いて、中道派も居なくなったら、日本の政治はどうなるのだろうかという不安が、自分の歴史分析にもあらわれて、三極構造のうちの真中に関心が向かってしまったように思われる。(『近代日本の国家構想　一八七一―一九三六』岩波書店、一九九六年、viii頁)

このような態度に対し、「現実が変わったからといって、次から次へと歴史の視点を変えるのは間違っている。世の動きに左右されずに歴史内在的に研究するのが、実証主義だ」というような批判もあるかもしれない、しかし、坂野氏自身がそれを想定して、次のように反論している。

確かに、歴史学者は経済アナリストや評論家とは違いますから、毎月、毎年、小泉がうまくいった、失敗したと、その度に歴史観を変えなくてはならないというのではありません。ただ、たとえば一九八九年にベルリンの壁が落ちて、社会主義体制がなくなった。それの後と前で、歴史の見方が変わらないというのは、思想性がなさすぎます。同じようなことは、昨年九月十一日以降のアメリカによる反テロ武力行使、そして、それに対応する日本の国内の動きを考えたときについても言えます。(『十五年戦争再考――平和三勢力の敗退』北海道大学大学院法学研究科附属高等法政教育研究センター、二〇〇二年、五―六頁)

そして、この二冊で、特に戦前の日本における「デモクラシー」の伝統が強調されているのは、「われわれ[「日本人」を指す。引用者註]に欠けているのは、下からの、自前の民主主義の伝統だと思い込んでしまっている」からである(明ii頁)。「今日のわれわれの『民主主義』のために、『明治デモクラシー』の智恵を借りよう」(明iv頁)というのである。

ただし、坂野氏が現代政治への関心に基づいて歴史を研究しているというのは、その政治的意見に合致するように歴史を叙述しているということではない。そうではなく、同氏は、かつて政治にかかわった人々を史料を通じて内在的に理解し、その上で、あたかも彼らと頻繁にメイルを交わしているかのように対話し、共に考えようとするのである。坂野氏は、つとに、その最初の論文集の「あとがき」で、こう述べている。

……本書を書き終えた結果、二つのことだけは確信をもつにいたった。第一は、現在と歴史との関係というものは、歴史研究者にとって永遠に分離しきれるものではないということであり、第二は、両者の関係は、一方通行ではありえないということである。歴史研究者がよく現代的問題関心の重要さをいうとき、多くの場合、現代についての既知の価値判断を過去に投映することを意味している。そしてそれを批判する人達は両者の安易な結合を否定する。しかるに本書を書き終えて私が感ずるのは、過去に対する私の評価が現代についての私の評価に対して自己主張をしはじめたという感じである。厄介な問題をかかえこんだと頭がいたいが、同時に、私なりの歴史研究の意味を見出したような気がする。(『明治憲法体制の確立——富国強兵と民力休養』東京大学出版会、一九七一年、二四七頁)

われわれは、現代の意識をもって過去を見る。しかし、深く見続けていると、やがて逆にその過去によって染められ、変えられていく。そうして獲得した新しい眼で、あらためて現代と将来を見る。そうすると以前とは違ったものが見えてくる。歴史を学ぶとはそういうことなのだ——これは、たとえば荻生徂徠も主張した、まことに古典的な歴史学観である。坂野氏は、それを、この四〇年ほど、活き活きと実践しているのである。
坂野氏は、自分がその場にいたならば、どう考え、どう決断したかを、いつも考える。それ故、第三の特色として、同氏は、過去の歴史を、必然的因果の連鎖として描き出したりはしない。「歴史研究者のもう一つの興味は、シナリオ書きである。あの時、ああしないでこうしていれば、あんなひどいことにはならなかっただろうという分析は、ドラマの脚本書きのようなもので、歴史学の醍醐味の一つである」とさえ言う（昭八頁）[3]。そこまで言わなくとも、少なくとも、「もしも別の選択がなされていたらどうなったか」ということの公然もしくは暗黙の評価なしに、政治史が記述できるはずはない[4]。坂野氏は、たとえばこう述べる。

普通の日本政治史では、実現しなかったものにはあまり注意が与えられない。しかし、先に見たように昭和一二年一月の宇垣内閣の流産が、「戦争」と「平和」、「ファシズム」と「立憲制」の対立において、事態を決定的に「戦争」と「ファシズム」の方向に進めたとする本書の観点に立てば、一度も実現しなかった「協力内閣」構想の歴史にも、一定のスペースが与えられてしかるべきであろう。（昭一一四頁）

〝歴史の必然〟を重視しすぎたり、〝歴史にイフは禁物である〟とする歴史観に、私は同調することはできない。天皇から組閣の大命を受けた宇垣の内閣組織が、初めから挫折を運命づけられていたと断定するのは、〝できなかったものは、できなかった〟と言っているにすぎない。このような史観を現代に適用すれば、ブッシュ大統領のイラク攻撃も、それを支持して自衛隊をイラクに送ろうとしている小泉首相の政策も、すべて歴史の必然になってしまう。(昭八二頁)

ところで、政治的決定は、容易でないのが常である。権力者も何らかの既存の制度の枠に縛られている。(5) 将来はいつも「不透明」で「想定外の事態」に満ちている。しかも、様々のよきことは、必ずしも並立しえない。そのような政治の現場における決定の困難、選択の苦悩に注目することが、坂野氏の歴史叙述の第四の特色として挙げられよう。一例を引けば、次のとおりである。

民政党の斎藤隆夫と社会大衆党の麻生久《ひさし》とに代表されるこの二つの立場は、「平和」と「改革」のどちらを重視するかという点で、今日のわれわれの悩みにも通じるものがある。……「平和」と「改革」が両立しない場合にどちらを採るかは、一九三六年の日本人にとっても大きなディレンマだったのである。(昭四七頁)

(三)

もっとも、この二冊を読んで、首をひねらされた箇所もないではない。

たとえば、過去との対話に熱中したあまりか、時に、叙述の対象と坂野氏とが融合してしまったような箇所がある。現に右に引いた箇所である。そこで「平和」と「改革」の両立困難の「ディレンマ」とは、民政党は軍部の強権と独走には反対したが社会民主主義的な国内改革には冷たく、社会民主主義的な国内改革をめざす社会大衆党は「広義国防」に賛成だったという事態を指している。しかし、それは誰にとって「ディレンマ」だったのだろうか。「一九三六年の日本人」といっても様々な人がいる。これは、実は、「平和」と「改革」の双方を願った当時の一部の知識人と坂野氏とにとっての「ディレンマ」なのではあるまいか。

次の箇所も同様である。

「立憲独裁」は政策内容においては「平和」重視のゆえに評価できても、議会と政党を軽視するために、政治体制としての非民主性は否めない。反対に、衆議院に過半数を占める政友会に政権をよこせという「憲政常道論」を、手続き民主主義の観点から否定することは不可能だが、陸軍皇道派に支持された政友会が政権に就けば、対外的にも対内的にも、何をするかわからない。昭和七年の五・一五事件から昭和一一年の二・二六事件までの四年弱の日本の政治は、政策内容と政権形式の矛盾に悩まされたのである。（昭一一三～一一四頁）

ここで「矛盾に悩まされ」ているのは、いったい誰だろうか。当時、それに悩んだ人々が相当数（といってもどれくらい？）いたということだろうか。それとも、単に、後世から眺めるとそう見えるということとの修辞的な表現なのだろうか。

また、次のような診断（ないし諦観ないし絶望）が述べられている箇所がある。

日本人は二大政党制が嫌いなのではないだろうか。戦前日本で一九二五年から三二年までの七年間、二大政党制は実現されたが、この七年間以外の約一二〇年間、それは一度も実現していないのである。福沢が「人類の心情」として指摘した政権交代を望む人間性を、われわれ日本人は持ち合わせていないことにならないだろうか。（明三九頁）

同様に、みずから「いわば『DNA史観』ともいうべきもの」と名付けて、「日本人は元来『改革』というものを好まないのではないか」と述べている箇所もある（失敗二八頁）。『失敗』に、「中途半端好みの国民の行方」という副題も付されていることからすると、坂野氏は（少なくともいくぶん）本気であるようである。

しかし、「なぜ日本では二大政党による政権交代が起きないのだろうか。それは、日本人がもともと二大政党による政権交代が嫌いだからなのだ」というのは、「あの人はなぜいつも嘘をつくのだろうか。それは、あの人がもともと嘘つきだからなのだ」というのと論理的には同じである（この空しい同義反復は犯しやすい過ちなので、既に「本質主義」という名称まで付されている）。いかに近代日本政治史の展開が特異であろうとも、「改革嫌い遺伝子」や「二大政党嫌い遺伝子」など、あるはずもない。その特異性自体を歴史的に説明するのが、歴史家の仕事ではあるまいか。

そして、それを試みることこそ、過去が未来を必然の因果で絶対的に拘束することはなく、未来にはいつも複数の可能性があるという、坂野氏の本来の歴史観と整合的であろう。われわれは、「明るい未来」の「必然的到来」を信じて眠り込んでいるわけにはいかない。しかし逆に、諦め、絶望する必要は、どんなときにも無いはずではなかろうか。

（1）『千葉大学法学論集』第十八巻第一号「坂野潤治先生退官記念号」（二〇〇三年七月）には、「坂野潤治先生主要著作目録」が収められている。

（2）『昭』は、『日本政治「失敗」の研究』（光芒社、二〇〇一年）と内容的に一部重複している。

（3）宮崎隆次氏も、坂野氏の研究の特徴を論じて、「実際に起こったこととは異なる様々な可能性を、浮かび上がらせるのに成功している」と評価している。「坂野潤治先生を送る」、註（1）前掲『千葉大学法学論集』四頁。

（4）ただし、「もしも別の選択がなされていたらどうなったか」の詳しい叙述は、証拠（つまり、実現しなかった事態の史料）が当然実在しないため、面白い想像物語（たとえば、Andrew Roberts（ed.）, *What Might Have Been: Imaginary History from Twelve Leading Historians*, Weidenfeld and Nicolson, 2004.）にはなっても、学問とはなりえまい。

（5）宮崎隆次氏も、『明治憲法体制の確立』について、「ここでは諸政治勢力の行動（敵対と妥協）を共通に縛る規範として、特に明治憲法の実際の機能の分析（現行法修正を求める側に不利である）がなされており、図らずも今日の新制度論学派の論考の先駆けともいうべき理論枠組みになっています」と指摘している。「坂野潤治先生を送る」、註（1）前掲『千葉大学法学論集』二頁。

☆初出、『UP』三九九号（東京大学出版会、二〇〇六年一月）。
極く一部、表現を修正した。

16　コルセットはいかが

坂元ひろ子『中国民族主義の神話——人種・身体・ジェンダー』（岩波書店、二〇〇四年）

（一）

本書の題名は、特に副題抜きでは、やや誤解を招き易いと思う。それは、近年、日本の大型書店の書棚にひしめいている、中国の発展がいまいましくてならないかのように、その一切を、逆にことさら否定的に描き、「真相を暴露する」と称する本のようにも、読めるからである。また、その高級中華料理店のメニューを思わせる真紅のカバーも、特殊に中国的なるものを論じているかのように、目に映る。

しかし、そうではない。本書は、『人種・民族・身体・ジェンダー——中国「近代」を一例として』とでも題した方が、おそらく著者の意図に即している。すなわち本書は、中国論である以上に、「近代」論なのである。著者は、くりかえし次のように述べている。

あえて単純化してキー・ワードをとりだすなら、やはり植民地主義的な社会進化論—文明—人種—民族—国民—身体—ジェンダーの不均衡な連鎖・交錯ということになるだろう。そしてそれはいうまでもなく、中国に特殊な問題ではなく、まさに「近代」そのものの問題で

あった。（一九頁）

やはり、中国近代は非・超・異「ヨーロッパ的近代」のいずれであったともいいきれないのではないか。つまり、近代のもつ共通性、共時性、また、広い範囲にわたっての連鎖のなかにある問題として考えるべきではないか、というのが私の見解であって、中国一国に対する批判、まして非難に本書の意図があるのでは毛頭ない。（二七頁）

二十世紀初めから一九二〇年代の清国・中華民国における「恋愛神聖と優生思想」を論じても、著者は、こう付言する。

この点にもかかわり、さらには、社会主義やフェミニズムも含めて、ありとあらゆる人間解放のための思想もその「正しさ」がゆえに優生思想を免れうるものではない、という厄介な問題の提示ともなっている。どうしても回避もしくは克服しえない、というつもりはないが、かなり困難なことではあろうという予想はつく。社会の改革と人間の改良は時にある種の磁力で引きあっているようにみえるからである。そうした意味でも、欧米中心主義的な人権論による特権的な中国批判ではなく、近代に共通の課題としてとらえられなければならない。（一四五〜一四六頁）

しかも著者は、その「近代」を、現在と切り離さない。「私の関心はむしろ、今日のグローバリズムの始まりとしての近代にある」（二二頁）。そして終章は、まさしく「近代から見える現在」と題されている。現在の我々にとっても問題である事柄、現在の我々の問題の始まりである事柄、それを、著者は論じているのである。

つまり、本書は、広く、中国研究者以外にも向けられているわけである。

（二）

本書は、「序章　近代の旅路──一九〇三年中国女性」と、終章にはさまれた、次の四章から成っている。

第一章は、「中国民族主義の神話──進化論・人種観・博覧会事件」と題され、「生存競争の説が興ってから人種の盛衰興亡について明らかになった。進化論はまことに民族主義の源泉である」（余其鏘「民族主義論」『浙江潮』五期、一九〇三年）という、「一九世紀末から二〇世紀初頭にかけての清末」の状況を、その欧米・日本との共時性・共通性を強調しつつ描いている。「民族主義」が「生存競争・優勝劣敗の進化論の応用で、人種退化の恐怖とともに人種ランク、差別と分かちがたく形成された」というのである（八三頁）。

本章では、巨大な「ナショナリズム」の立ち上がりに圧倒されるような臨場感を味わうことができる。例えば（本書と基本的な姿勢を共有する）吉澤誠一郎『愛国主義の創成──ナショナリズムから近代中国をみる』[1]（岩波書店、二〇〇三年）と合わせ読んでもよいかもしれない。

第二章「恋愛神聖と優生思想」は、西洋渡来の優生思想とからみあって展開された恋愛結婚の主張や、産児制限論・「模範家庭」論等を、分析している。それらは、従来の「家父長制にとってかわる、『優種』を伝えうる、知的で健康で自立した」「国民としての『母性』あるいは『父母性』の文化的構築、再編であった」（一四三〜一四四頁）という。

菅野聡美『消費される恋愛論――大正知識人と性』（青弓社、二〇〇一年）の紹介するように、当時、日本でも恋愛は男性知識人たちの先端的論題だった。現代では、どうやらそうではない。何故だろうか。一方、アラン・マクファーレン氏によれば、恋愛結婚の制度化は、資本主義と関連があるという（常行敏夫《つねゆきとしお》・堀江洋文訳『資本主義の文化――歴史人類学的考察』岩波書店、一九九二年）。本当だろうか。種々の比較による考察ができそうである。

第三章「足のディスコース」は、洗練されたファッションでさえあった纏足が、十九世紀後半以降、「宣教師のまなざし」においては「野蛮」の、「士大夫のまなざし」においては「国恥《こくち》」の典型とされ、やがて――特に、もはや「天足」には回復しえないまでに変形した足の女性たちをはずかしめ、苦しめつつ――廃止されていった過程を描いている。それは、著者によれば、「学校教育とともに、女性を『国民の母』として認知し、『国民の身体』そのものを形成するために不可欠なイニシエーションであり、試練であった」（一九〇頁）。

著者も言及する、ドロシー・コー氏の美しい本は日本語訳も刊行された（小野和子・小野啓子訳『纏足の靴――小さな足の文化史』平凡社、二〇〇五年）。コー氏には、本章とも深く関連する新著もある。(2) 纏足は、猟奇的に扱うべき怪しげな話題ではない。近世以降の漢族の社会と歴史を理解する一つの鍵であり、「性別」を社会が厳格に定義するときに何が起こりうるかについて考えるための、世界史における重要な例である。そのことを、本章は改めて教えてくれる。

第四章「民俗学・多民族国家論——費孝通」は、二十世紀中国を代表する民族学者、費孝通を軸に、中国の「民族」論の変遷をたどっている。大きな話題だけに、簡潔過ぎる恨みはある。費孝通という、確かに研究者としても優れていた人物の一面しか描かれていない感もある。しかし、本章も、様々な意味で示唆的であり、興味深い。

以下では、本書が論じなかった三点について、感想を述べてみたい。

（三）

(1) 前記のように本書が『人種・民族・身体・ジェンダー——中国「近代」を一例として』と題されてもよいものであるのなら、『人種・民族・身体・ジェンダー——インド「近代」を一例として』という本も、是非、読んでみたいものである。それぞれについて共通する問題があり、しかも、類似しつつ異なる対応がなされてきたように思われるからである。

しかし、本書はインドの状況には言及しない。「十二億以上もの総人口、そのうち日本の人口に相当する一億が少数民族となると、一国家であること自体、驚異的というしかない」（一九七頁）と中国は評されるが、十億もの総人口、そのうち日本の人口の倍に相当する二億が（ヒンドゥー教徒を多数派とすれば）少数派であり、現に使用されている主要言語だけで十二種類はあるとなると、インドの方が一層、「一国家であること自体、驚異的というしかない」のではないだろうか。中国研究者は当然にインドも研究して比較すべきだなどという無理をいうつもりはない。しかし、インドをも、少なくとも視野に入れるとき、「グローバリズムの始まりとしての近代」に関心を寄せる本書のような研究は、一段と豊饒で刺戟的なものになるように思われる。

（2）ところで、「近代」とは何だろうか。著者にとって、「近代を問う」ことは、一貫した志向である（「あとがき」二六四頁）。しかし、本書にいう「近代」の時期は、かなり狭い。主に十九世紀末から二十世紀初期である。それ故に、その「近代」の「知の風景」は、「社会ダーウィニズム・科学の信仰・ユートピア・人種退化・優生学・遺伝学・頭蓋計測学・進化論的人種差別・野蛮／文明と植民地主義・アフリカの「暗黒大陸」化等々」（二七頁）で、織りなされているとされる。

しかし、これが「近代」だろうか。「ユートピア」以外は、近代の産物であるのは事実である。「近代性、モダニティそのものがどのみち、いずこの場合もまずは『植民地性』を免れないのではないか。むしろそのためにモダニティはグローバルな性格をもったともいえるのではないか」（二三四〜二三五頁）というのも、当たっているかもしれない。しかし、一方、現在では、「遺伝学」を除き、これらは普通、悪しきもの、克服すべきものとして思い描かれる。それは、何故だろうか。何故、その点は連続していないのだろうか。

著者は、「近代」は既に乗り越えられ、ことほぐべき「現在」に至ったなどとは考えない。むしろ連続性を強調する。確かに、連続性はある。しかし、連続していない面もあるであろう。その変化の存在と理由とには、本書は触れない。そのため、人類のある過去のとりわけ醜い面をとりあげて「近代」を描き出し、その時期に中国が欧米・日本などと「共時」化したことの不幸をことさらに描いているような苦味を、時に、本書は感じさせるのである。

（3）なお、清国に欧米の宣教師たちがのりこみ、纏足を非難していた頃、彼等の故郷にも、実は酷似する風習があった。

少女の頃から、身体の一部をきつく緊縛して変形させ、生涯それを続けるという風習である。それは、健康に極めて悪かった。しかし、それによって変形した身体は男たちのフェティシズムの対象となり、しかも、女性自身においても、美しいと観念された。娘たちは、その変形の度合いを競った。さらに、放置され、開放された身体は、育ちや身持ちの「悪さ」を示唆するとみなされた。きつい緊縛は、下層の女性が有利な結婚をするための資源にもなった。[4] そのマゾヒスティックな自己緊縛が、「女性」の社会的定義への慎ましくも愛らしい忠実の身体的表現となり、その結果、それは道徳的にしてセクシーだったのである。

無論、コルセットのことである。

「三寸金蓮《さんすんきんれん》」（纏足による、前後九センチの小さな足）と同様に、hand-span waist（両手で手が回る細さの腰）は憧れの対象だった。スカーレット・オハラが近隣で最も細い腰を誇り、「マミー」の助けを借りてウエスト十七インチ（即ち、四十三センチ！）の緑色のドレスを着る場面を、『風と共に去りぬ』の読者や観客が忘れられるだろうか。

例えば奴隷制を一応廃止したばかりの国からのりこんできた宣教師夫人は、おそらくコルセットを付けていたであろう。そして、コルセットで締め上げた身体で、纏足を責め、中国人の「野蛮」を嘆いていたのであろう（あるいはその過程で、彼女たちが自己反省する機会があったのだろうか）。そのアイロニーには、本書も前記のコー氏の二冊の本も、何故か触れていない[5]。

例えばこのような、あまり「グローバル」化しなかったとはいえ並行的な（つまり、特殊欧米的だが、無縁ではない）「近代」（?）にも着目するとき、歴史の理解はさらに深みを増すように思われる。

（四）

本書の出現は、中国史に関心のある読者には、既に周知であろう。今頃の紹介は、十日の菊かもしれない。しかし、右のように、本書は、より広い読者に向けられ、多方向に思索を促してくれる。ここでお勧めする所以である。

本書を読むことによって心躍ることはないかもしれない。しかし、その苦味を含め、じっくりと味わうに足ることは請け合いである。

（1）吉澤氏は、例えば次のように述べている。「本書で述べてきた議論は、中国や一〇〇年前のことを他者像や異文化として構成する材料としてはならない。それは、我々を映した鑑だからである。それは、共感的理解をもって接近してゆくとき、厳しい自省を促してくる存在なのである」（同書二二九頁）。なお、著者には、この吉澤氏の本の書評がある。『歴史学研究』七八六号（二〇〇四年三月）。

（2）Dorothy Ko, *Cinderella's Sisters: A Revisionist History of Footbinding*, University of California Press, 2003.

（3）例えば、費孝通『中国農村の細密画――ある村の記録1936～82』（小島晋治ほか訳、研文出版、一九八五年）を参照。

（4）以上のコルセットに関する記述は、以下の書に拠る。Leigh Summers, *Bound to Please: A History of the Victorian Corset*, Berg, 2001; Valerie Steele, *The Corset: A Cultural History*, Yale University Press, 2001.

（5）コルセット自体には、本書も二個所で触れている。一五八頁、二三三頁。

☆初出は、『UP』第四一一号（東京大学出版会、二〇〇七年一月）。極く一部、表現を修正した。

17　トクヴィル氏、「アジア」へ

アレクシ・ド・トクヴィル／松本礼二訳『アメリカのデモクラシー』（第一巻）（岩波文庫、上下、二〇〇五年）
宇野重規『トクヴィル　平等と不平等の理論家』（講談社、二〇〇七年）
張翔・園田英弘編『「封建」・「郡県」再考――東アジア社会体制論の深層』（思文閣出版、二〇〇六年）

（一）

アレクシ・ド・トクヴィル（一八〇五～一八五九）の『アメリカのデモクラシー』（第一巻一八三五年、第二巻一八四〇年刊）は、「デモクラシーについてこれまで書かれた最善の著作にして、同時に、アメリカについてこれまで書かれた最善の著作」とさえ評される[1]（ただし、少なくともこの後段は誇張が過ぎよう[2]）。また、その『旧体制と革命』（一八五六年刊）のフランス革命解釈は、マルクスのそれに代わって、今もフランス革命史家に霊感を与えている[3]。傑出した思想家である。

しかし、彼は、日本ではこれまで、必ずしも訳書に恵まれなかった。

一八七三年には、福沢諭吉の高弟、小幡篤次郎《おばたとくじろう》が「デトヲクヴィル氏」『上木自由之論《じょうぼくじゆうのろん》』を刊行したが、それは、『アメリカのデモクラシー』英訳からのわずかな部分訳だった。肥塚龍《こいづかりゅう》の『自由原論』（八冊、一八八一―八二年）は同書第一巻の全訳だが、やはり英訳からの重訳だった。

岩永健吉郎・松本礼二『アメリカにおけるデモクラシー』（研究社、一九七二年）は、原著からの良い訳だが、切りつめた抄訳だった。

そして、原著からの唯一の全訳（以下、「旧訳」という。[4]）の日本語は、ときどき理解困難だった。例えば、旧訳（序文）の「わたくしは、諸党派と異なってではないとしても、諸党派よりもはるかに遠いところを見ようと企てた。」は、松本礼二氏の新しい訳（以下、「新訳」という。）では、「もろもろの党派と別の見方をするというより、ずっと先を見ようとしたのである。」である。また、旧訳には、「共同体の限界」・「ニュー・イングランドにおける共同体的諸権力」という神秘的な題の節がある（第一巻第一部第五章）。しかし、新訳によれば、それらは、それぞれ「タウンの区画」・「ニュー・イングランドのタウンの役職」である。そして、旧訳（同）「地方的制度はすべての民族に有用なものだとわたくしは信じている。けれども民主的な社会状態をもっている民族ほどに、この地方制度の真実の必要を感じている民族はみつからないであろう。貴族政治では、自由の内にある秩序が常に維持できるのである。そこでは支配者たちは多くのものを失うべきであろうが、秩序は彼等に大変な利益を与えるのである。」は、新訳では、左の通りである。

地方自治の制度はあらゆる国民の役に立つと思う。だが社会状態が民主的な国民ほど、この制度を本当に必要としている者はないように見える。貴族制にあっては、自由の中にもある種の秩序を保つことがいつでも期待できる。支配層にとって失うものが多いので、秩序は彼らにとって重大な関心の対象である。（上、一五三頁）

それ故、松本礼二氏の新訳の登場は、まことに悦ばしい。残る第二巻（二冊）の速やかな刊行を期待したい。

（二）

また、昨年、宇野重規《しげき》氏の『トクヴィル　平等と不平等の理論家』（講談社選書メチエ）が、刊行された。同書は、「トクヴィルの諸著作を全体として読み解」き（一二頁）、「トクヴィルとは本質的にいかなる思想家なのか、今トクヴィルを論じるとすれば、その理由は何なのか」（一九五頁）といった問いに答え、「一人でも多くの読者にトクヴィルの魅力を知ってもらいたいという意図の下に執筆された」（一九三頁）ものである。

その意図は、成功したと思う。

実際、平明な文章を追う内に、読者は十九世紀前半のフランス社会に引き込まれる。そして、当時の政治・宗教・思想の諸問題を追体験させられる。しかも、最後には「トクヴィルの今日的意義」まで教えられる。そこでは「インターネットの発展がもたらす知の権威の再編」（一八〇―一八一頁）の問題まで、論及されている。表紙の、上品で内気でいかにも聡明そうな青年トクヴィルの、漫画による（！）肖像も、日本人の著書では珍しい笑顔の「著者近影」も、知り、理解し、考えることの悦楽を、（対象としている問題の恐るべき深刻さにかかわらず）著者と共に味わいたい気分にしてくれる。

成功の一因は、比較や類比の巧みさにあろう。

読者は、まずスタンダール『赤と黒』(一八三〇年)の主人公が、トクヴィルとほぼ同世代であることを知らされる。貧しい家庭に生まれ、王政復古期に密かにナポレオンを崇拝していた、あの神経質な野心家の姿が目に浮かぶ時、読者は、一八三一年にアメリカ探訪の旅に出た青年貴族トクヴィルが、どのような時代に生きたのかを直ちに実感するだろう。さらに、読者は、トクヴィルの受けた教育が、やはりほぼ同世代で社会学の祖とされるオーギュスト・コントと、いかに違うかを教えられる。その時、この二人の思考と文体の対照のみならず、そのような二人が共存していた当時のフランス社会の亀裂を、読者は了解する。そして、彼と共にアメリカを旅した生涯の親友、ギュスターヴ・ド・ボーモンとの関係が、マルクスとエンゲルス、ホームズとワトソンの関係とは、「少し違う」と評される時、読者は微笑まずにはいられない。そして彼が、福沢諭吉と同様にフランソワ・ギゾーの文明史から学んだという指摘は(福沢がトクヴィル自体をも読み、学んでいることの指摘まではないのが残念だが)、特に日本の読者には興味深い。また、松澤和宏氏の研究に基づく、社会の平等化と「ボヴァリー夫人」の悩みとの関連の指摘も、効果的である(ただし、社会のいわゆる平等化が、性別によって異なる意味を持つことへの論及は、何故か、ない)。

さらに、著者は、時には、ずばりと言明する。

例えば、トクヴィルのいう(社会における個々人の)「諸条件の平等」としての「デモクラシー」は、事実としての格差の解消ではなく、実は、人間を本来平等だと信じ、したがって不平等についてはその理由を問うようになる、「想像力の変質」(五九頁)、「想像力の変容」(一六七頁)

なのだ、と説明する。そして、『アメリカのデモクラシー』は、そのような「想像力」にとりつかれた「民主的人間」(ホモ・デモクラティクス)の人間学を展開している、と指摘する[7](六一頁)。さらに、トクヴィルは、歴史を、大きくは、身分的不平等が自明視される「アリストクラシー」から、逆に平等が当然の前提とされる「デモクラシー」へという「社会類型」の移行として捉え、しかも、その平等化のもたらす新たな問題にも憂慮し続けた「平等と不平等とが生み出すダイナミズムについての理論家」(七五頁)だったと断ずる。これらは、内容において斬新でなくとも、表現において新鮮であり、啓発的である。

ただ、これほどの好著でありながら、「トクヴィルの今日的意義」(一六五頁)が、専ら「ポスト国民国家」、米国を中心とする「グローバリズム」の時代としての「現代」との関連でしか論じられていないのは、何故だろうか。「現代」が、やや単彩にして平板に過ぎはしないだろうか。

例えば、『アメリカのデモクラシー』の中国語訳(董果良訳『論美国的民主』商務印書館、北京、二〇〇二年)の、陸幸福氏(西南政法大学講師)による書評[8]は、抑制した筆致ながら、緊迫感に満ちた、ある「現代」の批判である。即ち、「政府集権」と「行政集権」の双方がなされる場合、人々は、政府という第三者が一切をとりしきると考えるようになり、真の「愛国主義」を持たない、彼らにとっては、外国人による専制も同国人による専制も同じことになると、トクヴィルは指摘した、と陸氏はいう。そして、「もしも個人の生活が自由にして幸福で、積極的に国家の公共事務に介入し、国家の中で個人の貢献があるならば、個人と国家との結合は緊密になる」が、そうでなければ逆の結果となるという。そして、このようなトクヴィルの鋭い洞察は学ぶに足る、と文を結んでいる。
陸氏が何について語っているかは、明白である。トクヴィルは、このような「今日的意義」も有しているのである（日本については、どうだろうか）。

（三）

しかも、中国についていえば、実は、社会類型としての「アリストクラシー」から「デモクラシー」への移行は、既に千年ほど前に実現したのではないだろうか（私は冗談を言っているつもりはない）。

世襲貴族の支配が唐代末の混乱で終わり、宋代以降、とりわけ明朝・清朝においては、論文試験（「科挙」）によって「優れた」個人が統治者に選出されるという制度が確立した。受験資格は、男性であればほぼ誰にでもあった。その試験において依拠すべき正統学説とされた朱子学によれば、万人は同じ本性を生まれながらに有しており、誰でも努力次第で優れた人格になれるはずだからである。

それは、万人が基本的に平等とされ、それ故に羨望と競争心の渦巻く、極めて流動性の高い社会だった。トクヴィルの重視する相続法は、無論、「デモクラシー」らしく、（男子）均等分割だった。

相続法が均等分割を定めるときには、それは家の意識と土地の保持との間の密接な関係を断ち切る。土地は家を表すことをやめる。なぜなら、一世代か二世代経てば分割されざるをえないので、土地は絶えず小さくなり、ついには消えてしまうことが明らかだからである。（中略）感情と想い出、誇りと野心にかけて土地を保持しようという偉大な関心を所有者から奪ったその瞬間から、彼らが早晩これを売り払うであろうと確信してよい。（新訳上、八〇頁）

その通り、明・清では、土地は無限に細分され、売買は極めて頻繁だった。

中世ヨーロッパや徳川日本と異なり、地域に安定した名家の支配などなかった。したがって、それによる永続的抑圧はなかったが、誰もが安定して頼れるものもなかった。その時その時の「地方社会における実際の保護能力」を求めて、人々は株式市場で投機をするように有力者にすりより、そのこと自体が有力者のいわば株価を上げ、ひるがえって彼等の「保護能力」を高めた。そして、その値下がりが始まれば、人々は容赦なく次の有望株に乗り換えた。こうして世論の動向によって、社会的権威は不断に揺れ動いた(9)。

地域社会では、実際上、漠然たる多数者の意見が支配し、少数の「悪人」を圧迫した。それは「多数者の圧政」とは呼ばれず、「公論」と呼ばれた。しかし、何が「公論」かは、直ちにはわからない。そこで、誰かが「首唱」し、たまたま「唱和」する人が多ければ、それが道理だということになった(10)。

そこに地方自治の制度はなかった。したがって、「民の父母」を自称する後見的権力、即ち皇帝の支配は専制的となった。トクヴィルがその鋭敏な直感によって正確に指摘した通りである。

すでに一人の人間の力によって行政の集権が確立し、法律同様、習慣にもそれが根づいているような国に、万一にも、合衆国のような民主的共和政が樹立されることがあれば、私は、そのような共和国では専制がヨーロッパのいかなる絶対王政よりも耐えがたいものとなるであろうと言って憚らない。これに似たものを見出すにはアジアに赴かねばなるまい。（新訳下、一六八頁）

これは、本当に、一種の窮極の「民主的専制」と言えるのではないだろうか（そして、それ以来ずっと、だろうか）。

なお、徳川日本のような、統治者以下世襲制を原則とする社会類型と、右のような社会類型とには、無論、漢語による名称がある。「封建」と「郡県」である。元来は、各地を、世襲貴族が支配する政体と、中央から派遣された地方官が統治する政体とをいう。しかし、それは、（「アリストクラシー」「デモクラシー」同様）社会類型にも拡張されうる。それ故、普通、秦朝を境として、「封建」から「郡県」に移行したとされるが、さらに宋代以降、科挙制度の確立によって、「郡県」の原理が社会に貫徹し、真に「郡県」化したともいえよう。

また、明治維新は、当時、「封建」から「郡県」への移行と解釈された（それ故、「藩」に代わって「県」が置かれた）。それは「デモクラシー」への移行とも解しうる。平等化（「四民平等」）であり、出世の「自由」化だったからである。それは、日本列島にあった社会が、ようやく（ある面で）明・清に追いつこうとした瞬間であろう。

そこで、松本氏の新訳や宇野氏の著書と共に、張翔・園田英弘両氏編の野心的な論文集、『「封建」・「郡県」再考――東アジア社会体制論の深層』（思文閣出版、二〇〇六年）を、お勧めしたい。「封建」「郡県」概念が、「アリストクラシー」「デモクラシー」同様に、豊饒たりうる可能性を感知されるであろう。

トクヴィルの射程は、多分、「グローバリズム」の「現代」のはるか以前から、「アジア」にも届いているのである。

（1）Editor's Introduction, *Democracy in America*, translated and edited by Harvey C. Mansfield and Delba Winthrop, The University of Chicago Press, 2000, p. xvii.

（2）しかも、トクヴィルが頻繁に引用されるため、事実に関わりなく、トクヴィルの描いた像が米国人の自己像になっている面があるように思われる。おそらく、そのような事情から、アメリカ史の大家が、二十歳代半ばの青年の九カ月余りのアメリカ旅行を基にした、この一八三〇年代の著作について、その「研究」の「経験的な基礎」が浅い、と苛立ったように指摘するという事態も生じている。Garry Wills, "Did Tocqueville 'Get' America?", in *The New York Review of Books*, April 29, 2004, pp. 52-56.

（3）François Furet『フランス革命を考える』岩波書店、一九八九年。William Doyle『アンシャン・レジーム』

岩波書店、二〇〇四年、「参考文献」九頁。
（4）井伊玄太郎訳『アメリカの民主政治』（全三冊）、講談社学術文庫、一九八七年。
（5）安西敏三『福沢諭吉と自由主義――個人・自治・国体』慶應義塾大学出版会、二〇〇七年、第四章「トクヴィル問題」。
（6）松澤和宏『『ボヴァリー夫人』を読む――恋愛・金銭・デモクラシー』岩波書店、二〇〇四年。
（7）ただし、「民主的人間」という語自体は、河合秀和『トックヴィルを読む』岩波書店、二〇〇一年、第五章の題名にもなっている。また、Jean-Louis Benoît 氏のトクヴィル入門書でも homo democraticus という語が用いられている。*Comprendre Tocqueville*, Armand Colin, 2004, pp. 53, 54, 84.
（8）陸幸福「中央集権、地方分権與愛国主義――托克維爾的睿識」、『二十一世紀』二〇〇七年六月号、香港中文大学中国文化研究所、一三四―一四〇頁。
（9）岸本美緒『明清交替と江南社会――17世紀中国の秩序問題』東京大学出版会、一九九九年、五二―五三頁。
（10）寺田浩明「明清法秩序における「約」の性格」、溝口雄三ほか編『社会と国家（アジアから考える四）』、東京大学出版会、一九九四年。

☆初出、『UP』第四二三号（東京大学出版会、二〇〇八年一月）。

一部、文章に乱れがあったので修正し、語を加えた。なお、文中で、「残る第二巻（二冊）の速やかな刊行を期待したい。」と述べた松本礼二訳『アメリカのデモクラシー』第二巻は、二〇〇八年中に刊行された。また、二〇一一年には、柳愛林『トクヴィルと明治思想史――〈デモクラシー〉の発見と忘却』が刊行された（白水社）。同書には、本文で触れた肥塚龍（訳）『自由原論』の詳しい分析も含まれている。

18　John Mountpaddy 先生はどこに

中村春作・市來津由彦・田尻祐一郎・前田勉編『「訓読」論――東アジア漢文世界と日本語』(勉誠出版、二〇〇八年)

(一)

「では聞くがよい。私は主張する。〈正しいこと〉とは、強い者の利益にほかならないと。……おや、なぜほめない? さては、その気がないのだな?」

「その前にまず」とぼくは言った、「君の言葉の意味を理解しなければ。どうもいまのところ、よくわからないのでね。(以下略)」

プラトン(前四二七―三四七)の『国家』の一節である。[1] 古代ギリシア語の会話が、いきいきとした現代日本語に訳されている。そのため、その話題が二十一世紀に生きる我々の問題でもあることを、ただちに感知できる。「世界における某国の立場がそれか」「この国ではどうなのか」等という問いが、頭に浮かんでくるかもしれない。

では、次はどうだろうか。

もしも今、幼児が井戸に落ちそうなのをふと目撃したら、誰だって「あっ危ない、可哀そう！」と（思い、助けようと）いう気持ちが起こるよね。それは、それでその児の親にコネをつけようと思うからではないだろう。近所の人や友人に褒められたいからでもないだろう。助けないと後でとやかく言われると思うからでもないだろう。人なら誰にでも、そんな時、「可哀そう！」と思う気持ちがあるんだ。

これは、孟軻《もうか》（前三七二―二八九）の言葉である（『孟子』巻三）。（名訳ではないが）この訳なら、ヒトには、生来的に他人の幼子までも慈しむような心理的傾向が有る、という主張として受け止めることができよう。それはさらに、（オランウータンとは異なり、チンパンジーに似て）社会的動物であるヒトには、ある最低限の道徳感覚とでもいうべきものが（ゲノムの指令によって？）有るのか、それはいかにして発達するのかという問いをも想起させよう（これが、「性善説」は是か非かという問題である。儒学にいう「性善」の説とは、悪人の存在を想定しない間抜けな制度設計を非難する時に現代日本で言われる「性善説」とは異なる。ヒトならば生来的に有するはずの倫理性・社会性が十全に発現していない悪人がこの世に多数実在することは、承知の上での主張である）。それは、ヒューム、ルソー、アダム・スミス等も論じ、進化生物学者も現に探究している問題である。

しかし、これを次のように表記すると、その思想性・現代性はにわかに薄れ、カビ臭くなってしまうかもしれない。

> 今人乍チ孺子ノ将ニ井ニ入ラントスルヲ見レバ、皆怵惕惻隠ノ心有リ。交ヲ孺子ノ父母ニ内ブ所以ニ非ザル也。誉ヲ郷党朋友ニ要ムル所以ニ非ザル也。其ノ声ヲ悪ンデ然ルニ非ザル也。是ニ由リテ之ヲ観レバ、惻隠ノ心無キハ人ニ非ザル也。

だとすれば、このような漢文訓読（「くんどく」。「読みくだし」・「書きくだし」ともいう。漢字の「訓読み」とは意味が異なる）などという中途半端な直訳は一切廃してしまえばいいではないか、原文とその分かり易い現代語訳があれば、それで十分だ——そういう考えもありうる。「国語」と称する教科において、種々の符号付きの漢字の列をこきざみに前後しつつ読み進む技法を学ぶ必要など一体どこにあるのだろうか、それにこんな符号などワープロで打つことさえできやしない、などと、日本で通常の中等教育を受けた人なら、訝ったことがあるかもしれない。

確かに、これまでなされてきたからこれからもなされるべきだとは、一概には言えない。現代日本におけるこの「伝統文化」の教育の要否には、議論がありうる。[2] しかし、その点はどうであれ、何語の使用者から見ても、古典中国語のこの読解法は、極めて興味深くはないだろうか。何しろ、現代日本人でも、紀元前の大陸で並べられた象形文字の羅列を、それに付された小さな符号に依って（修練すれば、依らずにも）、日本語の文に変換できてしまうのである。そして、概ね理解できてしまうのである。本書は、この奇跡を起こす魔法のような変換術について、専門を異にする錚々たる十二名が様々な角度から論じた、優れた論文集である（若干の誤植はあるが[3]、編集は入念である。装丁も内容にふさわしく、しかも美しい）。「異文化理解の『課題』としての訓読」

「訓読と日本語・日本文化の形成」「訓読論の地平」の三部構成で、有用な「人名索引」と「書名（論文名）索引」が付されている。

漢文訓読は、広く翻訳論にかかわる。古文解釈とは実は翻訳である以上、それはあらゆる歴史家にとって他人事ではない。また、言語の表記・異言語異文化間の接触・文体の形成等の問題群にかかわる。さらに読書論・読者論の問題でもある。そして、現代に至る日本の教育史・文化史・思想史の理解にまでかかわる。つまり、これは、少数の趣味人や「漢文」の教員、そして（「漢字文化圏」の）かなり特殊な研究者だけの問題、というわけではないのである。

（二）

共同研究に基づく論文集であるだけに、本書は、明確な焦点を持ち、しかもその内容は広く、深い。

例えば、訓読と「ピジン・クレオール語」との比較は、言語の形成・成立の不思議について改めて思いを致させる（高津孝氏）。ベトナムにおけるチューノム（字喃）による注の付いた漢文の読解法の解析は、漢字を読む際に頭の中で何が起きているのかを自省させ、「訓読」概念の再検討を促す（岩月純一氏）。また、古代から中世にかけて、さらに近世においても、訓読法が、説明的で通常の日本語に近い（その意味で、読み下し文がそれで自立する）ものから、読み下し文から原文への（頭の中での）再変換がしやすく、しかし日本語としては奇妙で聞き取りにくいものに変化し、またそれへの反動もあったという事情の解析（加藤徹氏、齋藤文俊氏）は、その背後に生じた社会変化をも示唆して、すこぶる啓発的である。さらに、「いわゆる『漢文』が市民権を得、多く学習されたのは、江戸時代後半以降、正確に言えばむしろ明治期以降の出来事であり、漢文的世界が大衆的な『知』として身体化されるのは、実は十九世紀においてであった。」（中村春作氏）、つまり十九世紀こそが日本史における「漢文の世紀」だった[4]という正確な指摘は、明治文化を単に「伝統」からの離脱による西洋化などと理解することがいかに浅薄であるかを示唆する。

そして、「漢学振興に関する決議」が、中国の五四《ごし》運動に対抗するように、一九二一、二二、二四年と立て続けに衆議院で採択され（しかも全会一致で）、一方、漢文も他の外国語と同じく現地音で直読すべきだという学問的主張が政治的に危険視されて孤立した事情の紹介（中村春作氏、陶徳民《とうとくみん》氏）や、「漢文教育が倫理教育的側面を帯び」たことの指摘（山東功氏）は、中国との入り組んだ連関において存立した（そして、している）近代日本のナショナリズムの内在的矛盾を鮮やかに照らし出している。

また、現代日本の研究者の「白文」（返り点・送り仮名等が一切付いていない漢文）訓読過程の内省的な解析と、日本流「訓読」が、欧米語や中国語を母語とする研究者には見えにくいものを見せてくれる可能性の指摘（市來《いちき》津由彦《つゆひこ》氏）は、単純な直読一辺倒主義に疑問を投げかける[5]。

以上は、例にすぎない。この論文集は、その他にも、読者それぞれの関心に応じて、何らかの新しい知見と思考への刺戟をもたらしてくれると思われる。

（三）

ところで、本書には、徳川日本の独創的な儒学者、荻生徂徠《おぎゅうそらい》（寛文六／一六六六年—享保一三／一七二八年）の名が頻出する（「人名索引」によれば、十三論文中の九編、合計七十九の頁に）。彼が、訓読を否定し、中国音を学んで漢文を直読すべきことを主張して、大きな影響力を持ったからである。当然、本書には専ら徂徠を扱った論文（田尻祐一郎氏）もある。

ただ、本書では必ずしも強調されていないが、徂徠は、単に「和訓廻環之読《よみ》」を否定したのではない。それは彼の学問方法論のほんの一部でしかない。彼は、「聖人ノ道」を記した経典（「六経」）が、「異国」の「上代」の書であることを強調し、こう述べたのである（『太平策』）。

学問ノ道ハ、（一）俗語詩文章ヨリ学ビ入リテ、異国ノ人ノ詞ヲ知リ、（二）歴史ヲ学ビテ、代々ノ制度風俗ノ違ヲ知リ、（三）上代ノ書ヲ学ビテ、古今ノ詞ニ違アルコトヲ知リ、（四）六経ニ心ヲ潜メテ、聖人ノ教ニ熟スレバ、其詞其ワザニ習染《ならいそ》ム間ニ、イツトナク吾心アワヒモ移リ行キ、智恵ノハタラキモオノヅカラニ聖人ノ道ニ違《たが》ハズナリテ、ソノ後、今ノ世ノアリサマヲミレバ、天下国家ヲ治ムル道モ、掌《たなごころ》ヲ指スガ如クニナルコトナリ。

さらに、彼は、「文字（文章という意味）を会得」するには、「古《いにしえ》之人の書を作り候ときの心持に成」らなければならないが故に、みずから「古之人」のような「詩文章」を作るべきことをも主張している（『徂徠先生』答問書』）。

つまり、漢文も超歴史的な普遍言語ではない。韓愈以降の「古文」も真に「古文」ではない。経書も、歴史のコンテクストの中に置いて理解しなければならない。それ故、（一）まず現代中国語を習得し、（二）次に歴史的背景と変化を知り、（三）ついで経書の成立した古代の書を広く読んで当時の言語を我がものとする。そのためには、自分も、あたかも「古之人」であるかのような詩文章を作る。そして、（四）テクストに沈潜し、「熟」し、「染」まっていく。自分の「心アワヒ」「智恵ノハタラキ」をじわじわと変質させてしまう。それができて初めて、経書を体得したといえるのだというのである。

実際、徂徠やその門人たちは、それを実行したようである（それが目指した効果を収めたかについては異論もあるが）。彼等は自分の名前まで中華風に変えて（彼の場合は、「物茂卿（ブッ・モケイ）」）、漢文の書簡を交換した。彼の墓にも、江戸の典型的な小寺院の境内にあるにもかかわらず、戒名もなく、「荻生惣右衛門」でもなく、誇らしげに「徂徠物先生之墓」と刻まれている。

それは、シェークスピア研究の山田太郎氏について、「まず現代英語をマスターし、十六・十七世紀を中心にイングランドの歴史を深く知り、そして、十六・十七世紀のイングランドの著作は網羅的に読む。さらに、シェークスピアさながらのソネットや戯曲を自から作る。そうでなくて、シェークスピアが分かったなどと言えるのか」というのと似ている。さらに、山田太郎などという日本人丸出しの名前は止め、**John Mountpaddy**とでも名乗って十六世紀風の英語で文章を書き、書簡を交換し、没後はその墓にも（それが寺にあろうとも）**John Mountpaddy**と刻む、そうでなくて本物のシェークスピア学者だなどと言えるのか、というのである。

つまり、徂徠の学問方法論は、単に漢文直読論ではない。対象理解には対象への沈潜と自己変身・自己変容が必須であることの主張なのである。対象を歴史的コンテクストに据えて読むというだけではなく、自分自身が歴史的コンテクストの中に没入し、知性と感性においてその世界に生まれ変わらなければ、歴史的文書は正しく読めないというのである。

この主張は、当時、否定しがたい真実性を持って多くの人々の心に響いたようである。寛政年間（一七八九～一八〇一）にも、「彼方の声音」を学んで「呻吟」する「風流之士」が「往々有」るという指摘がある（冢田大峯『随意録』巻二）。録音再生技術の無い当時、その苦労はいかばかりだったろう。そして、賀茂真淵や本居宣長らのいわゆる国学者も、この方法論自体は継承した。古風《いにしえぶり》の歌を毎日詠む。『源氏物語』に一巻書き足すくらいはできる。そして、「真淵」「宣長」などと古代風平安風に名乗って生き通す。そうでなければ、この国の古え人の心情は理解できない――彼等はそう信じたのである。

これは、恐ろしい主張である。ことは、上記の山田太郎先生だけに限られない。今日、どの荻生徂徠研究者が、徂徠先生のような詩や文章を書けるだろうか。それすらできず、その努力もせずにいて、徂徠学が分かったなどと言っていいのだろうか。朱子学研究者はどうだろうか。モンテスキュー研究者はどうだろうか。夏目漱石研究者はどうだろうか。そもそも、あらゆる歴史家たちはどうなのだろうか。

それとも、「対象に没入せず、適当な距離をとることが、対象を理解するコツだ。距離があることの有利さを活かせばよいのだ」などと、安全地帯に身を置いてうそぶいていれば、それですむのだろうか。

「訓読」論は、こうして、テクストにいかに接するのかという現代の（少なくとも、人文・社会系の多くの）「学問」「研究」の根底に反省を迫る、鋭い切っ先さえ内包しているのである。

本書所収の論文は、漢文読解に不慣れでも、（大部分は）読み易い。広範な読者に本書をお勧めしたい。

（1）藤沢令夫訳『国家』上（岩波文庫、一九七九年）四九頁。
（2）本書ではその問題は、七八、二一〇、二九三、三三二頁で触れられている。
（3）例えば、二四頁四行目の「一六六七」は「一六六六」、六九頁一〇行目の「ごとし」は「ごとく」、一六一頁の『論語』衛霊公の引用文冒頭には「薄」が必要、一八六～一八八頁の五カ所の『経済禄』は『経済録』。
（4）それは、明治の学校数の統計的研究も実証している。土方苑子編『各種学校の歴史的研究――明治東京・私立学校の原風景』（東京大学出版会、二〇〇八年）一〇三～一〇七頁。
（5）ちなみに、英語を母語とする日本研究者が、原文ではなく、読み下し文を英訳したために、残念な結果となった例を、次の書評が厳しく、的確に指摘している。**I. J. McMullen, "Itō Jinsai and the Meanings of Words,"** *Monumenta Nipponica*, vol. 54, no. 4 (1999). 逆の訓読一辺倒主義は、到底成り立たないのである。

☆初出、『UP』第四三五号（東京大学出版会、二〇〇九年一月）。極く一部、語句を補足した。

19　有権者の政治責任、もしくは、「勢い」と政治

濱野靖一郎『「天下の大勢」の政治思想史——頼山陽から丸山眞男への航跡』（筑摩選書、二〇二二年）

政治家でない私たちは、通常、政治に関する自分の判断の責任を問われない。支持政党を変更しても、その「説明責任」を問われることはない。ある指導者への支持が「何となく他の人より良さそう」という薄弱な理由によるとしても、そのいい加減さは問題にされない。ある重要な政策への支持が、信頼すべき情報を集めて真剣に吟味した結果ではなく、時の風潮に流されただけであっても、「無責任だ」と非難されることはない（日々の食材を買うのにもスーパーのチラシを見比べ、車や高額な家電製品を買うとなれば一層真剣に検討するにもかかわらず）。

なぜだろうか。

どの政党を執政党にするか、誰を政治指導者にするか、そして、どの政策を実施するかは、私たちの生活、人生、そして生命にさえ関わる重大な判断ではないだろうか。「何となく」で良いのだろうか。「あの選挙で、ああいう投票をした人が多かったために、このひどい状態になってしまった。あの人たちは、その責任を痛感すべきだ。」などと言っても良いのではないだろうか。

しかし、ふつう、「有権者の政治責任」は問われない。それは、民主政においては、有権者の

投票や支持の結果として実施された政策の影響は、結局、当の有権者に及ぶから、つまりは「自業自得」なのだから、その責任を問う必要も意味も無いということであろう。ある業者に、自宅の管理・改装・改築を委託した結果、かえって住み心地が悪化したとしても、他人は（憐れみはしても）委託主の責任を問いはしない。業者選定の誤りは、その業者を責め、他に代えることで解決すれば良いのであり、選定の誤りを自責しても仕方がない、というわけである。

それに、「有権者の政治責任」をあまりに厳しく問うと、良心的な人たちは「重大な政治判断など、私ごときにはできません」と言い出し、政治を忌避するかもしれない。その結果、道徳的に無神経な人たちだけが政治に関わる、という困った状態にさえなりうる——ということもあるかもしれない。

しかし、国の運営は「自業自得」原理だけでは済まない。第一に、多数派の政治的判断の結果として少数派が苦しむとすれば、それは「自業自得」ではない。第二に、ある国での決定は、外国の人々の生活、人生、そして生命にさえ、影響を及ぼしうる（ロシアの皆さん、聞いていますか?）。外国の人々は、その政策決定に関われないのだから、これも「自業自得」ではない。したがって、やはり、有権者にも政治責任はある——そう言えるのではないだろうか。

少なくとも民主政をとるならば、有権者は、多少とも政治的な見識を蓄え、政治的判断力を磨くよう努めるべきだろう（「そんな面倒なことができるか。賢い人や立派な党にすべてお任せだ」とおっしゃるのであれば、最も悪辣な人間（たち）にひれ伏すよう強いられる未来を想像して欲しい）。その方法は、様々にある。日頃、政治に関心を持ち、信頼すべき情報に接し、さらに語り合うことも一つだろう。さらに、現代政治に関する優れた本を読むのも良いであろう。そして、時には、政治の成功と失敗の実例の宝庫である歴史に親しむのも（それ自体が楽しく、しかも）有益であろう。

濱野《はまの》靖一郎《せいいちろう》氏の『「天下の大勢」の政治思想史――頼山陽から丸山眞男への航跡』は、日本における、政治的な認識と判断の歴史をたどった新著である。政治思想史であり、一面で政治史でもある。特に「勢い」「大勢」「時勢」等として世相を思い描き、それに対応しようとする方式（現在の私たちも往々していている！）の成立と変遷をめぐって、思想家の主張と政治家の実例の意外な連鎖が示され、読者は深い感慨と思索に誘われる。しかも、活き活きとした文体で、実に読みやすい。この好著を諸兄姉にお勧めする次第である。

☆『ちくま』第六一六号（筑摩書房、二〇二二年七月）。
　ロシアがウクライナに侵攻して間もない時期に、『ちくま』編集部からの依頼を受けて執筆した文章である。

20　おすすめ図書五冊

私の主な仕事は、昔の賢い人たちの遺した本を読むことです（自分は仕事に恵まれたなぁ、と思っています）。その中でも、とりわけこの著者は途方もない頭脳だと感服し、敬服した本を御紹介します。

▼スピノザ『神学・政治論』（上・下）（原著は、一六七〇年刊）
吉田量彦《かずひこ》（訳）　光文社古典新訳文庫　二〇一四年（岩波文庫版より、はるかに読みやすい新訳です。）

スピノザは、ヨーロッパの「啓蒙」の時代を通じて、最も急進的な哲学者として、（その本はおおむね禁書でしたが）ひそかに尊敬され、また、恐れられ続けた人です。本書では、聖書の記述を冷徹に解析してユダヤ教とキリスト教の常識的な教義を解体し、さらに、みずから考えてそれを表現することは人の本分（「自然の権利」と呼んでいます）だとして、人が人であるために、思考し表現する自由を強く主張しています。その鋭利な論理と、弾圧と迫害の危険の中でここまで考え、ここまで書いた知的勇気に驚嘆させられます。

▼荻生徂徠『政談』（原著は、一七二六年頃成立）

平石直昭（校注）平凡社（東洋文庫）二〇一一年（岩波文庫版は、テクストが良くありません。）

徳川日本の傑出した儒学者が、八代将軍、吉宗に依頼されて提出した、当時の社会・政治の分析とその改革案です。一見、強引な改革です。しかも、まったく「進歩的」ではありません。しかし、彼は、有限のこの世における無限の経済成長など信じません。「進歩」は持続不可能だと考えます。その前提の下、人々がそれなりに満足し、安定して生きられる仕組みを構想したのです。その仕組みを私は好みませんが、ではどうすれば良いのか――そう彼に迫られている気がします。また、本書を通して、種々の俗説や時代劇のイメージに分厚く覆われてしまっている徳川の世の実相を、将軍に近い立場から覗き見ることができます。

▼ジェイン・オースティン『高慢と偏見』（原著は、一八一三年刊）

大島一彦（訳）中公文庫 二〇一七年（『高慢（自負）と偏見』には、文庫本だけで少なくとも八種類の邦訳がありますが、大島訳が最も良いと思います。）

イングランドの「ジェントリー階級」の人々を主な登場人物とする、完璧な恋愛小説です。ありきたりの「ハーレクイン・ロマンス」のようにも見えますが、じっくり読むと、階級・家柄・年齢・財産・相続、そして性別などをめぐる社会制度によって規定され、縛られつつ、なんとか生きぬこうとしている一人一人の描写の、皮肉に満ちた鋭さに背筋が凍ります。同時に、このイングランドという小さな地域が、正にこの時期に産業革命を開始し、全世界を変貌させるに到ったという不思議に、改めて驚かされ、考えさせられます。彼女の他の五作品もお勧めです。特に、『エマ』と『マンスフィールド・パーク』。

▼アレクシ・ド・トクヴィル『アメリカのデモクラシー』（全四巻）（原著は、一八三五年と一八四〇年刊）

松本礼二（訳）　岩波文庫　二〇〇五〜二〇〇八年（この本の講談社学術文庫版の訳は劣悪です。）

ここでいう「デモクラシー」とは、世襲身分制度のない社会のことです。十九世紀前半、（奴隷制を除けば）米国は「デモクラシー」で、ヨーロッパの未来図でもあるように見えました。しかし、「デモクラシー」は政治的専制と結合することがありうる、と著者は考えます。「民主的専制」です。米国を含む現在の世界各地に、その可能性と実例がある通りです。拙稿「アレクシ・ド・トクヴィルと三つの革命――フランス（1789-）・日本（1867-）・中国（1911-）」（『フランス革命と明治維新』白水社、二〇一九年所収）も御参照いただければ、幸いです。

▼福沢諭吉『福翁自伝』（原著は、一八九九年刊）

富田正文（校訂）　岩波文庫　一九七八年

福沢諭吉の自伝です。そこに書かれなかったこと、書いてはあるが隠されていること等については種々の議論がありますが、これだけの首尾一貫した、そして魅力的な自画像を完成させたこと自体、すごいなぁと思います。彼は、読者たちに、これを参考に、人としての自尊心を保ち、精神と生活の独立を尊び、しかも、孤立や引きこもりとは逆に、爽やかに多くの人々と交際しながら生きていこう、と呼びかけています。彼の『学問のすゝめ』の結びも、「人にして人を毛嫌ひするなかれ」です。御立派です。もっとも、彼は、頭脳明晰・論理明快だっただけでなく、大柄で、ハンサムで、響きの良い声の人でした。極めて品行方正でしたが、いつも周囲の女性たちの憧れの視線を浴びていたに違いありません。

☆初出、『ＥＭＰＯＷＥＲ』第二二号、二〇二二年九月。

『ＥＭＰＯＷＥＲ』は、東京大学の特別プログラム「Executive Management Program」（略称　ＥＭＰ）の受講者のいわば同窓会誌である。同誌編集部からの依頼により、同プログラムの講師を務めた者として、お勧めの文庫本五点を紹介したものである。極く一部、語句を補足した。

なお、『アメリカのデモクラシー』の部分で挙げている拙稿は、その後、拙著『明治革命・性・文明――政治思想史の冒険』（東京大学出版会、二〇二一年）に収録されている。

Ⅳ

思想史を楽しむ

21　二つの方法

Benjamin I. Schwartz, *The World of Thought in Ancient China*, Belknap Press of Harvard University Press, 1985.（ベンジャミン・I・シュウォーツ『古代中国の思想世界』）

（一）「但是先生」の新著

本書の著者、ベンジャミン・I・シュウォーツ氏（一九五〇年より一九八七年までハーヴァード大学で教え、現在、同大学名誉教授）は、中国共産党と同党支配下の中国の研究でつとに知られ[1]、また、厳復《げんふく》の優れた研究[2]でも名高い中国研究者である。しかも、同氏は、その厳復研究もよく示しているように西洋の思想史・哲学史にも深い関心を有し、現にその分野での論考も著している。例えば、そのJ・J・ルソー論[3]は、「啓蒙」以来の「近代」の大勢をなす、人間の諸問題を「技術」（社会的技術を含む）によって解決していこうとする志向と、モラリストとしてのルソーの提示した志向との緊張関係を論じて現代にまで説き及んだ作品である。そこに見られるルソー理解自体は特に斬新ではあるまい。しかし、この作品は、それを「近代」の孕む巨大な問題性の文脈の中に置くことによって、凡庸な専門的ルソー研究にはない、ルソー思想の「意味」を改めて考えさせる力を持っている。また、同氏には、あの、よかれあしかれ甚だ独創的な政治哲学者、ハンナ・アレントに対して全面的な批判を展開した論文もある[4]。無論、彼女は、批判者には事欠かない。しかし、シュウォーツ氏の批判は、とりわけ「公的幸福」やユダヤ人の境遇に関するアレントの言説への軽々しい酔いを一挙に醒まさせ、粛然《しゅくぜん》とせしめるほどに峻厳《しゅんげん》である。それは、単なる「現代思想」好きのディレッタントの議論ではない。「近代」、そして「現代」において、そしてそれらに対して、自分自身、思想的・哲学的に苦闘している人の議論である。

ただし、シュウォーツ氏は、堅固な思想体系をみずから構築するたちではない。その逆に、こわばった思考の意表に軽やかに出て、そこに含まれる無意識の固定観念をときほぐし、新たな視野を切り開こうと試みるのが常である。それを鮮やかに象徴するのが同氏の口癖 **"Yes, but on the other hand…"**(5)であろう。ある台湾からのハーヴァード大学留学生は、同氏を「但是先生」と呼んでいる(6)。

そして、そのようなシュウォーツ氏が、今度は、周代以前から前漢に至る大部の古代中国思想史を著したのである。

その構成を仮に日本語訳して示せば、次のとおりである。

序章
第一章　初期文化の傾向——争点と推測
第二章　初期周代の思想——連続と打開（**Breakthrough**）
第三章　孔子——『論語』のヴィジョン
第四章　墨子の挑戦

第五章　共通の話法（Discourse）の成立――若干の主要術語
（註　取り上げられているのは、「性」「気」「心」である。）
第六章　道家の様々な道
第七章　儒教的信念の擁護――孟子と荀子
第八章　法家――行動科学
第九章　相関宇宙論――「陰陽家」
第十章　五経
補章

この本について、島田虔次氏は「中国古代哲学史として恐らく劃期的《かっきてき》と称してよい」と述べている[7]。また、「しばらくの間、観念の歴史に関心のある西洋人にとって最も権威ある古代中国思想論として通用するに値する」（A・C・グラハム氏[8]）、「中国の伝統文明に関心のある者の誰もが読み、じっくりと考えてみたいであろう本」（F・W・モート氏[9]）、さらには、「あらゆる思想史研究者にとって必読」（H・ローズモント氏[10]）、「すべての歴史家が真剣に考慮すべき貢献」（R・B・クロフォード氏[11]）等の評言もある。

しかし、実のところ、とりわけ本書の方法が、日本や中国での多くの中国研究は勿論、欧米でのそれらと比べても甚だ異色であるため、特に中国思想史の専門研究者はその扱いに苦しんでいる観がなくもない。彼らの書評のほとんどは、一応の賛辞の後に、その賛辞の根拠よりは、むしろ種々の問題点や誤りの指摘をつらねているのである。[12]その意味で本書には、その方法を中心として、論ぜられるべき余地がなお残っているように思われる。

（二） 歴史と哲学

そもそも、思想や哲学、とりわけ遠い昔の思想や哲学を、人は何故、研究するのだろうか。生物学者のＳ・Ｊ・グールド氏はフィールド調査における発見の楽しさと喜びを語って、「フィールドワークは、シェークスピアの一四行詩に関する一〇万番目の論文とはちがう。過去になされた批評にさらに註釈を加えるのではなく、つねになにかしら、本当に新しいことをもたらしてくれる。」と述べている。[13]そして勿論、例えば『論語』の註釈や論考の数は、シェークスピアのソネットに関するそれの比ではあるまい。だが、グールド氏は信じないかもしれないが、自らそれに従事したことのある人のおそらく誰もが知っているように、過去の思想的作品に「一〇万番目」にとりくんで何かしら新しいことをもたらそうと試みることも、時に素晴らしい楽しさと喜びを与えてくれるのである。「学問のための学問」「真理追求のための真理追求」を標語としない人にとっても、それが思想史研究の大きな動機であろう。

しかし、それに加えて、敢えて大きく分ければ、二種類の代表的な思想史研究の動機とそれに導かれた方法があるように思われる。第一は歴史的な関心に基づくものである。第二は思想的、哲学的関心に基づくそれである（ただし、両者は必ずしも相互に排他的ではない。一人が、双方の関心を持つのがむしろ普通であり、同時にではないとしても二種の方法に拠ることも可能であろう）。

思想への歴史的な関心といっても、さらに様々な場合がある。現在ある何物かに始めの問題関心があり、それの歴史的起源や沿革を求めて遡る場合もあろう。また、過去に生じた「事実」に興味が先ずあり、思想がそこで果たした機能に着目していく場合もあろう。

そして、例えばQ・スキナー氏のように、過去の思想を過去の思想として歴史的に理解することと自体を志す場合も、またありえよう。

すなわちスキナー氏は、思想史家は、対象となる思想的著作の字句・文章の意味を明らかにするとともに、その文章・議論が具体的にめざしていた狙い、それらに込められた意識的な意図を、当時における様々なコンテキストから、明らかにすることを任務とすべきであると主張する。それ故、同氏が高く評価するのは、例えば、プラトンの『国家』は一面において「社会生活上の静寂主義的な諸価値」の復活の努力であったと立証した研究であり、デカルトの『省察』はピュロン風の懐疑主義の挑戦への応答という企図を蔵していたと証明した研究である。同氏によれば、そうした筆者自身の現実の具体的な意図を離れて、専らテキストの中に「時代を超越した問いと答え」を見出そうなどとするのは、後世からの身勝手な読み込みでしかないのである[14]（この立場からすると、例えば、『論語』の「君子」論が春秋時代の官職志望者の心得を説いたものである（？）ことを捨象して、それを「人類の教師」が一般に人は如何に生きるべきかについて教えたものであるかのように扱うのは、非学問的な不当な読み方だということになるのだろう。さらには、荻生徂徠の思想は、儒学は当時の日本の統治に直接役立つはずのものだとの彼の思い込みから、それに役立たないように見えた従来の儒学を否定して構成されたのである、そのことと無関係に、そこに「含まれた」或る「論理」の意義を云々したりするのはまずい、などということになるのかもしれない）。

確かに、あらゆる陳述は、特定の人によって、特定の状況の中で、特定の言語で発せられる。そうしたコンテキストにおける具体的な意味と意図の解明は、歴史的文書をあくまで歴史の中に置いて正確精密に理解する基本であろう。

一方、主に思想的哲学的関心に基づく思想史研究の中でも、とりわけスキナー氏流の思想史学と対照的なのは、「経典」ではないとしても「古典」として過去の思想的作品に接し、直接に「対話」しようという型のそれである。「中国の思想家が私達に教えてくれたものは結局どういうものであったのか。そこには時や処を超えて、現在の私達にとっても人生上重要な課題となるべきものがあるはずと思われる」（岡田武彦氏[15]）、「『大学』は、常に人間が考えなければならぬ問題を提供するという、古典としての生命を持ち続けているのである。現代においても、思索するものにとっては、単に過去の思想の知識を与えるだけでなく、新たな思想形成の試煉の資となるであろう。」（赤塚忠氏[16]）、さらには、「古典のなかには、人間やその生きている社会のさまざまな問題とその解決への道の類型がある。もちろん、時代が異なる以上、事情はまったく同じではないが、その類型が確実に存在している。数冊の古典を読めば、人間の考えること、感じること、行なうことは、古今東西を通じて、本質的に変っていないことを知るに至るであろう。」（加地伸行氏[17]）等の主張が、この型においてはなされる。[18] そして、「古典」の書かれた歴史的諸条件についての知識が「あるに越したことはない」が、「思想的古典に直接向き合って、そこから学ぶためにまず大事なのは、先入見をできるだけ排除して虚心坦懐に臨《のぞ》む、ということです。」（丸山眞男氏[19]）という心得さえ説かれている。

このような態度は、歴史・文化・言語の違いによる人の精神と思考の、巨大な、また微妙な差異を素朴に見過ごし、あるいは傲慢に無視するものと、専ら歴史的に考える立場からは見えるであろう（現にそうとしか言えないような研究もあろう[20]）。しかし、言語には抽象性がある。周知のように、一旦発せられた陳述は、同時代人によっても、後世人によっても、往々本来の特定のコンテキスト抜きで「理解」される。時には、陳述者自身がそのことを意識して発言する（孔子も、冉有《ぜんゆう》や子路《しろ》を相手にしながらも、時には本当に「人」一般のために発言していたのかもしれない）。問題は、そのような「理解」がすべて無意味な誤解であるのか、である。二〇世紀末の横浜で、かつてシェークスピアがジェームズ一世治下のロンドン市民のために書いた戯曲の、日本語訳による上演を観て感動する時、それは全くの誤解による見当違いの感動なのだろうか。それとも、やはり、シェークスピアの伝えたかった何かは、当時のイングランド社会についての知識が無くても、直接に伝わっているのだろうか。もし、思想的哲学的著作においても、コンテキストを超えて、言語も文化も歴史も超えて、何か人間にとって共通のものが伝わるとするならば、「直接対話」方式にも根拠はあることになろう。

ただし、また、これまで多くの思想家自身がそのような態度で「古典」に接してその思想を形成したとしても[21]、同様の態度で、人は如何に生きるべきか、政治は如何にあるべきか、を論じたりするのは、現在、学問の名においてなすべき作業ではない、という反撥もあるかもしれない。

しかし、学問は「存在」を対象とするのであって、およそ「当為」を主張すべきでないというのも、一つの「当為」の主張である。[22] その根拠を論じ始めれば、それ自体が思想的論争になろう。シュウォーツ氏も指摘するように、そもそも、「科学」と「価値」の完璧な分離が可能だという教義自体は、多分「科学」ではないのである。[23]

(三) 第二の方法

そして、シュウォーツ氏自身の本書での研究は、どちらかといえば、右の二つの傾向の内、後者の、主に思想的哲学的関心に基づくものに属する。

すなわち同氏は、一方では、かねてから現実の歴史の過程における観念や思想の役割に注目していた。[24] しかし同時に、「絶対的な歴史主義」をも強く拒絶していた。「ある特定の時代の様々な観念・問題・関心事・価値にも、超歴史的な意義があるかもしれない」というのである（ただし、だからといって、永遠不変のイデアを信じ求めるような「プラトン的な反歴史主義」をとるわけではない）。[25] しかも、同氏は、個々の文化を超越したものの存在をも認める。そして、こう述べる。

もちろん、自己の文化の外に立つことはだれにもできないのであって、われわれはみな「文化に拘束されている」のである。にもかかわらず、文化の基底に、あるいは文化の彼方に、普遍的な人間性の領域が存在していると考え、それによって、一定程度の自己超越が可能になることを望んでもよいであろう。[26]

歴史を超え、文化を超え、およそ人間たるものに共通のもの、「普遍的に人間的なるもの――複雑で、神秘的で、そして多分決して完全には理解できないもの――それが確かに存在する」[27]。それが、本書の方法の根底をなす、シュウォーツ氏の哲学である。ちなみに、同氏は、厳復について、「文化を閉鎖孤立した単子《モナド》と見なす文化相対主義者ではなく、また、時代差を超えて思想の比較をすることが可能であるとする考えを、頭から否定してしまうような歴史主義者でもなかった」と評している[28]。そうだとすれば、実はシュウォーツ氏自身が、その意味で厳復なのである。

この立場は、本書の序章において改めて詳論されている。「生と現実とにおける一般的な問題」「普遍的な人間の関心」「共有の問題状況[29]」へのかねてからの思想的哲学的な関心をもって、今度は古代中国思想に取り組んだ――それが、本書の最大の特色である。

ただし、本書は、「人間の悩み、人間の考えは、結局古今東西似たようなものだ、だから、この際『古典』に接して、現代に生きる我々の精神の糧《かて》にしよう」などと、漠然と説いているのではない。現代人の考えと似たようなものなら、わざわざ二〇〇〇年以上も昔の原始的な社会で書かれたものを読む必要もない、ということになりはしないだろうか。また、本書は「西洋近代は行き詰まった、今や『東洋の知恵』に学ぶ時だ」などと言っているのでもない[30]。一体、「東洋」の方は行き詰まらなかったのであろうか。

シュウォーツ氏が、「人間の普遍的な問題状況」の存在を主張するのは、別に専ら古代中国の思想と例えば西洋のあれこれの思想との類似性・共通性を証すためではない[31]。直接に学び取るべきものを古代中国思想に見出だして、それを顕彰しようというのでもない。ただ、「普遍的な問題状況」の存在ゆえに、その根本的な共通の基盤の上に立って「意味のある比較」を行なうことが可能なのだというのである。[32] したがって、同氏は、古代中国の様々の観念や思想を論ずるにあたり、執拗に多角的な比較を試みて他の意外な思想と共通することを指摘すると同時に、往々、むしろそれらが一見類似した他の観念や思想と如何に異なるか、如何に独特であるかを明らかにしようとしている。例えば、孔子の、かつて「道」のある世が実在したという信念についてである。同氏は、古代文明はおおむね過去の黄金時代を信じるものだという俗説を、ギリシア・ヘブライ・インドの例を論じて、否定する。そして、改めて、孔子の初期周代の理想化の成立根拠を問いかける。同氏によれば、それは、ギリシア・ヘブライと異なる周代の歴史と状況に加え、ひとまとまりの「システム」としての「道」の観念の特質と関連しているのである。[33] また同氏は、例えば老子の描く理想社会を論じては、それが通例の無政府主義・集産主義・レッセフェールの思想と如何に違うかを指摘する。[34] 安易に、老子は要するに無政府主義だなどとは、言わないのである。

ただし、それにしても、主に西洋の様々な思想につぎつぎと言及しつつ論じていくシュウォーツ氏の方法は、ひたすら対象それ自体に即し、対象の「内側」から了解しようといった立場からすれば、「非歴史的」であるばかりか、ただ煩わしく、「外在的」であるかもしれない。例えば、墨家《ぼくか》の思想は、儒家、道家等だけでなく、T・ホッブズ、I・カント、J・ロールズ、プラトン、J・ベンサム、ソクラテス、S・キルケゴール、ヘブライの預言者との類比と対照において論じられている。古代中国人の思惟を理解するために、古代ギリシア人ばかりか、十七世紀のイングランド人や、二十世紀のアメリカの法哲学者を引き合いに出す必要があるのだろうか——そのような疑問もありえよう。

確かに、その必要は、必ずしもないであろう。それらの人名に触れずに墨子を論ずることは充分に可能であろう。しかし、現代においては、日本語による古代中国思想の研究においても、対象となっている思想家自身の預かり知らない西洋渡来の観念が、現に頻出している。「天命」「革命」を論じて「王権神授説」に触れ、道家を説明して「神秘主義」に言及し、さらに多神教・一神教・理神論・唯物論・合理主義・個人主義・自律的人格等々の術語を用いたりもする、というだけではない。主観・客観・論理・哲学・個人・個性・共同体・社会等の基本的用語も、無論、西洋語の翻訳なのであるから。そこで、例えば赤塚忠《きよし》氏も、「他の文化圏のある哲学体系または思想と比較するいわゆる比較哲学的研究法」に触れて、「すでに西洋哲学の様式で考えるわれわれの研究は、明確に意識していないとしても、この方法を加味している」と指摘している。(35)その通りであろう。

日本人を含む非西洋人の多くは、既にその思考、その精神において多少とも西洋人である。現代日本人の科学も技術も法も、教育制度も経済制度も政治制度も、それらを語る言葉の多くも、よかれあしかれ元来西洋産である。その意味で、西洋の思想史は既に日本人を含む非西洋人にとっても、自分の思想史の一部なのである。それ故、昔の中国や日本の思想も、現に、非西洋人でさえ多少とも西洋との比較の上で論じているのである。であるとすれば、そのことを「明確に意識」し、率直に明示して行なうことも考えられよう。シュウォーツ氏は、正にそれを大々的、本格的に実行したのである。

ただし、それは、西洋思想を絶対化し、あるいはその優位を前提にして、中国等の思想を測定し、評価するということでは無論ない。そもそも、同氏がくりかえし指摘するように、西洋思想それ自体が決して全て議論終結済みの、既知のものではないのである。[36]そうであるなら、例えば「天命」思想を「王権神授説」に類比しようとするならば、「王権神授説」自体も簡単に既知数とすべきではあるまい。それについての再検討も不断になされているのだから。当然、近年の研究にも目を配るべきであろう。その説の代表的著作ぐらいは、自ら読むべきであろう。「神秘主義」に言及するのに、例えば、G・ショーレム氏の有名なユダヤ神秘主義研究に親しまないでよいのか、今時、「正義」に論及してJ・ロールズ氏に触れないことができるのか、というようなことにもなろう。現代において、自ら思想的・哲学的関心をもって思想史研究に従事するならばそれが当然だ、ということになるのかもしれない。シュウォーツ氏は、そのようなことをある程度、実際に試みたのである。

(四) さらなる比較の可能性

ただし、本書について、D・S・ニヴィソン氏などは「編集上の不注意が多すぎ、雑な訳が多すぎ、不正確な引用すらある」と苦情を述べている。[37]確かに、本書はその仕上がりとしては、率直にいってかなり欠点の多い作品である。また、劉述先氏も指摘する、「生之謂性」（『孟子』告子上）の「生之」（sheng chih）を一語ととっているように見える表記[38]などには、意味の理解には影響していないものの、いささか首をかしげざるをえまい。

さらに、本書は、中国研究としては、英語・中国語・日本語・フランス語・ドイツ語のものを参照しているが、その選択の基準についても議論がありえよう。少なくとも、本書を、それらの言語で発表された最新の、あるいは代表的な研究をすべて踏まえているかのように受け取ることは、危険であろう[39]。比較の主な対象としている西洋思想の研究についても、もっと新しい研究を使ってはどうかと思われる場合もないではない（例えば、古代ギリシア思想研究としては、E・バーカーの一九〇六年初版の著作が主に引かれている）。本書は通史の体裁はとっているものの、その意味で、いわゆる教科書風では全くない。本書は、よくもあしくも、その基本的な関心の在り方からすれば自然なことに、先ずは対象にじっくりと向き合い、何らかの理由で特に気になるそれについての少数の研究と対話しつつ[40]、さまざまの思索に耽り、関連する他の分野の研究に参照をひろげていく、という構造を持っているのである。それ故、読者は、本書での種々の議論を標準的なものとしてそのまま受け取るのではなく、それとつきあいながら刺戟をうけ、視野を広げ、自ら思索する材料とすればよいのではないかと思われる。おそらく、本書の意図はそれで充分に達せられるのである。

そこで最後に、そのような本書の関心・方法・構造をすべて一応前提した上で、あえて望蜀の感想を、少し述べてみたい。

まず、本書が各章で特に対話相手として採り上げた研究についてである。それは、例えば、孔子についてはH・フィンガレット氏、墨子についてはA・C・グラハム氏、老子についてはD・C・ラウ氏、法家についてはL・ヴァンデルメールシュ氏、陰陽家についてはJ・ニーダム氏のそれである。それらの研究がよくないというのではない。しかし、例えば、孔子については白川《しらかわ》静《しずか》氏の研究などはシュウォーツ氏の資質から見てとりわけ刺戟的な対話相手になったのではないか（なお、白川氏の甲骨文研究は論及されている）、道家に関しては福永光司《ふくながみつじ》氏の著作、さらには井筒俊彦氏のイスラーム神秘主義論考と語れば一層議論が深まったのではないか(41)、もしそれらを知らなかったとすれば惜しいことをしたものだ、などとは思われるのである。

また、本書の特色をなす比較においても、望まれることがないでもない。

例えば、『論語』にいう「道」については、『聖書』での「道」との比較がなされている(42)。そして、『聖書』でも倫理に関して「道」の比喩が用いられるが、それはほとんどの場合個人の道徳生活上のコースを意味しており、その点で、社会的政治的なあるべき秩序全体をいう『論語』の「道」は異なる、とされている。『論語』でのすべての「道」の用例がそうだともいえまいが、興味深い指摘ではある。ただ、『聖書』を引くなら、『コーラン』も引いてみてはどうだろうか。いわゆるイスラム法、則ち「シャリーア」も、「水場に至る道、それを知らなければアラビア半島のような乾燥地帯では確実に死を意味する道」を原義とするのであるから(43)。個人の正しい生き方から秩序までを包摂する「道」という比喩について考える素材としては、格好ではあるまいか。しかも、「現世でシャリーアに絶対的に服従することは、とりも直さず来世で天国の生活の保証されるただ一つの方法」であるという。[44] さらに、『コーラン』では、天国が正に水場、すなわち清水が流れ果実も豊かな緑のオアシスとして描かれている。いっそそうした点にまで論じ至ったら、どうであろうか。そうすれば、「水場に至る道」、シャリーアの意味合いは一層明らかになり、同時に『論語』の「道」の特質もさらに鮮やかに浮かび上がったのではあるまいか。何故なら、『論語』の「道」とは、シャリーアなどとは対照的に、おそらく死後のオアシスのような目的地を一切もたない、そういう「道」なのであるから。その「道」に沿って行けばどこか良い所に到着するわけではない、しかし、人である以上「けもの道」ではなく、「人の道」を行くべきなのであろうから。

また、例えば、本書には、孟子とルソーとを比較した一節がある。[45] そこでは、孟子における「聖人」が、ルソー『社会契約論』における立法者と比べられている。そして、孟子における「性善」なる人が、本来的には善だが、文明による堕落を克服して「一般意志」を自覚する市民へと再生するためには立法者を必要とする、ルソーにおける人と、対照されている。これまた、すこぶる興味深い。しかし、そこまで論ずるのであれば、溝口雄三氏の試みているような、ルソーの「一般意志」と「仁」（とりわけ『孟子《もうし》字義《じぎ》疏証《そしょう》』における戴震の「仁」）との構造の比較[46]にまで及んでもよかったのではあるまいか。それは、無理な注文ではないはずである。シュウォーツ氏自身が、かつて、ルソーと孟子の共通性、さらに、毛沢東思想、中国の伝統思想、そしてルソーの思想という三者の親和関係について、示唆しているのであるから。[47]

同様に考えていけば、思いはつきない。おそらく多くの読者がそうであろう。そしてそのことは、実は、本書のねらいに読者がまんまと乗ったということにほかなるまい。評者も楽しく乗せられたのである。同好の諸兄姉に本書をお薦めする。

（1）*Chinese Communism and the Rise of Mao*, Harvard University Press, Cambridge, Mass., 1951.（石川忠雄他訳『中国共産党史』慶応通信、一九六四年）、*Communism and China: Ideology in Flux*, Harvard University Press, Cambridge, Mass., 1968.（前田寿夫訳『共産主義と中国』時事新書、一九六九年）。

（2）*In Search of Wealth and Power: Yen Fu and the West*, Harvard University Press, Cambridge, Mass., 1964.（平野健一郎訳『中国の近代化と知識人――厳復と西洋』東京大学出版会、一九七八年）。

（3）"The Rousseau Strain in the Contemporary World," *Daedalus*, 107.3（Summer 1978）.

（4）"The Religion of Politics: Reflections on the Thought of Hannah Arendt," *Dissent*（March-April 1970）.

（5）Frederick W. Mote, "Review: *The World of Thought in Ancient China* by Benjamin I. Schwartz," *Harvard Journal of Asiatic Studies*, 50.1（June 1990）p. 402.

（6）呉詠慧『哈佛瑣記』（允晨文化実業股份有限公司、一九八六年）三〇頁。

（7）Herbert Fingarette『論語は問いかける――孔子との対話』（山本和人訳、平凡社、一九八九年）「跋」、二〇二頁。

（8）Angus C. Graham, Review, *The Times Literary Supplement*, 4346（18 July 1986）p. 795.

（9）Frederick Mote, Review, *Harvard Journal of Asiatic Studies*, 50.1（June 1990）p. 385.

（10）Henry Rosemont, Jr., Review, *The Journal of Asian Studies*, 47.3（August 1988）p. 621.

（11）Robert B. Crawford, Review, *The American Historical Review*, 92.3（June 1987）p. 721.

（12）評者の目にしえた書評は、右記の四点に加え、次の五点である。
Willard J. Peterson, *The New York Times Book Review*,（1 December 1985）

劉述先、『明報』二四六期（一九八六年六月）
Benjamin E. Wallacker, *Journal of the American Oriental Society*, 106.3（July-September 1986）
David S. Nivison, *Philosophy East and West*, 38.4（October 1988）
王煜、『香港中文大学中国文化研究所学報』一九（一九八八年）。

（13）Stephen Jay Gould『フラミンゴの微笑――進化論の現在』上（新妻昭夫訳、早川書房、一九八九年）二三八頁。

（14）Quentin Skinner『思想史とはなにか――意味とコンテクスト』（半澤孝麿他訳、岩波書店、一九九〇年）。引用は、三六〇、三五七、四九頁。

（15）『中国思想における理想と現実』（木耳社、一九八三年）一頁。

（16）『儒家思想研究（赤塚忠著作集第三巻）』（研文社、一九八六年）四四七頁。

（17）『「論語」を読む』（講談社現代新書、一九八四年）五頁。

（18）なお、思想的哲学的関心に基づくが、別の型として、漠然と「東洋思想」と「西洋思想」の例をとりだして「類似」を主張するような「比較研究」に対しては、福井文雅氏の批判がある。『欧米の東洋学と比較論』（隆文館、一九九一年）第二章「東西比較の方法論」、『中国思想研究と現代』（隆文館、一九九一年）第一章「比較研究のすすめ」。

（19）『「文明論之概略」を読む』上（岩波新書、一九八六年）「序　古典からどう学ぶか」一〇、一三頁。

（20）右に挙げた人々の研究がそうだというわけではない。

（21）註（19）前掲書、一一頁。

（22）これは、相対主義による自由主義それ自体を、何が基礎づけるのかという問題と無論関連している。

（23）本書、七頁。

（24）前掲『中国共産党史』八～九頁、『中国の近代化と知識人』一五頁。

（25）"History and Culture in the Thought of Joseph Levenson," in（Maurice Meisner et.al. eds.）*The Mozartian Historian: Essays on the Works of Joseph R. Levenson*, University of California Press, Berkeley, Calif., 1976, p. 107.

（26）前掲『中国の近代化と知識人』四頁。

(27) 註(25)前掲論文、一一二頁。
(28) 前掲『中国の近代化と知識人』五〇～五一頁。
(29) 本書、一〇～一一、一一、一四頁。
(30) その点で、同じく思想的関心から中国思想を論じながらも、たとえば杜維明氏などとは傾向を異にする。
(31) 註(12)前掲のピーターソン氏の書評はその点誤解しているようである。また、註(18)を参照。
(32) 本書、三頁。
(33) 本書、六三～六五頁。
(34) 本書、二一三頁。
(35) 註(16)前掲書、三九三頁。
(36) 前掲『中国の近代化と知識人』三～四頁。
(37) 註(12)前掲書評、四一一頁。また、同じく王煜氏の書評(四三〇頁)は、一八箇所の誤記・誤植を指摘している。ただし、それ以外にないわけでもない。
(38) 註(12)前掲書評、一〇三頁。本書、二六三頁。
(39) 王煜氏、モート氏の書評には、その点の指摘がある。
(40) これがいわば「シュウォーツ的方法」の一面であることについては、指摘がある。Paul A. Cohen & Merle Goldman (eds.), *Ideas across Cultures: Essays on Chinese Thought in Honor of Benjamin I. Schwartz*, Harvard University Press, Cambridge, Mass., 1990, "Introduction" p. 4.
(41) 井筒俊彦氏の研究については、王煜氏の書評も指摘している(四二七頁)。
(42) 本書、六二頁。
(43) 嶋田襄平『イスラム教史』(山川出版社、一九七八年)九頁。
(44) 同。
(45) 本書、二八八頁。
(46) 『中国前近代思想の屈折と展開』(東京大学出版会、一九八〇年)三五五、三六一頁。
(47) "The Limits of 'Tradition versus Modernity' as Categories of Explanation: The Case of the Chinese Intellectuals," *Daedalus*, 101.2 (Spring 1972) p. 82. 註(3)前掲論文、二〇五～二〇六頁。

☆初出、『中国：社会と文化』第七号（中国社会文化学会、一九九二年六月）。同誌編集部から、この本の書評をと依頼されて執筆したものである。新たに表題と小見出しを付した。
なお、本書の日本語訳は、今のところ刊行されていない。

22 「事典」の思想

溝口雄三・丸山松幸・池田知久編『中国思想文化事典』（東京大学出版会、二〇〇一年）

（一）画期的な労作

本書は、右記の三氏を編者とし、川原秀城《ひでき》・神塚淑子《かみつかよしこ》・小島毅《つよし》の三氏を「編集委員」とし、執筆者計七十三名（一名を除き、日本人のようである）による、「中国思想史のうえで最も基本的な六十六の概念について、その歴史的生成と意味内容の変遷を解説する」（「凡例」）事典である。丸山氏の「あとがき」（五一三頁）によれば、「『中国思想史の基礎範疇』の共同研究を始めてから十年の歳月を費やし」たという。

ここで「中国」とは、「現在の中華人民共和国という国家の領土の範囲、あるいは中国語圏として広がる範囲を指すのではなく、歴史意識のうえで連続体として自己認識されてきた」「歴史概念」である（序ⅰ頁、溝口氏）。確かに、その地理的舞台は転変し、それを自分たちのものと意識する人々の構成も大きく変化してきたものの、漢字を主な媒体としたある継続的な文化的まとまりがあり、今もあることは事実であろう（現にそれは、例えば「過去三千年の天象記録をほぼ継続的に蓄積している」本書四八三頁）。本書は、その「思想文化」を対象としているわけである（但し、「中国」という項目は、何故か立てられていない）。

では、「思想文化」とは何か。溝口氏はこう説明している（序i〜ii頁）。

これは実はわれわれの、ある意図をこめた言葉である。まずそれは、歴史事典でもなく哲学辞典でもないということを示そうとしている。すなわち、この事典は、客観的な歴史事実や実在した歴史人物を対象とするものではないということ、また主観的な思惟としての哲学概念の枠内にとどまらず、その哲学概念を生みだした政治、経済、社会などの歴史的背景に意を及ぼそうと意図していることを示す。したがってそれは哲学ではなく思想であり、また、その思想が静態的に特質づけられるだけでなく、歴史的に変化するものとして動態的に捉えられ、かつそれが知識人の世界だけでなく、民衆の世界まで、宗教、日常倫理、生活慣習、社会通念などとして捉えられており、その総体を思想文化の語で表現しようと意図している。

そして本書は、六つの「分野」の計六十六項目を採り上げ、平均一万字弱の説明・記述を行っている（一頁は一二八八字で、一項目平均七頁余。小見出し・参照項目の指示・参考文献付き）。特に、右の引用でも強調されているように、歴史的な変化の記述に意が用いられている。しかも、その意図を実現するために、ほとんどの項目は複数の研究者が執筆するという工夫がなされている。それは適宜時代を割り振って並べたというものではない。各項目には「代表執筆者」がおり、「代表執筆者が原稿をチェックし、編者・編集委員が何度もリライトをお願いして叙述の統一を図り、ときには執筆者を変更したり、追加したりしたこともあった」という（丸山氏「あとがき」

五一三頁）。この作業にかかわった方々の御苦労はさぞかしと想像される。しかし、その効果は確かにあり、結果として、本書は、中国思想にかかわる重要な概念の歴史を記述した、読み応えのある全六十六章の小論文集となっている。

これまでにも、例えば近藤春雄著『中国学芸大事典』（大修館書店、一九七八年）という大冊はある。しかし、その約一万一五〇〇の項目のほとんどは人名・書名である。概念は、例えば「天」「道」「気」はあっても「性」「命」「理」は無い。「利」も「欲」も無い。採り上げられた概念語の説明も、その使用例の単なる列挙が多い。また、日原利国《ひはらとしくに》編『中国思想辞典』（研文出版、一九八四年）という「中国哲学の辞典」（同書序）もある。執筆者二九三名の苦心の作である。しかし、全一四三〇の小項目は、やはり人名・書名が多く、概念語の説明は往々物足りない。その意味で、本書は、中国思想に関心のある者にとって貴重な助けとなりうるものである。

無論、一方で、本書は、その英訳名 *Dictionary of the History of Ideas in China*（扉裏）からみて、編者の意識にあったかと思われる Philip P. Wiener（ed.）, *Dictionary of the History of Ideas: Studies of Selected Pivotal Ideas*, 5 vols. Charles Scribner's Sons, 1968-1974（荒川幾男ほか訳『西洋思想大辞典』全五巻、平凡社、一九九〇年）ほどに包括的ではない（規模からいってそれは望めない）。さらに、Otto Brunner et al.（Hrsg.）, *Geschichtliche Grundbegriffe: Historisches Lexikon zur politisch-sozialen Sprache in Deutschland*, Ernst Klett Verlag のように、一九七二年から二〇年かけて本巻八冊が刊行され、特に重要な項目は三〇〇頁にも及ぶという巨大な概念史事典の試みに比べれば、ささやかにも見える。しかし、そもそも日本には従来このような「中

国思想」の事典は無かったのであり、その意味で本書は、その出現自体で既に十分に画期的であり、意義深い。

（二）分類の立場への疑問

本書は、六十六の項目を、機械的に五十音順に配列するのではなく、「宇宙・人倫」「政治・社会」「宗教・民俗」「学問」「芸術」「科学」の六つの「分野」のいずれかに配当し、その意味連関を意識して並べている。全体の項目数が限られているし、索引もあるので、それで検索に不自由は無い。

しかし、その分野別にはやや疑問がある。

最初の「宇宙・人倫」という括り方は、「中国思想」の中で考えれば当然ともいえる。「天」「道」「気」「理」「自然」「無」「命」「性」「心」「仁」「義」等がそこで論じられるのも、その事自体が「中国思想」の特色を表しており、示唆的である（但し、「情」が無いのは惜しい）。次に「政治・社会」として、「天下」「国家」「華夷《かい》」「革命」「封建・郡県」等が採り上げられるのも、解る。しかし、その次に「宗教・民俗」として「儒教」「道教」「仏教」「民間宗教」と並べられているのは、「儒教」の項目の始めにも述べられているように、やや違和感を覚えさせる。「儒教」を religion の一種と見なす、ある外在的立場を前提にしているかのようだからである。さらに、「民間宗教」は、そこでの指摘通り folk-religion の訳語であり、「中国思想史のうえで最も基本的な」「概念」（凡例）とは言えないのではないだろうか。

さらに、「学問」「芸術」「科学」というその後に続く三つの「分野」構成は、それ自体奇妙である。「中国思想」の中からの発想と、外からの発想が一層露骨に混在しているからである。「学問」と「科学」とを仕分ける基準は何だろうか。何故、「儒教」は「宗教」で、「朱子学」「陽明学」は「学問」なのだろうか。また、例えば「陰陽・五行」は「科学」の範疇とされている。その面もあるのは事実だが、一方で「陰陽」の概念が、女性と男性のあり方を説明し正当化するものとしても重要な意味を有したこと等には言及がない。「陰陽」を「宇宙・人倫」でなく、「科学」の範疇だと性格付け、分類したことによって、本来あった含意の多様性が見失われる結果になったのではあるまいか。また、「楽」は、近代西洋流の分類では「芸術」かもしれないが、「礼」と併称されるそれを「芸術」に分類して「小説」(ごとき)と並べるのは、「中国思想」の伝統からは異様であろう。また、逆に「中国思想文化」の中で現代語の「芸術」にあたるものを解説しようとするのであれば、特に「俗」なる「芸術」の比重が小さすぎるようにも思われる(例えば「戯」の項目は無い)。

右のような分類や項目の立て方などは、些末な問題かもしれない。しかし、そこには、本書が全体として、対象に内在して対象の立場から記述するのか(いわゆるemicの立場)、敢えて外在して観察者の立場から記述するのか(いわゆるeticの立場)の使い分けにおいて、必ずしも十分に意識的でないことが、示唆されているようにも思われる。

具体的な記述においてもそうである。

例えば、本誌の読者には特に関心があろうと思われる「法」という項目を見てみよう。それは「法」という漢字の説明から始まる。しかし、そこで、「中国思想文化」において「法」という漢字で表現されてきた概念・観念の歴史が記述されるというわけではない。例えばそれが「理」「情理」「俗」「制度」「治」「道」等といかなる関係にあったのかは論じられない。無論、仏教の教理の意味（「説法」という時の）も無視されている。では、本項目中に「法思想」「法秩序」といった語が現れることからすると、ここでの「法」は西洋語の訳語であって、例えば英語で **law** と呼ばれるものに多少とも該当する「中国思想」中の概念が記述されているのかと言えば、そうでもない。現に「律」「令」「格」「式」「例」等の語は全く論じられない。それでいて、「アウトローの系譜」という小見出しの下に「俠者《きょうしゃ》」「無頼」「光棍《こうこん》」等が論じられる。つまるところ、ここでいう「法」は、古典中国語における「法」のようでもあり、同時に現代日本語の「法」のようでもあり、そして厳密にはどちらでもないのである。

項目の記述の多くがこのように混乱しているわけではない。項目や項目の部分（例えば「法」の最後の五段落）によっては、現代語の意味と対象の意味の双方に目配りが効いている。しかし、時折、このように「内」の視点と「外」の視点が曖昧に融合する。そのため、同じ漢字を使いながらその意味が往々ずれる現代日本語で「中国思想」を論ずることの強みと面白さよりは、危うさが感じられる場合が、残念ながらあるのである。

（三）さらなる期待

古代から近代までにつき、上記のような諸概念について数頁で記述する困難を考えれば、それぞれに工夫の見える各項目の記述にさらなる注文は付けにくい。しかし、隴《ろう》を得て蜀《しょく》を望むことが許されるならば、以下のようなことになろうか。

第一に、「中国思想文化」が西洋と接してからの巨大な変化がより詳細に記述されてもよかったのではないか。つまり、「近代」の叙述が概して簡略に過ぎはしないか。

例えば、毛沢東の思想内容にかかわる記述は五カ所にしかない。一方、例えば段玉裁は九カ所、戴震は二十三カ所である。また、現代新儒家（当代新儒家）はほぼ無視されている（「仏教」の項目の最後に、「現代新儒家」の語と梁漱溟《りょうそうめい》・熊十力《ゆうじゅうりき》の名が一度ずつ現れるのみであり、唐君毅・徐復観・牟宗三《ぼうそうさん》等の名は一度も登場しない）。それは、彼等の思想への編者等の評価が関係しているのかもしれない。しかし、少なくとも「中国思想文化」を現在担っている人々の間での影響力を考えれば、儒学にかかわるいずれかの項目でまとまった言及があってしかるべきではないだろうか。

第二に、男女の性別に関する問題意識が記述にはあまり現れておらず、「中国思想文化」におけるその問題が隠れてしまっているように思われる。

確かに「女子」の項目はある。しかし、その九頁足らずを除けば、五倫の一つである「夫婦」の項目も無く（「君臣」「忠・孝」はある）、他の項目での言及もほとんど無い。形式上、「女子」は、本文五一一頁の中で二パーセント以下の比重を占めるのみの、特異な少数民族であるかのような扱いなのである。女性は「中国思想文化」の中ではその程度の存在であり、それを反映したにすぎないということなのだろうか。しかし、それでは、第一に、「女子」の項目における「中国では古来、女性の存在意義への認識は深く」云々（一八九頁）という（やや意味のとりにくい）記述とは矛盾する。また、第二に、例えば、「性」を「人間が生れつきもっている本性」「人の本性」（六六頁）とするものの、その「人間」や「人」に女性が含まれているのか、含まれているとするならば「性善」「性悪」等の議論とそれはどう関連するのか等について、論及は無い。論理的には含まれるのだが、実際上議論の対象とはされず、したがってどう考えられていたのかよく解らないというのならば、その旨、指摘すべきではないか。同様に、「聖人」は「人として最高の存在であることを示すことば」と定義されているが（九一頁）、それでは、女性の「聖人」はありえたのだろうか。「満街人都是聖人（町中の人はみな聖人）」という時（九五頁）、その「街」に女性はいたのだろうか。「孝」の対象が「父母」だったことは示されているが、「父」への「孝」と「母」への「孝」に何も相違がなかったのだろうか。

この「事典」は、そのような疑問には答えてくれない。しかし、内側から理解し記述するということと、そこに現在の眼から見ていかなる問題があるかを意識しない、また読者にも意識させないということとは、同じではないはずである。

第三に、各項目において、吟味不足の語句や用語が時に登場する。

例えば、本書冒頭、「天」は「人間の住む地上をおおい、日月星辰の輝く広大な空間のこと」

と説かれている（三頁）。しかし、「天」は「空（そら）」とは違うであろう。「天人合一」は、青い空と「一体」になることではあるまい。また、「天」は「地」の対語でありながら、時に「地」をも含む。「地震」も「天災」である。「天」は往々「天地」と言い換えられる。より注意深い説明が必要であろう。また、「気」は、「一般にエネルギーをもつ流動体で、状況に応じて運動し、何らかの作用を営むもの」と定義されている（一八頁）。朱熹の「気」も、「具体的な作用・運動のエネルギーおよびそれを生みだす物質」（七二頁）と解説されている。しかし、ここでいう「エネルギー」とは何か。「物質」とは何か。厳密な物理学上の意味ではあるまい。では、何なのか。西洋語に「気」にあたる概念がなく、**matter** や **material** では動きが感じられないために、「気」に **material-energy** などという不十分にして不格好な訳語をあてることがあるのは事実である。しかし、わざわざそれを踏襲する必要はあるまい。西洋の「物質」「精神」「エネルギー」観（およびそれを多少とも受け入れた現代日本のそれ）と、「中国思想」における「気」概念との双方を、相互に相対化しつつ記述すべきだったのではないか。

編者の一人、溝口氏は、本書に関する対談において、「この事典ではヨーロッパの概念をもってきたり、あるいはヨーロッパの哲学者の言説を物差しにするということは極力避けたんですが、しかし今こうしてお話しながら改めて思うことは、今こそ大きな枠組をもつことによって、ヨーロッパやイスラームの文明圏と中国の文明圏のそれぞれの相対的な独自性が見えてくるといいなと。」と述べておられる（「対談　中国の『天』と西洋の『神』――『中国思想文化事典』をどう読むか」『UP』三五一号、東京大学出版会、二〇〇二年一月、一四頁）。同感である。そのためには、各「文明圏」の研究者がそこに閉じこもらず、他の「文明圏」にもさらに本気で目を配ることが必要であろう。それが難行であっても苦行ではないであろうことを、本書は改めて感じさせてくれる。

☆法制史学会編『法制史研究』五二（創文社、二〇〇三年三月）。
同誌編集部から、この本の書評をと依頼されて執筆したものである。文中に、「本誌の読者には特に関心があろうと思われる「法」という項目」という表現があるのは、無論、掲載誌が『法制史研究』だからである。なお、新たに表題と小見出しを付した。

23　思想としての「中国近世」

伊東貴之『思想としての中国近世』（東京大学出版会、二〇〇五年）

本書は、主として宋・明・清の王朝下に展開した儒学・儒教について、その変遷の筋道を明らかにしようとしたものである。特に政治や秩序とのかかわりにおいて、当時の儒学者たちがどのような課題を解決しようとし、どのような解答を案出し、そしてどのような新しい問題に逢着したかを、あるいは大きな見取り図として、あるいは具体例に即して、解明する試みである。

巻末の「人物生卒一覧」に掲げられた人名だけで、八世紀から二〇世紀に及ぶ一九九名に達する本書は、中国思想研究者以外には、一見、近寄りがたいかもしれない。「宋学における転回」「近世儒教の変容」「〈秩序〉化の位相」「近世儒教の政治論」等の章題もややいかめしく見えるかもしれない。しかし、実際に読み始めれば、本書が、専門家に対してのみならず、周到な配慮をもって諸方面に広く門を開き、多様な読者を思索の場にいざなっていることが直ちに感得できるはずである（漢文は現代日本語に訳されており、研究史・研究状況の紹介と評価も懇切である。若干の繰り返しがあるが、螺旋状に理解を深めていくのには役立つ）。

本書の英語名は、*Considering the Early Modern in the History of Chinese Thought* である（表紙裏の表示）。現に、第一章は「中国思想史上の近世」と、終章は「「中国近世」という思想空間」と題されている。しかし、本書は、ヨーロッパを範例とした「近代」に至るべきものとしての「近世」思想の「発展」や、その「挫折」を説くものではない。そのような進歩史観を、著者はとらない。西洋とは違う、社会主義的な中国近代を徐々に準備していたとも言わない。終章末尾で著者は、こう述べている（二四二頁）。

世界史的な観点から見れば、あるいは「近世」こそが、それぞれの地域の独自性を内発的に固有に伸張させた時期として、グローバルに共通しており、翻って「近代」は「欧化」「西洋化（全般西化！）」という別のグローバリズムのゆえに、そうした多様性や独自性がむしろ後退した時期として、捉え返すことができるかも知れない。

しかし、かといって、著者は、ひたすら中国の「独自性」に立てこもろうというのでもない。何が「独自」かは、比較によってのみ明らかになる。したがってそこでは常に、ヨーロッパや日本など、他の思想史との比較が意識されている。その結果、一面での類似性も、往々指摘される。例えば、著者は、清朝において、秩序を、眼に見えない人の本性や道理への依拠ではなく、具体的な「礼」（冠婚葬祭の行事や作法）の励行によって実現しようとする志向が強まったことを指摘して、こう述べている（なお、清代には、「礼」だけでなく、「情」への関心も深まったように思われるが、残念ながらそれは論じられていない）。

……こうした「礼教」化の流れを指摘することが妥当であるとするなら、比較（思想）史的な観点からこれを検討するとき、そこには、たとえば政治思想史家のJ・G・A・ポーコックが十八世紀のイギリスの政治思想的な言説の裡に見出していったような、内的・人格的な「徳（＝Virtue）」から、いわば〝可視的〟かつ間主観的な「作法（＝Manners）」へ、といった構図とも、大筋において類比可能な流れを認めうるかもしれない。（六六―六七頁）

これまでの「中国哲学」研究者は、このような指摘をすることはまず無かった。

さらに、著者は、「……原理的な問題に関わる哲学的思索が、非西欧圏の研究者によっても遂行され、発信されることが、かえってヨーロッパ研究をも含んだ諸地域研究の普遍性を高めることに裨益しうるものと思われる」（二四七頁）とも述べている。独自なものを探求しつつ、同時に普遍的な問題を考える――それが、著者のめざすことであろう。

遺憾なことに、とりわけヨーロッパ思想史・哲学史の多くは、他の思想史との比較をしない。ヨーロッパ史は人類史上きわめて特殊であるのに、時には、その特殊性をむしろ当然のように普遍性の根源とみなして、特権的に比較から超絶せしめているかのようである。しかし、ヴォルテールが「理性」をも「自然」をも辱めない教義と呼んだ（『哲学辞典』Chineの項）儒学思想の劇的な歴史を何も意識せずに、（例えば）「近世」のヨーロッパ思想史を論じてもいいのだろうか。

本書を、広くお勧めしたい。その内容のすべてには同意しないとしても、読者は、やや遠慮がちだがよく考え抜かれた行論から、さまざまな刺戟と思考の糧を得るはずである。

☆初出、『日本十八世紀学会年報』第二一号（日本十八世紀学会、二〇〇六年六月）。同誌編集部から、この本の書評をと依頼されて執筆したものである。新たに表題を付した。

24　「文明」を超えた国際法？

ONUMA Yasuaki, *International Law in a Transcivilizational World*, Cambridge University Press, 2017.（大沼保昭『文際的世界における国際法』）

はじめに[1]

本稿の筆者は、日本政治思想史を専攻している。したがって、このような国際法に関する大著を国際法学の専門誌において批評する資格があるのか、大いに疑わしい。本書が国際法学の体系書として、いかなる意義を持ち、いかなる位置を占めるのかについて、論じることはできない。しかし、本書は、日本や中国の歴史、また広く政治思想に関心を持つ者にとっても、きわめて興味深い内容を有している[2]。そこで、国際法学の立場からの本格的な書評はその専門家たちに任せ、ここでは、筆者の専攻の観点からする感想と疑問とを述べることにしたい。

（一）本書の性質

本書は、単なる国際法の教科書ではないように見える。

これは、一面において、国際法にかかわる基本的な諸概念を根本から考え直そうとする野心的な哲学書であり、思想書である。実際、始めの三章において、著者は、「国際法とは何か」を論じ、国際法の sources（法源）と言われてきたものを再吟味し、国際法の subject（主体）という概念を再検討し、さらに、国際法の機能について根底から考え直す、という作業を敢行している。そこに示された知的な勇気と議論の粘り強さは、読者を深い省察に引き込んでゆく。

また、本書は、国際法の現状を歴史的に説明しようとする懇切な歴史書でもある。著者は、現代国際法が、西洋に起源を持ち、今に至るまで西洋を中心として発達し、維持されてきたこと、そしてそのことによって様々な固定観念にとらわれてきたことを、くりかえし指摘している。日本・「アジア」を研究してきた者にも、腑に落ちる点が少なくない。

しかも、著者は、単にアジア主義的な立場から、欧米国際法に対抗してその変革を迫ろうなどとするのではない。著者は、より legitimate（正統性のある）な、そして真に universal（普遍的）な方向に国際法を発展させようという姿勢を、一貫して執っている。その姿勢と、その一貫した姿勢に基づく労作を完成させたことに、深い敬意を表したい。また、本書が英語で書かれ、その結果、著者の学問と思想が体系的に世界の学界に提示されたことに、心からの祝意を表したい。

ただ、本書で述べられていることに疑問もないわけではない。例えば、以下のような点である。

(二)「アジア」の理解

本書に現れた「アジア」についての理解は、時々、ヨーロッパの歴史像の投影に見える。その意味で、皮肉に言えば、「欧州中心主義」的に見える。

例えば、次の一節である。

For much of history, the state as a political entity often lacked clear borders. Uniform and effective territorial rule with well-defined borders was nonexistent. Territorial rule was delimited by a relationship of personal rule and subordination. People were related only indirectly to their "state" —in many cases either kingdom or empire—through their subordination and allegiance to their local rulers. These rulers, in turn, owed allegiance to a particular king or emperor who was supposed to rule the kingdom or the empire.（p.297）（歴史の多くの時期において、政治体としての国家はしばしばはっきりとした境界線を持たなかった。明確に線引きされた境界線を有する、均一で効率的な地域支配は存在しなかった。地域支配は、人格的な支配と服従の関係によって範囲を画されていたのである。人々は、「国家」――多くの場合、王国か帝国であった――には、その地その地の支配者への服従と忠誠を通して、ただ間接的に関連していた。そして、これらの支配者が、今度は、王国や帝国を支配しているはずの特定の国王や皇帝への忠誠を負ったのである。）

これは、欧州のいわゆる**feudalism**（封建制）などを思い浮かべれば、なるほどと思える記述かもしれない。

しかし、明代（一三六八～一六四四）や清代（一六一六～一九一一）の中国には、明らかに、当てはまらない。当時の中国はいわゆる郡県制である。地方は、「県」や「州」と呼ばれる地域毎に、中央政府から短任期の知事（「知県」「知州」）が派遣されて、統治される仕組みである（日本では、明治四年にその仕組みが採用され、漢語の意味での「封建」制から「郡県」制に代わった。[3] そのため、新たな行政単位は、当然、中国風に「県」と呼ばれるようになった。「廃藩置県」）。しかも、地域との癒着を避けるため、知事は出身地には派遣されなかった（「廻避《かいひ》」制度）。そのような知事に対して、地域住民に allegiance（忠誠意識）など、あるはずもない。

なお、念のために言えば、少なくとも宋代（北宋九六〇～一一二七　南宋一一二七～一二七九）以降の中国には、地方に君臨する領主や貴族などは基本的にいない、というのが中国研究者の共通の理解である。中国学の大家、吉川幸次郎氏は、半世紀以上も前にこう書いている。

日本人が中国の過去の歴史についておちいりやすいあやまった即断の一つ、そうしてそのおそらくもっとも大きなものは、前世紀までの日本に存在したような世襲身分制の社会が、前世紀までの中国にも存在したとする即断であると思われる。わたくしはこのあやまった即断が案外普遍化しているということを、いろいろの人との会話によって知っている。なぜそれがあやまった即断であるかといえば、専門家にとっては周知のことなのであるが、中国では家柄によって特権的な身分を世襲する制度は、千年も前の北宋の時代にすでに消滅してしまっているからである。したがってそこには貴族と呼ぶべき家はなかった。長い中国の歴史の全体を通じて、貴族のいる時代がまったくなかったというのではない。四―六世紀の六朝時代には、日本の藤原氏ほど集中的ではないけれども、貴族と呼ぶべき家家があった。つぎの唐の時代つまり七―九世紀は、かつての六朝の社会制度がつぎにきたるべき宋以後の無貴族の社会へと移りゆく過渡期であり、したがってまた両様の制度が混在する時期であった。しかし十世紀の北宋以後今世紀にいたるまで、貴族というものは中国にまったく存在しない。（中略）またそこには士農工商あるいは武士・町人・百姓という世襲的身分もなかった。くりかえしていうが、それは北宋以後千年の中国になかったのである。（「中国における教養人の地位」（一九六〇年）、『吉川幸次郎全集』第二巻、筑摩書房、一九六八年、四二五～四二六頁）

これに対して、「しかし、中国の各地域には「郷紳《きょうしん》」と呼ばれる有力者がいたではないか。多くの人々は彼等への服従と忠誠を通じてのみ王朝政府とつながっていたのではないか。」という疑問があるかもしれない。確かに彼等は、その「財産と教養」（それと結合した科挙のある段階までの合格歴や、官歴）を基礎とする社会的威信と影響力を有した。しかし、それも安定的なものではない。岸本美緒《みお》氏は、それを、相場に左右される株価に喩えている。

人々が郷紳を保護者として選ぶとすれば、その基準は、土地所有や国家権力との繋がりそのものではなく、それらの要素が地方社会における実際の保護能力としていかに現れているか、という点にほかならないであろう。郷紳が口をきけば多くの人がそれに従うという予測、郷紳が多少の横車を押しても人々はその勢力を恐れて逆らわないであろうという想定、それらが、郷紳を頼りになる存在たらしめているのである。換言すれば、郷紳のもとに多くの人々が結集し、皆が郷紳を勢力ある存在と認識している、というそのことが、郷紳の保護能力を生み出し、またそれゆえに人々は郷紳のもとに結集する。人々が郷紳のもとに結集するのは、人々が郷紳のもとに結集するからである。これは明らかに循環論法だが、郷紳の多様な存在形態を整合的に解く一つの糸口になるかもしれない。それは、たとえば株式市場での投機と似ている。人々が有望株に投資するとき、株価はあがって投資者は利益を得るが、その利益の根源は、多くの人々がその株に投資するというそのこと自体にある。「これが有望株である」という共通認識と、それに多くの人々が投資するであろうという予測と、その予測に基づいた実際行動とが、株価をあげてゆくのである。科挙に合格することは、当時の人々の共通認識のなかで「有望株」のお墨付をもらうきっかけの一つである。多くの人々が「有望株」との結びつきを求めて結集し、そのこと自体が郷紳勢力を形成してゆく。そして株が値下がりを始めれば、人々はその株を棄てて新しい有望株へと乗り換えてゆくのである。（岸本美緒「明清時代の郷紳」、『明清交替と江南社会――十七世紀中国の秩序問題』東京大学出版会、一九九九年、五二一〜五三三頁）

少なくとも宋代以降の中国社会はきわめて競争的であり、流動的である。欧州の「前近代」のイメージを投影することはできないのである。

このような指摘に対しては、「いや、中国は例外だ」という反論があるかもしれない。しかし、著者がくりかえし強調しているように、中国の擡頭を典型とする国際的な力関係の変化が今まさに起きているところである。著者は、その中国などの歴史的経験を踏まえて考えていくことが必要だと主張しているのではないだろうか。そうだとするならば、おそらく常に人類の数分の一の人口を擁し続けてきた中国が「例外」となるような一般論は、そもそも一般論として問題ではないだろうか。

また、次のような一節もある。

> Most human-made institutions including law were legitimized by some *religious or transcendental authorities* such as God or Heaven, which were widely believed in by members of a society. Or they were legitimized by the authority of a specific ruler or a dynasty, which was again associated with some religious or transcendental authorities. In contrast, over the course of scientific and social development during the modern period, the popular belief in such transcendental authorities declined.（p.16, italics in the original）（法を含む人間の造ったほとんどの制度は、社会の成員によって広く存在が信じられていた、ゴッドや天などの、何らかの宗教的あるいは超越的な権威によって正統化されていた。あるいは、それらは、やはり何らかの宗教的あるいは超越的な権威と関連付けられた、特定の支配者や王朝の権威によって正統化されていた。それと対照的に、近代における科学と社会との発展の過程で、そのような超越的権威への人々の信念は衰退した。）

これも、欧州のいわゆる王権神授説にはあてはまるかもしれない。また、「天」のくだす「天命」による授権が正統性根拠となっていた中国の「天子」の支配にも該当するかもしれない。

しかし、これは、今度は、この日本に当てはまらない。

徳川の世の日本において、徳川家の当主は、「天命」を受けた「天子」であるとは称さない（実際上はそうだ、と信じた儒学者はいたが）。また、彼が京都の「禁裏様」から全国の統治を委任されているのだというのは、徳川末期的な一解釈に過ぎない。徳川慶喜は恭しく「大政奉還」をしたが、徳川家康は「大政委任」などされていない。家康は、慶長八年（一六〇三）に内大臣から右大臣兼征夷大将軍に「官名」を改めたが、そのことによって、それまでのただの武力による支配の性質が変わり、「禁裏様」の代理としての統治になったなどとは、当時、誰も考えていないであろう。

徳川氏は、戦国の世のゲームの規則そのままに「我々は強いぞ、強いから従え。文句があるならかかってこい。」という理屈で統治を始め、次第に、「この泰平は、我々のおかげだぞ。この我々に刃向かって混乱を引き起こして良いと思うのか。」という理屈をも加えて統治を続けたというのが、基本である。**Religious or transcendental authorities**（宗教的あるいは超越的な権威）による支配ではない。

十三世紀にユーラシアの大部分を席巻したモンゴルの権力も、「イデオロギー性においてかぎりなく零《ゼロ》にちかかった」と言われる。(4) **religious or transcendental authority**（宗教的あるいは超越的な権威）に依拠すれば、それを盾に取った反逆も起こりうる。その「危険」を回避できる点で、単純な強者としての支配、治安の保証人としての支配には、それなりの「合理性」がある。しかも、一定の信条体系の共有を強いる必要もない。統治の二大類型として、**religious or transcendental authority**（宗教的あるいは超越的な権威）に依拠するものと、そうでないものとがある――そう考えた方がよいのではないか。

しかも、日本では、近代になって、太陽の女神がその子孫に永遠に（「天壌とともに窮まり無く」）統治するように命じたという神話によって、主権者の統治権を基礎づけるように変わった（「大日本帝国憲法」前文《ぜんぶん》及び告文《こうもん》を参照）。その意味で、この国は近代になってからこそ、**religious or transcendental authority**（宗教的あるいは超越的な権威）による支配に変質したのである。「前近代」の統治や制度は、**some religious or transcendental authorities**（なんらかの宗教的あるいは超越的な権威）に依拠するのが当然だというものではない。「近代化」の歴史は単純な**secularization**（世俗化）の歴史でもない。多様性と意外性に満ちたものである。このような基本的なところで、西洋流のお定まりの歴史理解が顔を出し、「（著者にとって最も身近なはずの）日本は例外だ」ということになるというのは、残念である。

もっとも、このような、「意図は欧米中心主義批判なのだが、議論の大枠は欧米的だ」という点は、本書が、何よりも欧米の国際法学者に向けられたものであり、彼等を説得しようとしているということからして、ある程度、やむを得ないのかもしれない。彼等の通念や思考枠組みを利用して分かり易く説明しないと、議論に乗ってきてもらえない。そういう困難はあるかもしれない。

しかし、それでも、例えば、"Asian thinkers such as Buddha, Muhammad, Confucius or Mencius" (p.7), （ブッダ、ムハマド、孔子、孟子のようなアジアの思想家たち） "Buddha, Confucius, Muhammad, and many other non-Western thinkers" (p.13) （ブッダ、孔子、ムハマド、そして他の多くの非西洋の思想家たち） などという表現には、違和感を覚えざるをえない。これは、「アジア」のための発言のようでありながら、その「アジア」の多様性にやや無頓着ではないだろうか。

少なくともムスリムからすれば、ムハマドは thinker （思想家） などではない。アッラーの言葉を伝えた「預言者」である。実はムハマド自身が考えて彼の考えをアッラーの言葉だと称して述べたのだ、と言うのは、ムハマドを嘘つきとみなすことになる。つまり、ムスリムの信仰に正面から挑戦することになる。イエス・キリストを単に古代の一思想家であると言えば、キリスト者の信仰の否定であるのと同じである。一方、孔子・孟子は、「天」の声を聞いて伝えているなどとは称さない。仏陀も、預言者としてではなく、自分自身の発見として語ったようである。したがって、彼等を thinker と呼ぶのは、おかしくない。しかし、「仏陀、ムハマド、孔子、孟子のようなアジアの思想家」という表現は、「アジア」へのいささか平板な視線を感じさせる。

しかも、欧米中心主義を繰り返し批判しているにもかかわらず、本書は、十字架を掲げた教会の絵を敢えてカバーとしている。著者がこの絵にいかなる思いを込めたとしても、十字架が欧米を中心とする宗教の象徴であることは、否定しようもない。

この本は、アジアについての理解が乏しい、かなり世俗化した欧米人に専ら向けられており、実は、(「アジア」において大きな比重を占める)ムスリムや、ヒンドゥーの側から世界を眺めてみようという姿勢は乏しい。そうとられかねないのではないだろうか。

(三)「中国中心の「朝貢」システム」?

アジア理解については、もう一つ問題がある。それは、欧州国際法システムが進出する前に存在したというThe Sino-centric "Tributary" system(中国中心の「朝貢」システム)についての記述(pp.64-67)である。冒頭、著者は、こう述べる。

> In East Asia, which today approximately covers China, Mongolia, the Korean peninsula, Japan, Taiwan and Vietnam, the Sino-centric sphere of civilization existed until the nineteenth century. Political entities in the region differed greatly from each other in size, culture and structure, but shared common characteristic features such as Chinese characters, Confucianism, (Mahayana) Buddhism, and legal rules and institutions originating in China. (p.64)(今日、概ね中国・モンゴル・朝鮮半島・日本・台湾・ベトナムを含む東アジアには、十九世紀まで中国中心の文明圏が存在していた。この地域の政治体は、その規模・文化・構造において相互に大きく異なっていたものの、漢字・儒教・(大乗)仏教、そして中国由来の法的な規則と制度を、共に有していた。)

ここには、モンゴルも挙げられている。しかし、モンゴルは、漢字も儒教も律令制度も受け入れていない。また、彼等の奉ずる仏教はチベット仏教であり、漢民族から受け入れたわけではない。

また、ここに言うChinaには、チベットやウイグルも含まれているのだろうか。彼等が、十九世紀まで続いたthe Sino-centric sphere of civilization（中国中心の文明圏）の中にいたという記述は、現在の中国政府には大いに歓迎されるであろう。しかし、チベットやウイグルの（現在、自由な発言を封じられている）多くの人々には受け入れられないであろう。

モンゴルや、チベットの人々は、清朝皇帝を、俗人チベット仏教徒であり、それ故に普遍的真理を保護し、支援している施主であるとして君臨することを認めていた。それは、漢民族に対して清朝皇帝が見せていた儒学的な「天子」としての顔とは異なる。つまり、清朝皇帝は、相手によって変えるいくつもの顔を持つことによって、いわば同君連合として清朝の統治を維持していたのである。(5)

ことは、現在の、共産党政府による「新疆ウイグル地区」やチベットなどの支配をどう理解するかという、極めてセンシティヴな問題に関わる。より繊細で慎重な記述が欲しかったところである。

また、著者は、the Sino-centric "Tributary" system（中国中心の「朝貢」システム）が実在したという理解には多くの批判があることを認めながらも、なお、程度の差こそあれ近隣の政治体にもその考え方が影響し、地域支配者間でもその中華中心的な規範を遵守する傾向があったとしている。

For rulers in a region whose ruling class was influenced by Chinese politico-legal ideas, official ranks and titles conferred by the Chinese emperor were an important means of legitimizing their suzerainty over competing rulers. For these reasons, rulers in the region tended to comply with Sino-centric norms not only vis-à-vis China, but often among themselves as well. (p.66)（地域の支配者たちは、その地の支配階級が中国の政治的法的観念に影響されていたために、中国皇帝によって授けられた官位・官職が、他の競争関係にある支配者に対して彼等の宗主権を正統化する重要な手段となった。それ故に、地域の支配者たちは、中国中心の規範を、中国に対してのみならず、往々彼等相互においても遵守する傾向があったのである。）

しかし、特にこの後段の指摘には疑問がある。例えば、徳川家当主への朝鮮国王からの使節派遣（「通信使」）も、琉球国王からの使節派遣（「江戸のぼり」）も、朝貢制度や中国由来の「礼」とは異質である（外交儀礼の一面に中国の影響はあるが）。いずれも、徳川家当主に「朝貢」したわけではないし、近隣の「国」同士は交わるべき「礼」の義務があると信じて来訪したわけでもない。[6]

また、清朝については、徳川政権も朝鮮政府も、夷狄による征服王朝だと考えている（現に、徳川政府の儒者、林家による明清交替等に関する資料集は、『華夷変態』と名付けられた）。徳川政府はその清朝に朝貢などしない。清朝治下の中国商人が長崎に貿易に来ることを認めただけである。朝鮮政府は安全保障上のやむを得ない措置として清朝に「朝貢」しているふりをしているにすぎない（したがって、国内では「朝貢使」「赴京使」などとは呼ばず、「赴燕使《ふえんし》」などと呼ぶ。「燕」とは、北京を含む地域の別名である）[(7)]。ただ、当時の清朝政府の側は、「徳」を体現する「中華」の「天子」への「朝貢」がなされているのだと誇大に妄想した、ということにすぎない。

本書の立場からすれば、言い古された中国王朝のイデオロギーではなく、当時現実に機能していたシステムを紹介した方がよかったのではないだろうか。それは、主権平等の観念が存在せず、成文化された「国際法」もなく、相互に「大使」や「領事」も置かず、かつ、飛び抜けて大きな人口を有する「国」が一つあるという状況で、北東アジアにおいて、実に二世紀以上にわたって一切の武力衝突を回避して継続した（同時期の欧州と比較すればほとんど奇蹟のような）システムである。そこでは、安定的に通交・貿易が行われ、流れ着いた漂流民は律儀に相互に送還されていた。その意味で非常にうまく機能したシステムである。中国王朝の建前ではなく、この、現実に機能していた「国際秩序」を紹介し、欧米「列強」の進出がそれを崩壊に導いたと論じた方が、議論の説得力を増したのではないだろうか。

（四）非欧米の視点？

著者は、本書で、今後、国際法は、非欧米（人類の大多数）の視点を入れて発展していくべきだと主張する。その通りであろう。ただ、ここには厄介な問題が伏在しているように思われる。

第一に、それは、具体的には非欧米の政府の主張を取り入れるということになるかもしれない。もしそうであるならば、特に強調されている中国の擡頭を例にとれば、現実には中国共産党の言い分をもっと聞きいれるということになるであろう。その中国共産党政権は、例えば、「かつては中心としての中国に周辺諸国が慕い寄る形の、素晴らしい国際秩序が存在していた。その再現こそ「中国夢」である」と考えているようである。そのような主張を取り入れることは、良い結果を生むであろうか。

中国やインドの主張を取り入れることによって、国際法が具体的に例えばどのように良い方向に発展していくと考えられるのか、著者の考えを示してほしかったところである。

第二に、それが、非欧米の思想的・文化的遺産を活かせということであるならば、これも、そのありうる例を示してほしかったところである。

本書では、章ごとのエピグラフにおいて、非欧米人の言葉が引かれている。例えば、海保青陵《かいほせいりょう》、松尾芭蕉、高橋和巳、大般涅槃経《だいはつねはんぎょう》からである。しかし、本文では、非欧米のそのような言葉が引用されることはほとんど無い。ましてそれらに基づいて議論が展開されている個所は無い。著者は、孔子・孟子・仏陀、そしてムハマドから、具体的には何を学んだのだろうか。ぜひ知りたいところである。

（五）Right（権利）とSocial contract（社会契約）

1　Right

著者は、right（権利）を、"usefulness for the material and spiritual well-being for humanity"（人類の物質的精神的な満足のための効用）によって基礎づけている。そして、敢えて、"This view may be criticized as too instrumentalist. Yet I believe that the ultimate standard of judging an idea is its *usefulness for the material and spiritual well-being for humanity*"（p.420, italics in the original）（この見方は、手段主義的に過ぎると批判されるかもしれない。しかし、観念を評価する究極の基準は、その人類の物質的精神的な満足のための効用だと、私は信じる。）と述べている。著者は、「人権」について永年考察し、「人権」のために献身的に活動してきた。そうだからこそ、「人権フェティシズム」（大沼保昭『人権、国家、文明――普遍主義的人権観から文際的人権観へ』筑摩書房、一九九八年、一八七頁）への警戒も強いのであろう。

しかし、上記のような定式化は、「一三億人の（あるいは一億三千万人の）spiritual well-being（精神的満足）のために、ごく少数の不愉快な主張を弾圧することは正当だ」という議論に結びつかないだろうか。「公益」をふりかざして個人のrightを踏みにじる議論を正当化しないだろうか。例えば、「"useful" "for the material and spiritual well-being for humanity"（人類の物質的精神的満足のために役立つ）でなくとも、私がこの信念を持つことは認めてください」という主張を受け入れるのが、個人の基本的なright（権利）を認めるということではないだろうか。

疑問は残るように思われる。

2 Social Contract

著者は、社会契約論の fictitious character（p.336）（虚構性）を指摘している。多くの人は、ある国に生まれ、その結果いやおうなしにその国民として生きるという現実と、社会契約論との間には大きな溝があり、それを埋めることは困難だというのである。新生児がみずからの意思で国を選び、契約を結んだという無理な想定をしないかぎり、自由な選択という理屈では、現実が説明できないというのである。

これは、無論、社会契約論にとって、新たな論点ではない。既にジョン・ロックがその『統治論』でこれを詳細に論じている。(8) そして、実定法的には、まさにこの弱点を補完するために、国籍離脱権（日本国憲法第二二条第二項）があるのではないだろうか。「あなたには、いつでもこの国籍を離脱する自由があるのに離脱しないでいますね。それは、つまり、この社会契約に同意しているのですね」という理屈である。この権利を認め、さらにできる限り個々人の自由な意思に政治権力の成立根拠を求めるならば、例えば、新生児の国籍は出生地主義によって暫定的なものとして定め、成人に達した時点で国籍選択を問う、あるいは、国籍離脱の意思表示をしなければ社会契約をしたものとみなす、という手続きも考えられるであろう。多重国籍の場合には、そのような手続きがとられていることも参考になろう。

政治権力の成立根拠を個々人の同意に求めるならば、幼児の問題は当然に生じる。しかし、それを理由として、政治権力の成立根拠を個々人の同意以外の何かに求めることがよい結果を生むだろうか。

本書のこの個所では、国籍を離脱するというこの重要なright（権利）に言及しないままにnationality（国籍）の問題が論じられている。疑問である。

おわりに

著者は、二〇一八年一〇月一六日に逝去された。本稿の基となった報告を私が著者の前で行った、あの研究会の後、僅か四カ月のことであった。もはや、拙稿に対する著者の厳しい批判や懇切な回答を受けとめ、これまでのように議論を継続することはできない。痛恨の極みである。

（1）本稿は、二〇一八年六月一六日に東京大学法学部研究室で開催された国際法研究会における筆者の報告を増訂したものである。同研究会に誘い、鋭く反論してくださった著者に深く感謝する。

（2）ちなみに、政治思想史研究者であるJennifer Pitts氏が、*Boundaries of the International: Law and Empire*（Harvard University Press, 2018）を著した例もある。同書は、Martti Koskenniemi, *The Gentle Civilizer of Nations*（Cambridge University Press, 2001）, Antony Anghie, *Imperialism, Sovereignty, and the Making of International Law*（Cambridge University Press, 2005）等に続いて、（著者の立場と共通性が多い）critical history of international lawの立場をとる好著である。政治思想史と国際法とは、案外に近い面もありそうである。

（3）「漢語の意味での封建制」とは、中央に君臨する天子が、爵位と土地を諸侯に与え、世襲させて「天下」を統治する仕組みをいう。秦の始皇帝以前の、夏・殷・周の三代の王朝はその仕組みだったというのが、伝統的な理解である。「漢語の意味での郡県制」とは、秦以降の、天子が天下を郡・県などの行政区画に分け、それぞれに任期付きの地方官を中央から派遣して統治させる仕組みをいう。なお、徳川の世の日本は、「封建」の制であるというのが当時の普通の理解である。徳川家当主を「天子」とみなし、大名を「諸侯」とみなしたわけである。そして、「廃藩置県」は、「封建」制から「郡県」制への移行であると、当時、説明され、理解された。この「封建」の語が **feudalism** の訳語に宛てられたため、多くの混乱が生じていることは、周知の通りである。

（4）杉山正明『遊牧民から見た世界史（増補版）』（日経ビジネス人文庫、二〇一一年）四一〇頁。

（5）例えば、平野聡『清帝国とチベット問題――多民族統合の成立と瓦解』（名古屋大学出版会、二〇〇四年）、同『大清帝国と中華の混迷』（講談社学術文庫、二〇一八年）を参照。

（6）朝鮮は、豊臣秀吉による突然の侵略を受け、甚大な損害を被った。それ故に、日本からの再侵略を阻むために、政府間の安定した関係を維持することが必要だった。また、念のために、日本国内の状況を視察し、再侵略の可能性の有無を探索することも有益だった。通信使は、何よりも、そのような政治的配慮によって、送られていたと理解すべきである。例えば、一七六三年の通信正使、趙曮《ちょうげん》の帰国後の国王への報告、「筵話」は、次のように述べている（『趙済谷海槎日記』）。「接倭之道、固多有難處之端、尤宜熟量而周思、然後可無生衅之端。若或不諒事勢、徒以威喝、則非但不得成事、反帰于見悔之科。此兵家所謂知彼知己之難也。（倭人に接する道は、もとより困難な事件の発端となりうるので、十分に熟慮し、検討すべきである。そうしてこそ、流血の事件の発端をなくすことができる。もしも事勢を理解せず、ただ威喝するならば、単に事を成すことができないだけではなく、かえって後悔の種となろう。これは、兵家のいう彼を知り、己を知るという難しい問題である。）」（『趙済谷海槎日記』一二月六日）。「兵家のいう彼を知り、己を知るという難しい問題」とは、無論、『孫子』謀攻篇の「知彼知己者、百戦不殆」（「彼を知り、己を知る者は、百戦あやうからず」）という語への言及である。つまり、朝鮮政府は、儒家としてではなく、自覚的に「兵家」の論理、パワーポリティックスの論理をもって、危険な日本人に対処しようとしていたのである。

（7）夫馬進《ふますすむ》『朝鮮燕行使と朝鮮通信使』（名古屋大学出版会、二〇一五年）一～三頁。

（8）**John Locke, *The Second Treatise of Government: An Essay concerning the True Original, Extent, and End of Civil Government*, Chap.8, §116-122.**（Peter Laslett（ed.）, *Two Treatises of Government*, Cambridge University Press, 1960, pp.345-349.）

☆初出、岩沢雄司・中谷和弘（責任編集）『国際法研究』第七号（信山社、二〇一九年三月）。英文の引用には、本書への収録にあたり、日本語の拙訳を付し、極く一部、表現を改めた。また、新たに表題を付した。

なお、Transcivilisational は、大沼氏の造語であり、「文際的」は同氏によるその訳語である。（「国際的」ではなく）「文明際的」という意味である。

なおまた、本文で触れた「社会契約」と新生児の問題について、大沼氏は、「個々人が自由意思にもとづいて自己の国家を選び取るという社会契約説は、国民の大多数を占める出生による国籍取得者にとって「ゼロ歳の出生児の自由意思による選択」（?!）というフィクションでしかない。諸国は国内法上国民の国籍離脱権をみとめることによりこの不都合を法的には是正しているが、「そう言われてもなあ」というのが一般市民の感覚だろう。」（同氏『国際法』ちくま新書、二〇一八年、一八三頁）と述べている。しかし、本文で述べたように、手続の整備による建前の実質化も考えられる。国籍離脱権の意味を軽視すべきではないと思う。

25　浦上玉堂という異才

高橋博巳『浦上玉堂　白雲も我が閑適を羨まんか』（ミネルヴァ書房、二〇二〇年）

（一）驚くべき才能

（コンドルセより二歳年下、そしてゲーテより四歳年上の）その人は、音楽家だった。ある弦楽器の名手で、それに合わせて歌いもした。その演奏に聴衆は「感歎」し、時に涙をこぼした（本書二四六頁）。その楽器とは、中国渡来の七絃琴である。現在の日本で「琴」と通称されている一三絃の箏とは異なる。はるかに小さく、座った右膝に一端を載せ、左端は床面に着けて、両手で演奏する。多くは独奏である。その音は、箏のように華やかではない。重く、沈痛でさえある。この楽器を彼は偏愛した。その人は、また、画家だった。いわゆる水墨の山水画である。それは、目前の自然の風景を忠実に写し取ろうとするものではない。多種多様の山容や千変万化する水の姿、そしてそこに漂う空気感に託して、画家の理想や心情を表現するのが山水画である。時に、それは抽象画に近づく。彼の画力は卓越していた。その作品は現在、一点が国宝に（本書の著者は、それを「神品」と評している。一九九頁）、十一点が重要文化財に指定されている。その人は、また、詩人だった。いわゆる漢詩である。その詩は、往々、琴に言及する。彼においては、音楽と絵画と詩作とが密接に連関していたのである。その詩集、『玉堂琴士集《ぎょくどうきんししゅう》』は、本書の著者の解説付きで影印、刊行されている（太平文庫、二〇〇八年）。そして、その人は、書家でもあった。特に古雅なる隷書《れいしょ》に秀でていた。彼の五言絶句を記した書一点は、重要文化財に指定されている。

何という驚くべき才能であろうか。

しかも、彼は、職業音楽家ではなく、職業画家でもなく、まして職業詩人・職業書家ではなかった。元来、彼はれっきとした武士であった。備中国鴨方《かもがた》の大名、池田家（二万五千石。岡山の池田家の分家）に仕え、「大目付」まで務めたのである。しかも、彼の大伯母は前代の池田家当主の母である。小大名とはいえ、家中では高い家柄であった。ところが、数え五〇歳の時、彼は突然仕えを辞した（フランスでは、「テルミドールの反動」のあった年である）。二人の息子を伴った計画的な「出奔《しゅっぽん》」であった（妻は既に世を去っていた）。それは、先祖代々から受け継ぎ、子孫代々に伝えるべき「家」を、ただ一人の意志で断絶してしまうことを意味する。容易な決断ではなかったはずである。それ以後、彼は、白髪に真っ白の長髯、粗末な服を着、愛用の琴を背負って、東北から九州までの各地を漂泊した。この人は、その後半生を、地位でも名誉でも俸禄でも、「家」のためでもなく、ただ音楽や絵画などのために生きたのである。そうしてこそ生きる喜びを感じたのであろう。本書の副題にあるように、空に浮かぶ白い雲さえ私の境遇を羨むだろう、と彼は記している。そして、最晩年に住み着いた京都で没した。七六歳だった。

（二）玉堂と旅をする

本書は、この奇異にして驚嘆すべき人物、浦上玉堂《うらかみぎょくどう》（玉堂は号。通称は兵右衛門、名は孝弼《たかすけ》。延享二（一七四五）〜文政三（一八二〇））の伝記である（なお、雑誌『究　ミネルヴァ通信』（一一九号、二〇二一年二月）には、著者の「自著を語る　琴士・詩人・画家「浦上玉堂」」が掲載されている）。

本書の叙述の特色は、第一に、玉堂とその周辺の人々の詩を多数引用し、それらをじっくりと鑑賞し、そうして、この玉堂という人の心と人生とを追体験しているところにある。そのため、読者は、玉堂とその周辺の人々の人柄に直接触れているような感覚を味わう。近世日本の漢詩文を専門とする著者ならではの至芸である。

第二の特色は、著者自身の旅や出会いが文中で何度も想起され、玉堂の旅や人生と重ねられているところにある。著者はまず、「ブロードウェイの舞台がはねて外に出ると、俄雨が降っていた。雨が秋を連れてきたのだろうか、昼間の蒸し暑さが消えて、通りには早くも秋の気配が漂っていた。」と語り始める（「はじめに」）。唐突なようだが、この旅で著者は、メトロポリタン美術館所蔵の玉堂の画二点に遭遇するのである。そして、著者は、「それからはどこへ行くにも、旅に出るときは玉堂の詩集などを鞄にしのばせて、玉堂の旅を追体験することにしていた。暮れなずむカルチェ・ラタンの小さなホテルで『玉堂琴士集』を開いていると、隣のアパルトマンの窓から老婆の視線が落ちてきて、さりげなくカーテンを閉めたこともあった。」（同）という。読者は、そのような著者と旅を共にしつつ、玉堂の人生をたどっていく。著者は、時に「ある冬の一日、会津を訪れる機会があった。宿の窓からモノトーンの雪景色を眺めつつ、持参した『玉堂琴士集』のページを繰っていると（下略）」（一八九〜一九〇頁）と語り、「名古屋から当てもなく北上して飛騨古川にたどりついた」経験に触れ（二四七頁）、ブリュージュで出会ったベートーヴェン好きの老人についても物語る（二六一～二六三頁）。本書においては、のどかな、しかし徐々に破局が迫っていた徳川日本と現代の世界とが二重写しになり、相互が相対化され、対比される。そして、読者は、時の流れと時代の変化とを深く了解するのである。

本書は、江戸文化の専門家に限らず、広範な読者に向けて書かれている。引用される漢詩には、必ず訓み下しと難解な語句の説明とが付されている。誰でも（日本語さえ読めれば）、詩に親しみつつ、玉堂の生涯の軌跡を、高橋氏という稀有な案内人と共に歩むことができる。本学会の会員に多い西洋の同時代の研究者にも、強く本書をお勧めしたい。本書によって、西洋に局限された精神世界の外に引き出され、一種の解放感と開放感を味わえるはずである。

（三）知りたかったこと

最後に、二つ、惜しまれる点を指摘したい。

第一は、玉堂が、武士としての仕えに熱意を失った理由にかかわる。著者は、「藩内の人間関係」が原因だと指摘する（一二七、一七〇、一九一頁）。しかし、「藩内」で何があったのか、その具体的な内容は示されていない。ただ、鴨方池田家においては、玉堂が「大目付」になったその年から翌年四月までの間に、奇妙な秘密工作のなされたことが、先行研究によって明らかにされている（大森映子『お家相続　大名家の苦闘』角川書店、二〇〇四年、一〇四～一一五頁）。大森氏によれば、この年、旗本の名家、竹中家の若い当主、厚之進が死亡した。まだ数えで十七歳未満であった。徳川政府の規定上、大名・旗本に実の息子がいれば、その子が幼児であっても、跡目相続が認められる。実子が無くとも、死亡した当主が十七歳以上なら養子を入れて後継とすることが認められる。しかし、十七歳未満の当主が死亡した際にはそれが認められない。そのままでは御家断絶となる。それを避けるため、(竹中家・池田家間の密談に基づき) 池田家の当主の弟の一人、隆之助が密かに竹中家に移され、厚之進とされた。つまり、公式には竹中厚之進は死なかったのである。しかし、池田隆之助の存在は徳川政府に届け済みであった。そこで、つじつま合わせのため、その六歳下の弟、角次郎を隆之助と変えた。それだけではない。更に、角次郎の八歳下の弟、吉之丞を角次郎とした (角次郎の存在も届け済みだったからである。当時三歳の吉之丞の出生は、幸い、未届けであった)。つまり、玉堂が「大目付」になって間もなく、鴨方池田家は、秘密裏に、当主の弟の内、一人を消滅させ、二人をその兄たちに繰り上げたのである。こうして三人のアイデンティティーは密かに変更され、その後、彼等は別人として生きていった。おそらく玉堂はこの秘密を知る立場にあったであろう。その交渉や決定にかかわったかもしれない。無論、玉堂がどう振る舞ったかは不明である。しかし、六年後に「大目付」を免ぜられたことは、これと関連しているのかもしれない。また、彼が、かつての職務への情熱を喪失したことも、これと関連しているのかもしれない。

第二は、彼が「出奔」の前年に描いた「奇峰連聳図《きほうれんしょうず》」の解釈である。水墨画の専門家、島尾新《しまおあらた》氏は、この大小の尖った三角形を連ねた画を、その包括的な水墨画入門書の末尾で採り上げている。そして、「子供の頃に見た山々は、ときに青くときに紅葉して赤く黄色く……。色彩感はあるけれど、はっきりとしたかたちを留めてはいない。この画のきれいな色と尖ったかたち、濃淡とかすれの奏でるやさしい旋律は、そんな懐かしさを湧き上がらせる。」と評している（島尾新『水墨画入門』岩波新書、二〇一九年、二一五頁）。確かに、その先端が首を少しかしげたような、「パステル調のきれいな色」（同書二一四頁）の三角形のつらなりには、童画のような優しい暖かさがあるとも言えそうである。しかし、著者は、これを「天を突き刺す槍の穂先のような峰々」とし、「当時の玉堂の心象風景をそのまま写したもの」、「その苛酷と感じられた境遇が、このように時代を突き抜けた絵画を玉堂に描かせたのである」と解釈する（一七〇〜一七一頁）。二つの見方は対照的である。どちらが正しいのであろうか。

先行研究の指摘した以上の二点について、著者の見解は示されていない。やや残念である。

☆初出、『日本十八世紀学会年報』第三六号（日本十八世紀学会、二〇二一年六月）。同誌編集部から、この本の書評をと依頼されて執筆したものである。極く一部、表現を改め、新たに表題と小見出しを付した。

日本十八世紀学会の会員の多くは、欧州の十八世紀の文化・芸術・思想の研究者である。突然、「コンドルセより二歳年下、そしてゲーテより四歳年上の」、「フランスでは、「テルミドールの反動」のあった年である」などと書いたのは、そのためである。

26　マックス・ヴェーバーに関する三つの疑問

今野元『マックス・ヴェーバー――主体的人間の悲喜劇』（二〇二〇年）
野口雅弘『マックス・ウェーバー――近代と格闘した思想家』（二〇二〇年）

はじめに

今野元《こんのはじめ》会員の『マックス・ヴェーバー――主体的人間の悲喜劇』（岩波新書、二〇二〇年五月二〇日）と野口雅弘会員の『マックス・ウェーバー――近代と格闘した思想家』（中公新書、二〇二〇年五月二五日）は、いずれも極めて優れた作品である。[1]両会員は共に、日本のみならず、ドイツにおいてもヴェーバーに関する著書を公刊し、世界のヴェーバー研究の第一線で活躍されている。そのお二人が、それぞれにその深い学識を基礎に、この新書を一般読者のために執筆されたのである。当然、両書は、共にすこぶる興味深い内容を持つ。

但し、両書は、かなり性質を異にする。前者は、しばしば辛辣な皮肉を交えつつ、その学問において「闘争」Kampfを「鍵概念」とした（iii頁）、「神経質で攻撃的な人柄」（六七頁）の人物の生涯を、多様な史料を駆使して、[2]濃密に描く。そして、終章では、八点にわたってヴェーバーとヒトラーとの類似を指摘し、「もしヴェーバーが弟アルフレート、妻マリアンネ、ゼーリング、ゾンバルトらと同じく長命であったなら、国民社会主義政権に反対したかどうかは分からない。」

とする（二二二頁）。

これに対し後者は、現代においてマックス・ヴェーバーからいかなる示唆を汲み取ることができるかという意図のもと、その主要業績をたどっていく。そして、「ヴェーバーに好意的な論者は、もし彼がもう少し長生きして、ヒトラーの独裁を目の当たりにしたら、徹底的に抵抗したことだろう、という言い方をすることが多い。そして私も基本的にこれに近い考えをもっている。」と、対照的な予想をする（『マックス・ウェーバー』二二二頁）。

多くの読者は、両者を読み比べることによって、思考を鋭く刺戟されることであろう。


ところで、本報告者は、ヴェーバーの専門家ではない。ヨーロッパ研究者ですらない。従来、主に日本の政治思想史を研究してきた者である。しかも、日本におけるヴェーバー受容史は私の専門領域内かもしれないが、それについては、既に研究の蓄積がある(3)。

そこで、本報告では、敢えて、ヴェーバーという「鉄の殻」からは遥かに遠い地点から、この二作品及び両会員のヴェーバーに関する諸業績を眺め、気になった点のいくつかを述べ、御考えを伺いたいと思う。

（一） 儒教とReligion

ヴェーバーの初期作品における引用の杜撰さ等を指摘し、それを「犯罪」とさえ呼ぶ研究がある（羽入辰郎《はにゅうたつろう》『マックス・ヴェーバーの犯罪——『倫理』論文における資料操作の詐術と「知的誠実性」の崩壊』ミネルヴァ書房、二〇〇二年)。しかし、仮にそれが「犯罪」であるとするならば、ヴェーバーの中国研究はさらに「犯罪的」だということになるであろう。彼は、そもそも中国語をまったく理解せず(学ぼうともせず)、中国に一度も足を運ぶこともなかった[4]。そして、例えば中核的な儒教経典である『論語』『大学』『中庸』は、宣教師による、本文に(標準的な朱熹『四書《しし》集注《しっちゅう》』の体系的注釈によるのではなく)独自のnotes(註)を付した英語訳を読んだだけである[5]。そして、断乎たる暴君「放伐」肯定論を説いた『孟子』は読んでいないようである。そうでありながら、中国文明全体を性格づけるような大胆な大著を刊行したのであるから[6]。

当然、同書は、当時のドイツの中国研究者にも評判が悪かったという(野口雅弘『比較のエートス——冷戦の終焉以後のマックス・ウェーバー』法政大学出版局、二〇一一年、一二〇頁)。そして、現代の中国研究の知見からすれば、『儒教と道教』の記述は、率直にいって、ほとんど出鱈目である(『ヒンドゥー教と仏教』も同様であろう[7])。それは、現代の優れた中国研究をいくらかでも読み、明代・清代の中国の儒教や「官僚制」にかかわる史料に少しでも接すれば、直ちに明らかになるはずである。

まず、そもそも儒教を、ヨーロッパ人の創ったReligionという概念で捉えてよいかが大問題である[8]。徳川日本では、それは普通「学問」と呼ばれた。仏教とキリシタンは「宗門」「宗旨」と呼ばれたが、儒学はそれに含まれない。そして、現代中国の大学では、「儒家思想」と通常呼ばれ、「哲学系」で研究・教育される。決して「宗教学」の対象ではない。そのような(「天」「孔子」「祖先」等を「祭」る行為のように、確かにreligiös(宗教的)と見える面もありはするが)通常、

「学」と考えられているものを、キリスト教をモデルとして構成されたReligionという概念[9]をもって把えようとし、即ち、Religionの一種であると始めから決めつけ、その上で（例えば）「ピューリタニズム」と同一平面で比較するならば、（Religionでありながら？）異常に（？）「現世的」に見えてくるのは当然である。

そもそも、一般に、ヨーロッパで形成された概念を非ヨーロッパにあてはめて「比較」することには、慎重でなければならない。さもないと、結果的には、非ヨーロッパには、真の「宗教」も、真の「市民」も、真の「官僚制」も、真の「歴史」も、真の「人格」も、すべて「欠如」していた（いる）ということになりかねない。しかし、逆に中国から眺めれば、ヨーロッパには、真の「学」も、真の「教」も、真の「礼」も、真の「政」も、真の「律」も欠如しているということに、当然、なる。おあいこである。ヴェーバーは、自分の馴染んだ西洋の概念（「理念型」と称しても、結局同じである）を用いて「比較」することの危うさと滑稽さに自覚的であったとは、思えない[10]。

にもかかわらず、野口会員は、ヴェーバーの儒教や中国「官僚制」の理解の正確さには若干の留保を置きつつも、往々肯定的に引用する。

例えば、儒教は、「現世における生活を否定せず、そのまま受け入れる」が故に、「現世の因習を否定し、克服し、あるいは改造していこうとする態度には決して結びつかない。」と、野口会員は断言する（『マックス・ウェーバー』一六四頁[11]）。野口会員は、王安石による大改革や、清末の「変法自強」運動などをまったく無視するのであろうか。日本のいわゆる「明治維新」が、（「王政復古」と「文明開化」の両面とも）儒教的信念に基づく激しい改革だったという面を、まったく認めないのであろうか。

儒学者は、単なる事実としての伝統や慣習を、単に伝統や慣習であるからといって尊重したりはしない。それが「道理」「天理」にかなっているかどうかが問題なのであり、現状が「道理」「天理」に反していると判断すれば、激しい改革派にもなるのである（「天理」は、ヴェーバーが西洋にしかないと主張する「自然法」の観念に近い[12]）。そして、真剣な朱子学者は、常に精神を「天理」に集中し、決して「私欲」に動かされることなく、心に「主」がある状態を一瞬のとぎれもなく維持しようとした。この極めて禁欲的な自己統御の努力（それを「居敬《きょけい》」と呼ぶ。「現世内的禁欲」？）を、単に「現世への順応」だと切り捨てるのであろうか。

さらに、野口会員は、儒教を奉じる中国の官僚について、「秩序維持の合理主義」のもと、「不幸や病気といった苦難への「同感の感受性」は抑えつけ」るというヴェーバーの説を引き、次のように述べる。

（前略）ウェーバーがここで問題にしているのは、「対立のないこと」を強調する社会であるにもかかわらず、あるいはむしろそうであるがゆえに、「同感の感受性」が切り詰められるという連関である。怒りや悲しみ、あるいは恨みといった激しい情念が社会統合を妨げるということではなく、逆に「怒りも興奮もない」、冷静な（nüchtern）社会における共感や連帯の困難さが浮かび上がる。（『比較のエートス』一〇四頁）

しかし、儒教における枢要の徳は周知のように「仁」である。そして「仁」とは人を愛することである（「樊遅《はんち》、仁を問う。子曰く、人を愛す。」『論語』顔淵《がんえん》）。そして「仁」の徳を培うために「恕」（おもいやり）を心がけるよう強調される。正に、「同感の感受性」であろう。

そして、旧中国の一地方を統治する「知県」「知州」は、しばしば「民の父母」と呼ばれ、またみずからそう称し、「民」への情的な共感が期待される存在であった。[13]慈愛に満ちたはずの **paternalism**（パターナリズム）兼 **maternalism**（マターナリズム）だったのである。にもかかわらず、野口会員は、彼等を「憤りも偏りもなく（**sine ira et studio**）」職務を遂行するいわゆる「官僚」だとするウェーバーの説を引き、彼が、「家産制と近代の差異ではなく、両者に通底するもの」を問題にしていたとする（『比較のエートス』一〇七頁）。

しかし、中国のいわゆる「官」は、ヴェーバーの接したドイツ帝国の官吏とは大きく異なる。まして、現代日本の市役所の窓口に座っている公務員とはまったく異なる。[14]典型的な「官」である「知県」「知州」は、中央から派遣され、数年の任期で（自分の故郷を除く）任地を統治し、転勤をくりかえす政治家であり、税務署長兼警察署長兼検察官兼裁判長である。彼は、任地において、その下に信頼できる官僚組織を持たない。地方政府の吏僚（「胥吏《しょり》」）は、役所を訪れる人々から徴収する手数料で生活する地元民である。そして、彼は、自費で雇用した政策・実務秘書（「幕友《ばくゆう》」）の助言を得つつ、指導力・交渉力・文章力・演技力をもって、地域の名望家（「郷紳《きょうしん》」）等の勢力と、競合しつつ協力して、一地方を統治するのである。

にもかかわらず、野口氏は、ヴェーバーによる中国と西洋近代の「官僚制」の比較を、あたかも的確で有意義な比較であったかのように、こう述べる。

このような観点から、「儒教とピューリタニズム」を読んでみれば、それは、どちらかの優位性を確認し、固定的な従属関係を形成するのではなく、それぞれがその相手方に照らして自らの型を浮かび上がらせ、相手方の疑わしさを突きつけると同時に、自らの側の疑わしさをも晒すような比較の研究であり、そうであるから相互の関係を開きながら、豊かにするような実践として読むことができるのではないか。（『比較のエートス』一四一頁）

しかし、「比較」する対象の少なくとも一方が、概して、ヴェーバーの偏見と想像力との所産でしかないとすれば、それを「比較」といえるのだろうか。それが「相互の関係を開きながら豊かにするような実践」であろうか。疑問である。

野口会員のお考えをお聞きしたい。

（二）ジェンダー

ヴェーバーが、「倫理」「精神」「デーモン」「情熱」「権力」等について語る時、それを持つ人は、男性であるように読める。彼は、それらを語る時、女性のことも考えていたのか、疑わしい。例えば、『プロテスタンティズムの倫理と資本主義の精神』においては、ごく僅かな「性」や結婚について触れた個所を除き、論じられているキリスト教の信者たちは、宗派を問わず明らかにすべて男性である。さらに、例えば、「ピューリタンは Berufsmensch（仕事人間・職業人）で**あろうとした。**我々はそう**であらざるをえない。**」（*Gesammelte Aufsätze zur Religionssoziologie*, I, S.203.『プロテスタンティズムの倫理と資本主義の精神』岩波文庫、一九八九年改訳、三六四頁）という時、その我々 wir に、女性が含まれているか、大いに疑わしい。

これに対し、「明示的には女性に触れていないが、男性と女性で、信仰や倫理に区別・差異があるとは考えなかったのだ」という解釈もあるかもしれない。しかし、例えば「禁欲的な職業倫理」を持つ男性の妻は、夫と同じ「禁欲的な職業倫理」を持ったのだろうか。小工場主の妻であった女性にとって、そもそも何が Beruf（職業）だったのか。妻や母親という役割が Beruf であって、それを「禁欲的な職業倫理」をもって遂行することが期待されたのか——そのような疑問を、ヴェーバーは一切提起しない。そもそも彼の頭には、疑問として浮かばなかったのであろう。

今野会員が時に皮肉を交えて言う、ヴェーバーにとって望ましい「主体的人間」とは、実は「主体的男性」にすぎないであろう。[15] つまり、「人間」の約半数の話にとどまる。[16] そして、戦後日本において、ヴェーバーを「近代人」「近代的な強い自我」を学ぶ模範（「聖マックス」！）とした人々も、女性のことはほとんど考えていなかったであろう。

ヴェーバー自身、フェンシングを好み、学生時代には「決闘」して負傷し、常に「騎士道」に好意的な人物だった。彼は、その風貌・態度・言動のすべてにおいて、（ゲルマン風の？あるいはブルシェンシャフトの大先輩風の？）「男らしさ」を自他（その両親を含む）に証明しようとし、誇示していたのではないだろうか[17]。現に、彼は、賛辞としてためらいもなく「男らしい」**männlich**と言う[18]。では、女性については、何が賛辞となるのだろうか。

彼が時に女性の社会的活躍を応援したのも[19]、単に、女性を庇護する（「騎士」のような）「男らしさ」の表示ではないだろうか。

今野会員によれば、「彼の鍵概念こそ「闘争」**Kampf**」（『マックス・ヴェーバー』ⅱ頁）である。そして、野口会員の著書は、『闘争と文化――マックス・ヴェーバーの文化社会学と政治理論』（みすず書房、二〇〇六年）（元になったドイツ語の著書は、***Kampf und Kultur: Max Webers Theorie der Politik aus der Sicht seiner Kultursoziologie***）と題されている。（当人の思い込みにおける）「男らしい」闘争精神が、彼の人間観、政治観[20]、国際政治観[21]、そして学問観を、貫いているのである。

二つの作品は、ヴェーバーの性別観念に関し、少しは指摘している（今野『マックス・ヴェーバー』二一、六一～六四、二〇二頁及び、野口『マックス・ウェーバー』一一〇～一一一頁）。しかし、その学問を、逐次ジェンダーの観点から見直す作業はなされていない。ヴェーバーの業績の評価に、ジェンダーの視角を意識的に加えると、どういうことになるのか。また、女性の視点からヴェーバーの作品群を読み直すと、どのようなことが言えるのか。両会員のお考えを伺いたい。

（三）妥協とユーモア

ヴェーバーは一般に悲劇的な「緊張」や「闘争」として事柄を描き出すことを好む。その苛烈な「現実」に目を背けるのは、感傷的な「文筆家ども」の態度である。

ヴェーバーによれば、この世には、「地上における人間対人間の不可避の永遠の闘争」という「基本的な事実」がある（「国民的＝社会的な政党の結成によせて」[22]）。しかも、一般に、各人は「その人の人生の糸を握っているデーモンを見つけ、そのデーモンに従う」（野口雅弘訳『仕事としての学問　仕事としての政治』講談社学術文庫、二〇一八年、八七頁）べきであり、その「デーモン」間は、突き詰めれば両立不能の「神々の永遠の闘争」（同書七六頁）に至る。

実際、（キリスト教的意味での）「現世」に住む人は、多数の価値系列――それぞれ、ひとつひとつを見れば義務を負うているように見えます――の間の闘争以外のものをもともと経験することができないのです。そのような人は、これらの神々のいずれに、またはいつ一方の神に、いつ他方の神に仕えんと欲し、仕えるべきかを選ばねばなりません。しかしそのときには、彼はつねにこの世のある神にたいする闘争に、あるいはいくつかの他の神々にたいする闘争にはいるのです。（「二つの律法のはざま[23]」）

それ故、彼において、政治とはなによりも「闘争」である。そして国家とは正統的な暴力の独占体である[24]。政治家も、みずからの「デーモン」に憑かれ、「Sache（対処すべき事柄）への情熱」に燃えた闘争者である（うまく「闘争」に勝利するには、対象への「距離感」も必要だとはするが……）。

それ故、彼は、自分の信じる「デーモン」が偽物である可能性を認め、対立する相手への敬意を忘れずにその意見を傾聴し、常に「妥協」点を見出そうとすることが、政治家として望ましい資質だ、などとは言わない。「相手の信じる価値にも、一理あるのかもしれない」という自己疑問も要請しない。「闘争」を休止して、**to agree to disagree**（不同意であることに同意すること）も勧めない。多分、「男らしい」男にとって妥協とは弱さの表れであり、「妥協的」態度を軽蔑し、忌避せざるを得ないのである[25]。

これに対し、例えば、二〇世紀後半の英国を代表する政治学者、バーナード・クリックによれば（Bernard Crick, *In Defence of Politics*, 1962）、「政治とは、自由な人々の公共的活動のことであり、自由とは、公共的活動から離れたプライヴァシーのことである」**Politics are the public actions of free men. Freedom is the privacy of men from public actions.**（p.18）。政治とは所詮暴力と権力の問題だ、などとはクリックは考えない。暴力は、政治の本質ではなく、むしろ政治の失敗であり、破綻なのである。一九世紀から二〇世紀半ばまでのドイツと英国の政治を比較するならば、ヴェーバー説こそ冷徹にして「現実的」だ、などと言って済ませるわけにはいくまい。

実際、ヴェーバーのような政治観の下、ヴェーバーの描くような議員たちが集合したならば、平和的な議論や交渉は難しそうである。そもそも、全員が確乎たる価値意識に基づく確乎たる意見を始めから持って党派を形成しているならば、選挙結果が出た時点で党派間の勝敗は確定し、議論をする意味はない。議論をして、相手の説にも一理あることを認めて反省し、自分の意見を改めるという可能性がないのだから。つまり、様々の価値が両立不能にして共約不能であり、かつ各人がその価値に強く執着するならば、つまり、皆が独善的にして頑固であるならば、究極的には（少数派を鎮圧するか、少数派が叛乱するかの）暴力沙汰になるほかはない。

ところで実は、妥協は価値観がいかに異なる同士でも可能である。お互いが冷静に損得を計算し、妥協した方がましだと思えば、合意は成立する。「悪魔」とでも、妥協は可能である。実際、十六、十七世紀のヨーロッパの宗教戦争も、異なる信仰の対立は暴力で解決できず、結局は妥協する他ないことを教えたのではないか。まして、政党内と政党間の妥協と取引のない議会政治など、ありえまい。

ちなみに、アーネスト・バーカー **Sir Ernest Barker**（1874-1960）[26] は、その論文 **"The Education of the English Gentleman in the Sixteenth Century"**（in *Traditions of Civility*, Cambridge University Press,1948.）（「十六世紀のイングランド紳士の教育」）において、十六世紀以来、イギリス人は、スポーツと政治において（なお、両者はどこかでつながっているという）、**the ideal of the amateur and unflurried grace of action**（アマチュアと落ち着いた悠然たる行動の理想）を懐き続けてきており、政治家が **intelligent amateurs**（聡明なアマチュア）であることを好むと指摘している（p.149）。政治家は、高踏的で、非情熱的である方が良いというのである。

これに対し、第一に、ヴェーバーは、遊戯性より「緊張」を好み、高踏的であるより「即物的」**sachlich** であることを求め、「ディレッタント」を嫌う。しかし、多領域において「ディレッタント」であるとは、視野が広いということではないだろうか。

第二に、専ら政治のために生きるのではないということは、精神に余裕があるということではないだろうか[27]。広い視野と精神の余裕とを持てば、対象と自己とを共に相対化することもできるであろう。したがって、sense of humor（ユーモアのセンス）も持てるであろう。ユーモアのセンスを持ち、open-minded（心が広い）で、余裕のある態度で議論し、時に柔軟に意見を変え、時に巧妙な妥協点を見出そうとする政治家こそ、議会政治に適しているのではないだろうか[28]。そして、そのような人（あるいは、そのようなポーズを取ることを好む人）こそ、（「Sache への情熱」に取り付かれて血走った眼をした人などよりも）本当に「主体的」なのかもしれない。おそらく、「主体性」にも種類があるのである。

なお、遠山隆淑《たかよし》会員の『妥協の政治学――イギリス議会政治の思想空間』（風行社、二〇一七年）は、イギリスのウィッグの伝統における「妥協」への高い評価を紹介している[29]。そして、その関連についての詳しい説明はないものの、同書のエピグラフで「ヒューモアの感覚」に触れている（ちなみに、ヴェーバーには、sense of humor は無いのではないか。彼は、他人について揶揄と皮肉は述べたが、自分自身をも笑うような冗談は言わなかった、あるいは言えなかったのではないか。お二人のヴェーバー研究には、この重要な問題に明示的な言及はないようである[30]）。

おそらくヴェーバーの政治観と政治家観は、当人の自己理解に反して、実は根本において反議会政治的であり、つまりは反民主主義的である。

違うだろうか。両会員のお考えを、お伺いしたい。

（1）なお、佐藤俊樹「新世紀Max Weber――野口雅弘『マックス・ウェーバー　近代と格闘した思想家』（中央公論新社、二〇二〇年）　今野元『マックス・ヴェーバー　主体的人間の悲喜劇』（岩波書店、二〇二〇年）」（『UP』五七八号、二〇二〇年一二月）は、両書を比較しつつ、ヴェーバー研究者の立場から、明快に評している。

（2）そのことに違和感を覚えて、次のように主張する人もいる。「それにしても今野のように、一人の思想家を考えようとするとき、本人自身がその思想を公的に表現するべく著したテキストを読むのではなく、むしろ人物像を多様なコンテクストにおける雑多なエピソードや、宛先によって用語自体の意味が特殊に変移する書簡などの言葉に還元して、その片言隻句の方から自分好みの物語を思いのまま組み立てる（「伝記論的転回」?!）のでいいのか、それとも、本書のようにまずは残された思想・学問上のテキストを内在的・相互参照的に読み込むことから始めるべきなのか、ここには根本的な学問方法観の対立があると思います。」（中野敏男『ヴェーバー入門――理解社会学の射程』ちくま新書、二〇二〇年、二六七頁。括弧内も原文のまま）。しかし、ある人の伝記を書こうとする時と、その人の思想・学問を体系的に再構成しようとする時とは、方法が異なって当然である。それは、「根本的な学問方法観の対立」ではなく、その時の執筆意図の相違にすぎないのではないか。実際、多数の書簡が残っているにもかかわらず、それを「宛先によって用語自体の意味が特殊に変移する」からといって利用しない伝記など、ありえないであろう。

（3）例えば、以下の如し。丸山眞男「戦前における日本のヴェーバー研究」（一九六五年）（『丸山眞男集』第九巻、岩波書店、一九九六年）。野口雅弘「日本のウェーバー研究における「普遍」の問題」（『政治思想研究』第六号、二〇〇六年。後、同『比較のエートス――冷戦の終焉以後のマックス・ウェーバー』法政大学出版局、二〇一一年に収録）。Wolfgang Schwentker（野口雅弘ほか訳）『マックス・ウェーバーの日本――受容史の研究一九〇五―一九九五』（みすず書房、二〇一三年）。宇都宮京子ほか編『マックス・ヴェーバー研究の現在』（創文社、二〇一六年）。佐藤俊樹『社会科学と因果分析――ウェーバーの方法論から知の現在へ』（岩波書店、二〇一九年）。

(4)ヴェーバーは、同じヨーロッパに生きるポーランド人の農民をさえ「野蛮」と感じた人である(参照、今野元『マックス・ヴェーバーとポーランド問題――ヴィルヘルム期ドイツ・ナショナリズム研究序説』東京大学出版会、二〇〇三年、三七~四〇、四四、八一頁等)。(アメリカ合衆国訪問はいとわなかったものの、)中国やインドの人々と直接に接すること自体、おそらくその(彼のいう)「文化」の低さ故に嫌悪したであろう。

(5)*Gesammelte Aufsätze zur Religionssoziologie*, I, S.276. ヴェーバーが読んだのは、James Legge(後に、オックスフォード大学中国学教授)の原文との対訳である。同書は、例えば、「君子」を a man of complete virtue、the superior man、the scholar、the accomplished scholar、the student of virtue、a man of real talent and virtue 等と訳し分ける。訳注は付されているが、「君子」という漢字さえ読めない読者が、これで「君子」という一つの概念を把握できたか疑問である。

(6)但し、「翻訳された資料」に導かれたこのような論文は問題提起の補足に過ぎないと、一応、弁明している。*Gesammelte Aufsätze zur Religionssoziologie*, I, S.237.

(7)例えば、野口雅弘『闘争と文化――マックス・ウェーバーの文化社会学と政治理論』(みすず書房、二〇〇六年)「第Ⅲ章　権力政治と西洋近代――マックス・ウェーバーの比較文化　社会学におけるカウティリヤとマキアヴェリの差異を手がかりにして」では、カウティリヤ『実利論』の成立がヒンドゥー教的秩序原理と関連しているというヴェーバーの説が、肯定的に詳しく紹介されている。しかし、中国における韓非子などの「法家」のえげつない権謀術数論は、カウティリヤなど(まして、マキアヴェリなど)たわいないと思わせるすさまじさである。こちらは、いったい、どう説明することになるのだろうか。

(8)現在、東アジアでは普通「宗教」とは考えられていない儒学を、religion の一種と一部の西洋人が見做すようになった経緯については、次を参照。Anna Sun, *Confucianism as a World Religion: Contested Histories and Contemporary Realities*, Princeton University Press, 2013. また、「宗教」という日本語の形成(後に、中国語・韓国語にもなった)については、次を参照。渡辺浩「「宗教」とは何だったのか――明治前期の日本人にとって」(『東アジアの王権と思想(増補新装版)』東京大学出版会、二〇一六年)。

(9)それ故、今でも「儒教は宗教か」「神道は宗教と言えるのか」などと問われることはあるが、「キリスト教は宗教か」という問いのなされることはない。キリスト教のようなものを「宗教」と呼ぶのであるから。

(10)そもそも、「近代資本主義」が何故ヨーロッパで真っ先に成立したのか、という問題設定の下に非ヨーロッパを眺めれば、ヨーロッパにあった諸原因が非ヨーロッパには無かったからだということになるのは当然である。そこでは、例えばまったく別の諸原因の組み合わせが「近代資本主義」を生み出すかもしれないという可能性は当初から排除されている。その結果、ヴェーバー没後、非ヨーロッパで「近代資本主義」が急速に発達する国々が出現すると、ヴェーバー的前提に立つ欧米人は、その都度、その「意外さ」と「特異性」に驚くことになった。また、ヴェーバーが『経済と社会』で考案し披露してみせた様々な道具としての概念は、少なくとも日本の歴史を分析し記述するのにはほとんど役に立たない。無理をすれば、サイズの合わない既製服を強引に着せているような結果となる（例えば、池田昭『ヴェーバーの日本近代化論と宗教――宗教と政治の視座から』岩田書院、一九九九年）。

（11）同様に、中野敏男氏も、『儒教と道教』の「儒教の合理主義は、現世への合理的順応を意味した。ピューリタニズムの合理主義は現世の合理的支配を意味した。」（*Gesammelte Aufsätze zur Religionssoziologie*, I, S.534.）などという言葉を、少しの留保も批判も無しに、引用している。註2前掲書、一三二頁。

（12）儒学者が、「道理」に反する現状を変革しようと繰り返し試みながらなかなか成果が挙がらず、不断に苦悩していたことについては、例えば、次を参照。Thomas A. Metzger, *Escape from Predicament: Neo-Confucianism and China's Evolving Political Culture*, Columbia University Press, 1977.（中国語訳、一九九〇年）

（13）例えば、次を参照。山本英史『赴任する知県――清代の地方行政官とその人間環境』（研文出版、二〇一六年）。

（14）しかも、行政学・経営学の研究が明らかにしているように、実際には、「近代的官僚制」内部の彼等・彼女等も、決して「機械のように」「憤りも偏りもなく」仕事をしているわけではない。処理すべき事案には個性があり、規則には常に解釈の幅がある。彼等は、喜怒哀楽を経験しつつ、それなりに臨機応変に対応し、それなりに創意工夫もしているのである。そのような執務態度が必須であり、そうでなければ、仕事はうまく回らない。ヴェーバーの「官僚」像は、Idealtypus（イデアルテュプス、理念型）というよりは、（皇帝と軍隊と官僚制が一体となって議会を敵視するドイツ帝国の状況への批判意識から、ともかく官僚は政治的指導者に向かない、と言いたかった彼の）「お役所仕事」に関するstereotype（ステレオタイプ、固定観念）と言うべきではないか。
　また、ヴェーバーは、「官僚は、自分の意見と喰い違う命令を受けた場合には、異議を申し立てることができるし、また申し立てるべきである。だが、上司が自分の指令を固執して譲らないならば、下僚としては、あたかもその指令が自分の本来の信念と一致しているかのようにそれを遂行し、そうすることによって職務にたいする義務感が自分の信念よりも重要であることを示すのが、官僚の義務であるばかりか官僚の名誉でもある。」（「新秩序ドイツの議会と政府」、前掲『政治論集』三六六頁）という。これは、（財務省近畿財務局に勤務していた赤木俊夫氏のように）国民への強い責任感を持ち、それ故に上司に従うべきか法令に従うべきかで公務員が悩むということを否定し、ともかく「上司」の命令に従って、法令にも違反せよ、虚偽をも述べよ、公文書偽造をもせよという、（一部の公務員が説く）卑屈な「役人道」の主張に近い。それは、突き詰めれば、エルサレムでの裁判におけるアイヒマンの理屈にも繋がりそうである。官僚制とはヴェーバーの言うようなものだと、例えば大学教員が公務員志望の学生に教えることに問題は無いであろうか。

(15)「筆者の定義によれば、主体性を有するとは、自分が誰か、何処にいるのかを明確に把握した上で、自分の進路を自主的に、そして自覚的に決定しようとする状態を意味する。ヴェーバー社会学の用語に即していえば、主体性を確立するということは政治主体が自分の行動を「合理化」しようとすることであるといってもよいだろう。」「ヴェーバーは、主体性を有する政治主体同士は「闘争［Kampf］」の状態にあるのが正常であると考えていた。」（前掲、今野元『マックス・ヴェーバーとポーランド問題——ヴィルヘルム期ドイツ・ナショナリズム研究序説』二三〇、二三一頁）。そして、「ヴェーバーは男性である自分の主体性と、先鋭化する知的女性の主体性とが、ややもすると衝突する虞があることに、本能的に気付いていたのである。」と指摘している（今野元『マックス・ヴェーバー——ある西欧派ドイツ・ナショナリストの生涯』東京大学出版会、二〇〇七年、三四二頁）。

(16) なお、ヴェーバーにおいては、主体的な強い個人が担うからこそ強い国家が実現するはずであった。その意味で、主体性や自律の尊重とナショナリズムとが結合していた（前掲、今野元『マックス・ヴェーバー——ある西欧派ドイツ・ナショナリストの生涯』一一三、一八一頁）。福沢諭吉の「一身独立して一国独立す」（『学問のすゝめ』三編、一八七三年）に似た発想である。そして、どちらも女性の「一身独立」は考えていない点でも、共通する。

(17) 註1に引いた書評において、佐藤俊樹氏は、「彼自身が語るほど、ウェーバーは一つの原理に一貫して従う人間ではなかった。強い人間ではなく、むしろ強い人間だと思われたい人間だった。」と評している（四〇頁）。

（18）例えば、中村貞二ほか訳『政治論集』（みすず書房、一九八二年）七五、八八頁。したがって、少なくとも政治の場において、「女性的な」「男らしくない」は非難あるいは侮蔑の語である。同書一九二、三四八頁。

（19）前掲、今野元『マックス・ヴェーバー——ある西欧派ドイツ・ナショナリストの生涯』三四〇～三四三頁。

（20）「あらゆる政治の本質は、のちにもしばしば強調することだが、闘争であり、同志と自発的追随者を徴募する活動である。」（「新秩序ドイツの議会と政府」、前掲『政治論集』三七九頁。

（21）ヴェーバーによれば、ドイツ帝国が第一次世界大戦を遂行する理由は、次のとおりである。「その理由は、もしわれわれが臆病と怠惰からこの義務（註「権力国家になる義務」）を忌避していたら、後世と同世代にたいして恥をかいただろうという点にあります。わが民族の名誉がそれを命じたのです。名誉のために、地図の書きかえや経済的利潤の変更のためではなく——このことを忘れてはなりません——ドイツは戦争しています。」（「ヨーロッパ列強とドイツ」、前掲『政治論集』二〇〇頁）

（22）前掲『政治論集』六七頁。

（23）前掲『政治論集』一六四～一六五頁。

（24）なお、実は、「正統性」など無くても、強力で安定した政治権力は可能である。参照、渡辺浩「「御威光」と象徴」、『東アジアの王権と思想（増補新装版）』（東京大学出版会、二〇一六年）。

（25）但し、ヴェーバーも次のように述べたことがある。「指導的政治家も議会選出の指導者も、当然、妥協しなければならないような、つまり、重要なことをやり遂げるために重要でないことを犠牲にしなければならないような局面に立たされる。」（「帝国憲法第九条の改正」、前掲『政治論集』二三七頁。「新秩序ドイツの議会と政府」同書三六六頁もほぼ同様）。しかし、この表現の示すように、彼にとっては、巧い「妥協」点の発見こそが良い政治であるわけではなく、単にやむを得ざる譲歩なのである（一方で、「内部構造に地域的・社会的・宗派的等々の激しい対立を抱えているいっさいの大衆国家においては、大半の法律は妥協にもとづかざるをえない。」と認めているにもかかわらず、である。「新秩序ドイツの議会と政府」、同書四二五頁）。

（26）彼の著書、*Political Thought in England from Herbert Spencer to Today*（1915）（堀豊彦・杣《そま》正夫訳『イギリス政治思想4——H・スペンサーから一九一四年まで』岩波書店、一九五四年）、*Reflections on Government*（1942）（足立忠夫訳『現代政治の省察——討論による政治』勁草書房、一九六八年）、*Essays on Government*（1945）、*Principles of Social and Political Theory*（1951）（堀豊彦・藤原保信・小笠原弘親訳『政治学原理』勁

草書房、一九六九年）等は、一九六〇年代でも、日本の政治学者にとって、なお必読書であった。
（27）ヴェーバーも、政治家に「貴族主義的」性質が必要だと述べたことがあるが、それは主として、資産があって、「経済的経営のための仕事に時間を奪われ」ず、「現実の利害闘争から隔たっている」ことが望ましいからに過ぎない。「ドイツにおける選挙法と民主主義」、前掲『政治論集』二九一〜二九九頁。
（28）Albert O. Hirschman, *A Propensity to Self-Subversion*（Harvard University Press, 1995）所収の"Opinionated Opinions and Democracy"も、終始一貫確乎たる意見を持つことばかりを賛美することを批判して、異なる意見との議論の中で自分の意見を変更する intellectual openness, flexibility, and readiness to appreciate a new argument（p.82）の必要を強調している。
（29）但し、同書が「妥協の政治学」について、「第一次世界大戦を経て現代デモクラシーが成立したのち、政治思想の舞台から突如として姿を消してしまった。」（二一一頁）とするのは、誤りであろう。クリック等のイギリス政治学者だけではなく、ハンス・ケルゼン Hans Kelsen（一八八一〜一九七三）も、「あらゆる交換、あらゆる契約は妥協である。何となれば妥協とは一致調和することを意味するから。多数決原理がまさに議会主義の組織内で政治的対立の妥協、調停の原理として認められるゆえんは、議会の実際を一見すればすぐに分ることである。」（『デモクラシーの本質と価値』一九二九年／西島芳二訳、岩波文庫、一九六六年改版、八六頁）と述べている。遠山会員が、「妥協の政治学」が「つきつめれば「数」を至高の決定原理に置く現代デモクラシーとは、政治的決定観が根本的に異なる政治的思考なのである。」（二一一頁）とするのには、同意できない。
（30）ちなみに、杉田敦会員は、その著『政治的思考』（岩波新書、二〇一三年）で、政治においては、様々な意味で「距離」をとることが重要であるとし、さらに次のように指摘している。「よくいわれることですが、ユーモアとは自分に対して距離を置くことができるような態度と関係しています。深刻な問題であっても、少し距離を置いてみれば、たかだかこの程度の問題だということで、気持ちが少し軽くなる。それがユーモアでしょう。そう考えてみると、実は政治や外交にはユーモアが必要なのかもしれません。」（同書一九〇〜一九一頁）。

☆新型コロナウイルス感染症蔓延のため、リモートによって開催された日本政治学会年次大会の分科会「書評ラウンドテーブル　政治学から見る等身大の Max Weber」（二〇二一年九月二六日）における報告である。日本政治学会員には、ネット上で公開された。本書収載にあたり、一部の英語、ドイツ語には日本語訳を添え、極く僅かな語句を補足し、新たに表題を付した。

　分科会の司会は作内由子氏で、報告者は水谷仁氏と私だった。今野元、野口雅弘の両氏も討論者として参加された。学会においては、年齢や立場にかかわらず、基本的に相互に「〇〇会員」と呼ぶのが慣例であるので、文中でもそれによっている。

V

丸山眞男を紹介する

27 丸山眞男――「市民」による政治の実現をめざした知識人

丸山眞男（一九一四～一九九六）は、第二次大戦後の日本を代表する学者・知識人・思想家である。彼を論じた書は、（国内外合わせて）既に少なくとも四〇冊に及び、年々増加している。戦後日本には類例が無いであろう。

彼の主な知的活動は、第一に、彼が東京大学法学部において担当した日本政治思想史（当初の科目名は「東洋政治思想史」）にかかわる。特に荻生徂徠や福沢諭吉の思想の斬新な解釈は、学界の動向を大きく変えた。第二に、いわゆる日本ファシズムの分析である。「超国家主義の論理と心理」（一九四六年）を始めとする一連の論文は、その構造と動力学を知的に解明することによって克服しようとする情熱に支えられ、広範な読者に感動と衝撃を与えた。それは、戦後日本における政治学の再出発の号砲でもあった。第三に、国内外の政治の考察を基礎になされた、政治をより良いものにするために何をなすべきか、特に日本人はどう変わるべきなのかといった問題にかかわる論考である。しかも、彼は、市民の自己統治としての民主政治を実現するために、みずから一市民として様々に行動した。その影響は、学界外にも広く及んだ。

彼は、様々な思想的立場を（否定を通じてでも）「歴史的に位置づけるような中核あるいは座標軸に当る思想的伝統」が日本では形成されなかったと指摘したことがある（『日本の思想』）。しかし、実は、戦後日本思想史においては、彼自身が相当程度そのような存在になった、とおそらく言ってよいのである。

その著作等は、『丸山眞男集』（十七冊）、『丸山眞男講義録』（七冊）、『丸山眞男書簡集』（五冊）、『丸山眞男座談』（九冊）、『丸山眞男話文集』（四冊）等に収められ、アジア・欧州の諸言語にも翻訳されている。また、その旧蔵書・草稿類は、東京女子大学図書館丸山眞男文庫において整理の上、逐次公開されている。

☆初出、日本学術会議（編集協力）『学術の動向』第一六七号（日本学術協力財団、二〇一〇年二月）。自然科学者も多い日本学術会議関連の読者のために、丸山眞男の紹介文を書くように依頼されて執筆した文章である。なお、副題は編集部が付したものである。本書収録にあたり、極く一部語句を補足した。

28　丸山眞男生誕一〇〇年を迎えて――丸山眞男『日本政治思想史研究』に寄せて

丸山眞男は、近代日本を代表する知識人の一人として著名です。自由主義的にして民主主義的な思想家として、また、「日本ファシズム」を鋭く分析した政治学者として、学界外に及ぶ多くの読者を得、大きな影響を与えてきました。

しかし、丸山の本職は「日本政治思想史」の研究です。日本人が政治をめぐって、どのように思索し思考してきたかを、深くさかのぼって明らかにしようという、歴史学と政治学が交わる分野です。そして、その分野における主著が、この『日本政治思想史研究』です。一九五二年に刊行され、第二六刷に達した後、新装版が一九八三年に刊行されました。刊行後既に六十年余り、それでも本書への需要は尽きることがありません。東京大学出版会の誇る、ロング・ベスト・セラーの一つです。

本書は、丸山が二十歳代（!）に書いた次の三編の論文からなります（雑誌論文としての初出は、一九四〇年から四四年）。主な主題は、徳川時代の儒教思想です。

「近世儒教の発展における徂徠学の特質並にその国学との関連」
「近世日本政治思想における「自然」と「作為」――制度観の対立としての――」
「国民主義の「前期的」形成」

本書が刊行された一九五〇年代において、徳川儒教など、既に（あるいは、その時期だからこそ、ひときわ）古くさい、地味なものでした。それについて、細密な、しかも光彩陸離たる分析を加え、思いがけない結論に至るこれらの作品は、その後の丸山の学問と思想の展開の基礎をなしました。このような基礎を持つことが、単に西洋の最新学説を輸入して紹介することを使命と心得ていたような多くの近代日本の知識人とは異なる、重みと深みとを、丸山に与えていたと思われます。

本書は、学術書であると同時に思想書です。それは、高踏的な立場から、日本の過去を断罪するようなものではありません。逆です。「近代」とは何か、「近代」への歩みを妨げるものは何かを問いつつ、この日本でも自主的な進歩への確かな芽が育っていたことを証明しようとした、切なる希望の書です。とりわけ、一九三〇―四〇年代の愚かしい狂信の嵐に翻弄された、初期の読者たちは、本書に込められた希望のメッセージに接して、未来に向けて励まされ、胸の熱くなる思いをしたのではないでしょうか。

本書は、その刺戟によって多くの新しい研究を導き出しました。また、厳しい批判をも巻き起こしました。その意味で、半世紀以上、日本思想史研究の推進軸となってきました（中国・朝鮮儒学史の研究にも甚大な影響を与えました）。

しかも、本書は、英語・フランス語・中国語・韓国語に翻訳され、外国の人々に、日本でも興味津々たる政治思想の流れがあったことを知らせる重要な役割をも、果たしてきました。チェコの青年が英語版を読んで衝撃を受け、日本思想史の研究を志すに至ったという実例もあります。

未だ読んでいらっしゃらないのでしたら、本書に取り組んでみることをお勧めします。

☆初出、『パブリッシャーズ・レビュー』五（東京大学出版会、二〇一四年五月）。
東京大学出版会の編集者に、丸山眞男『日本政治思想史研究』を一般の読者に紹介する文章を書くように依頼されて、執筆したものである。

29 「学問は野暮なものです」

丸山眞男先生の御専門は、「日本政治思想史」でした。そう言うと、「日本に政治思想なんかあるの?」と訊く人さえいます。しかし、あるのです。しかも、独創性に満ち、深い示唆に富む歴史を織りなしてきた、それが。

その上、例えば、江戸時代の絢爛たる儒学政治思想史が無く、その中から産まれた国学・洋学の思想が無ければ、あのような「明治維新」――それは世界史上の大事件です――は起きなかったでしょう。福沢諭吉がいなかったら、近代日本のかたちはおそらく違っていたでしょう。そして、丸山眞男自身の思想も、多くの日本人・外国人の心に衝撃を与え、今も与え続けています。政治思想や政治学の研究自体が、政治思想としての意味を、往々持ちます。

時の権勢を誇る人よりも、黙って思索を深め、静かに机に向かって書いている人が、結局は歴史を変える。そういうことが、良かれ悪しかれ、この世には本当にあると思います。伊勢の松坂で穏やかに暮らしていた、和歌が大好きな町医者――あの本居宣長ほどに「危険」な人が、徳川時代にいたでしょうか。

軽やかな流行は、また、軽やかに過ぎ去って行きます。しかし、時代を見つめつつ、野暮を承知で、人間の、社会の、歴史の、根本的な諸問題を、改めて真剣に考えぬいていくとき、そこに、人々を深い所で啓発し、徐々に動かしていく思索が生まれることがあります。人生は「洒落」でもなく、「戯れ」でもないのですから。

かつて丸山先生は、私に、「学問は野暮なものです。野暮を恐れてはいけません。」と言われました。私は、正にそのようなことを指摘されたのだと理解しています。そして、東京女子大学図書館丸山眞男文庫は、そうした野暮にして深い思索の一例をじっくりと辿るための宝庫だと信じています。

あなたも、一度、そこを訪れてみませんか。

☆初出、『東京女子大学　学報』（東京女子大学、二〇〇二年一〇月）。
東京女子大学の広報紙に執筆した文章である。極く一部、語を補った。

30 丸山眞男における「原理」・「主体」・「秩序」[1]

はじめに

本稿は、丸山眞男の日本政治思想史に関する主要な論文を取り上げ、そこに示された「原理」（丸山において、「理念」とほぼ同義である）と、「主体」（「自我」と意味が近い場合がある）と、「秩序」（「主体」を包摂する「集団」と表現される場合もある）という三つの観念の関係について論じるものである。

取り上げるのは、主として次の四論文である。

①「近世儒教の発展における徂徠学の特質並にその国学との関連」（一九四〇年）『丸山眞男集』（岩波書店）第一巻所収
②「近世日本政治思想における「自然」と「作為」」（一九四一年）同第二巻所収
③「忠誠と反逆」（一九六〇年）同第八巻所収
④「闇斎学と闇斎学派」（一九八〇年）同第十一巻所収
（以下では、順に、「第一論文」「第二論文」等と呼ぶ。）

ただし、考察にあたっては、他の論文や、東京女子大学「丸山眞男文庫草稿類デジタルアーカイブ」において公開された資料をも用いて補足する。

本稿は、例えばこれらの論文に現れた儒教理解、あるいは朱子学・徂徠学・闇斎学等の理解が、どれだけ正しいのかを論じようとするものではない。徳川日本における朱子学の位置についての説明がどこまで正確かを論じようというのでもない。対象理解の当否を論じるのではなく、対象の取り上げ方と論じ方に示された丸山の思想的意図を探ることが目的である。その意味で、本稿は、研究者としての丸山というよりは、主に思想家としての丸山を論じ、その意味での丸山に関する理解の深化を目指すものである。

第一・第二論文と、第三論文、そして第四論文は、執筆の年が大きく離れている（それぞれ概ね二十年を置いて、四十年に及ぶ）。執筆時の日本と国外の状況も大きく異なる。しかし、表題に挙げた三つの（丸山自身が用いている）概念の相互関係を分析することによって、丸山がその間に持続した思想的苦闘を整理して示すことができるのではないか、というのが本稿の見通しである。

（一）［原理＋秩序］→主体

丸山によれば、朱子学では、「宇宙の理法と人間道徳が同じ原理で貫かれ」（第一論文、第一巻一四四頁）ている。しかも、「物理は道理に対し、自然法則は道徳規範に対し全く従属し」（同一四八頁）、「自然歴史文化の一切が道徳的至上命令の下に立っている」（同一四九頁）。これは、一種の「自然法思想」（第二論文、第二巻一二頁）である。

ではこの自然法は実定的な社会秩序に対していかなる関係に立たしめられるか。一般に自然法は実定的秩序と関係づけられるや否や一つの **Entweder-oder** の前に立たせられる。即ちそれは自然法の純粋な理念性を固守することによって、実定的秩序に対する変革的原理となるか、それとも自己を全的に事実的社会関係と合一せしめる事によって、それの永遠性を保証するイデオロギーとなるかいずれかである。(同一三頁)

そして、朱子学は、その後者であるとされる。朱子学は、「純粋な超越的理念性」が「甚だしく稀薄」であり、「規範と現実的事態との間隙を規範の側からたえず埋めて行こうとする衝動が内在している」(同)(引用にあたって、丸山による傍点は省いた。以下も同じ。)というのである。

徳川時代初期の代表的な朱子学者と丸山が考える林羅山について、丸山はこう説明する。

……という羅山における自然法の窮極的意味が現実の封建的ヒエラルヒーをまさに「自然的秩序」として承認することにあるのは当然であろう。そうして朱子学に内在するこの「自然的秩序」の論理こそ勃興期封建社会に於て朱子学を最も一般的普遍的な社会思惟様式たらしめたモメントであった。(第二論文、二巻一四頁)

(……は、引用者による省略を意味する。以下も同じ。)

つまり、原理・理念・規範に沿って現実の秩序が構成される方が望ましいのだが、朱子学では、原理が既成の秩序に埋没し、その秩序に人が随順《ずいじゅん》するように教えられる、そして徳川日本においては、それが現実だった——丸山はそう理解しているわけである[(2)]。

この構造は、

［原理＋秩序］↓主体

と図示できよう（本稿で、↓は、存立の論理的順序もしくは統制・制御の関係を意味し、［ ＋ ］は、カッコ内に含まれた二者が一体化していることを意味する）。

そして、この、理念と秩序と主体の関係を転倒したのが、荻生徂徠だと、丸山は考える。

（二） 主体↓［原理＋秩序］

丸山によれば、「社会秩序が自然的秩序として通用しうるのは、当該秩序が自然的秩序として見える限り」にすぎない。

社会関係が自然的な平衡性を失い、予測可能性が減退するや、規範乃至《ないし》法則の支配は破れる。規範はもはやそれ自身に内在する合理性のゆえに自から妥当するのではない。いまや誰が規範を妥当せしめるのか、誰が秩序の平衡を取戻し、社会的安定を回復させるのかが問われねばならない。かくて社会規範の妥当根拠を確実にするためにも、政治的無秩序を克服するためにも危機的状勢に於て登場するのは常に主体的人格の立場である。(第二論文、第二巻一八〜一九頁)

秩序に内在し、秩序を前提していた人間に逆に秩序に対する主体性を与えるためには、まずあらゆる非人格的なイデーの優位を排除し、一切の価値判断から自由な人格、彼の現実在そのものが窮極の根拠でありそれ以上の価値的遡及を許さざる如き人格、を思惟の出発点に置かねばならぬ。(同四七頁)

そして、丸山は、「主体的人格」としての「聖人」が「道」を作為したのであり、その「道」によって秩序を実現するというのが荻生徂徠の構想だと理解する。徂徠の考える「聖人」とは、「あらゆる非人格的なイデーの優位を排除し、一切の価値判断から自由な人格、彼の現実在そのものが窮極の根拠でありそれ以上の価値的遡及を許さざる如き人格」だというのである。そして、徂徠学の出現は「封建社会」の危機の表現であり、しかも、その崩壊を予兆するものだとして高く評価する。価値・理念を超越した主体の出現が重要であり、彼(等)が理念や原理を生み、あるいは選びとり、それに基づいて秩序を実現するというわけである。この構造は、

主体→[原理+秩序]

と図示できよう。実際、徂徠においては、「道」とは、「原理」や「価値」と秩序とが一体化したものである。言い換えれば、「義」の込められた「制度」の体系が「道」である。

なぜこのような構造の出現が、望ましいのか。

それは、秩序に対する個人の主体性は、まず、「絶対君主」において自覚されると考えるからである。「絶対君主こそは自己の背後になんらの規範的拘束を持たずして逆に一切の規範に対する主体的作為者の立場に立った最初の歴史的人格」（同四三頁）だからである。そして、そのような「主体的人格」が一般化するとき、「作為的秩序思想の完成形態としての社会契約説乃至機械観」（同）が成立すると考えるからである。

こうして「封建的ヒエラルヒー」を覆す論理的可能性を秘めた（と丸山の理解する）荻生徂徠（寛文六〔一六六六〕～享保一三〔一七二八〕）の新しい儒学体系の出現を、丸山は高く評価したわけである。

丸山によれば、「秩序を単に外的所与として受取る人間から、秩序に能動的に参与する人間への転換は個人の主体的自由を契機としてのみ成就される」。さらに、「個人的自主性なき国家的自立」はありえない。福沢諭吉のいうように、「一身独立して」こそ、「一国」も「独立」するのである（「福沢に於ける秩序と人間」一九四三年。第二巻二二〇、二二一頁）。

このような議論は、そこだけを取れば（これらの論文の執筆時に戦争を遂行していた）国家を一層強力にするために「主体的」個人たれと、読者を鼓舞する主張のようにも取れないことはない。おそらくそれ故に、この時代であっても発表ができ、政治的な攻撃の対象にもされなかったのであろう[3]。またそれ故に、二十世紀末頃に「国民国家」を憎悪する立場から批判の対象ともなったわけである。

しかし、丸山としては、おそらく、第一・第二論文等において、権威主義的支配からの解放と、自由で民主的な政治社会の実現への希望を密かに込めて、語っていたのである。その実現の前提となる胎動が日本にもかつてあったと言いたかったのである。そして、当時の、そして敗戦後の少なからぬ読者たちは、この（暗い、哀れな、情けない）日本でも「欧米なみの」「近代」がありうるのかもしれない、という抵抗と希望のメッセージを敏感に察知して、丸山の議論に感激したのであろう（したがって、それは、「先進国」である日本は、他のアジア諸国と違ってこのように自生的に「近代」の芽を育んでいたという御国自慢などではない。執筆時の日本の政治体制と「皇国史観」の支配への屈折した抵抗だったのである）。

（三）原理→主体→秩序

しかし、国民国家を形成し、自由で民主的な政治を実現する主体は、理念や原理や規範を超越しているのだろうか。「自己の背後になんらの規範的拘束を持たずして逆に一切の規範に対する主体的作為者の立場に立」つのだろうか。およそいかなる規範に縛られず、専ら自分が規範を「作為」するという個人たちが集まって、自由で民主的な政治や公正で平等な社会を実現することができるだろうか。

第三論文は、占領軍の力によって制度的には一応の自由化と民主化が実現した状況において、このような疑問に答えるという面を持っている。多分、丸山も、一切の理念や規範を超越した「主体的人格」という概念の危険性に気付いたのであろう。

この論文における丸山は、権威や「大勢」への単なる同調や随順を批判する。しかしそれだけでなく、「たんに外的束縛からの自我ののっぺりした解放感の享受」（第三論文、第八巻二六七頁）をも批判する。さらに、「あらゆる被縛感《ひばくかん》を欠いた自我の「物理的」な爆発、肉体的な乱舞」（同二七六頁）や、「もともと忠誠の相剋《そうこく》や摩擦のダイナミズムの減退を背景に生まれた」「のっぺり反逆」（同二七二頁）も評価しない（いずれも、「戦後」の精神状況の一面を想起させる形容である）。

では、どのような忠誠や反逆が望ましいのか。

（真の、主体的な）忠誠と反逆は、それぞれ「被縛性と自発性とのディアレクティッシュな緊張」（同二七六頁）、「自我の内面的規制と陶冶《とうや》」（同二七二頁）から生まれる。[4] そのような「緊張」をはらんだ主体に担われなければ、「革命運動」さえも、単なる「同調と随順」によるものとなって「形骸化」する（同二七一〜二七二頁）。丸山は、そう語っている。

ここで、「被縛」は悪い意味ではない。主体においては、「被縛性の契機と自主性の契機とがつねに結びついて」いる（同二七〇頁）べきなのである。

では、ここにおいて主体を「縛る」ものは何か。彼は、本論文冒頭でこう述べている。

この稿では忠誠も反逆もなにより自我を中心として、——自我を超えた客観的原理、または自我の属する上級者・集団・制度など、にたいする自我のふるまいかた、として捉えられる。

（同一六四頁）

すなわち、主体を「縛る」ものとは、「自我を超えた客観的原理、または自我の属する上級者・集団・制度など」である。

そして、

原理→主体→秩序

というのが、ここで示唆されたあるべき構造である。第二論文で描かれた「自己の背後になんらの規範的拘束を持た」ない「絶対君主」的な主体に代わって、「規範的拘束」を鋭く意識した主体が登場し、今度は、原理と主体との序列が転倒したのである。

勿論、ここでも、「原理」を実現しようとする「自我の属する上級者・集団・制度」への忠誠はありうる。そこでは、「秩序」の下に主体があるようにも見える。しかし、それは、「原理＋秩序」→主体という、第一節で述べた構造とは異なる。原理を主体が引き受け、自分のものとしているが故に、それを前提にして秩序・集団への忠誠が生ずるのである。したがって、その秩序・

集団がある時点において原理に反していると考えるならば、そこには秩序・集団への反逆、さらにはそれらを体現する人格への反逆が生じることになる。原理への忠誠が、秩序への忠誠に優先するのである。

すなわち、まず各人がその「自我を超えた客観的原理」によって縛られていることを意識する。そして、それに従い、それの実現に向けて、粘り強く現実の秩序に働きかける。その際、現実の秩序を変革しようとする集団に自ら属することもありうる。しかし、場合によっては、既成の秩序やそれを支える人々のみならず、それを変革しようとする集団や組織に対しても、原理に照らして「反逆」することを辞さない。

また、始めは、原理と秩序を一体化して眺めていた主体が、原理と秩序のずれに気づき、そこから、原理を現にある秩序から「剥離」させ、原理を原理として意識して秩序に働きかけるようになる、ということもありうる。(5)

これは、高邁な理念を現実化するために各人が努力を続ける美しい社会の像かもしれない。そのようにして、徐々に理念が現実に結晶化されていくのかもしれない。例えば、その「原理」や「理念」が、「民主主義」や「基本的人権」であるならば、それで大いに結構であるようにも見える。

しかし、何が「真の」「正しい」「民主主義」であるかについて、意見・信条が分かれることもありうる。さらには、まったく異なる「客観的原理」に縛られていると考える人もいるかもしれない。例えば、万人がイスラームのシャリーアに従って生きるべきだと信じる人もいるであろう。逆に、イスラームはすべてぺてんであり、それが存在しない世の中を実現すべきだと信じる人もいるであろう。そのような人々が、それぞれに「客観的原理」の実現のために努力し、「反逆」も辞さないとなれば、何が起きるだろうか。
「客観的原理」に自分が「縛られ」ていると信じる「原理」主義者たちの間では、どちらが正しいかを穏やかな論争で決定するのは困難であろう。正しいか否かを判断する共通の基準が何であるかについてさえ、合意できないかもしれない。まして、自分の判断でほどほどの中間的立場で妥協するなどということも難しいであろう。つまりは、「宗教戦争」になりはしないだろうか。血みどろの世界観闘争に陥る危険は無いだろうか。

(四) [主体+原理] →秩序

丸山の第四論文は、このような疑問にある程度答えるという意味を、おそらく持っている。この「己れの人格を「道」学に賭けた崎門派《きもんは》」(第一一巻二九六頁)を対象とした第四論文の問題意識を、丸山は、こう説明している。

こうして経験的検証の不可能な教義やイデオロギーをめぐる論争は、どうしても人間あるいは人間集団を丸ごと引き入れるような磁性を帯びることになる。それは、関与者の知的・道徳的水準によっていかようにも矮小化され、あるいは醜悪な相を帯びるかもしれない。しかし教義＝イデオロギー論争のすさまじさを単に嘲笑し、あるいは自分はそうした厄介な問題には無縁だと信じられるのは世界観音痴だけである。その凄絶さから目をそむけずに、右のような磁性に随伴する病理をいかに制御するかが、およそ思想する者の課題なのである。

（同二四六頁）

つまり、丸山によれば、「およそ思想する者」は、「教義」「理念」「原理」の対立によって起きる「病理」を制御しつつ、その生き方を貫くべきなのである。そして、丸山は、何らかの「教義」「イデオロギー」「世界観」を信じ、それに「人格」を「賭け」るという生き方に共感しつつ、そこに生じうる「病理」を、この論文で考えようとしたのである。

もっとも、崎門では、その「教義」とは儒教であった。その儒教の「上下尊卑《そんぴ》親疎《しんそ》という差別原理」「親疎遠近の倫理」こそが、「世界中どこに住み、どのような具体的状況にいても、人間は個人として不可侵の人権をもっているという思想の定着を近代に入ってからも執拗にはばんだ」（同二七三頁）と丸山は考える。そうである以上、崎門の信条内容自体に丸山の同情はない。

しかし、日本では、朱子学は、その普遍的妥当性を両班たちが信じてまったく自分たち自身のものとした朝鮮朝と異なり、（それ自体の当否以前に）外来の思想であることを理由として、往々排斥された。そのような「特殊主義」**particularism**は、近代日本でも根強い。それ故、闇斎学派の苦闘は、近代日本において（キリスト教やマルクス主義を含む）西洋由来の「原理」を摂取し、実践しようとしてきた人々の苦闘と重ね合わされ、その寓話となる。本論文は、次の文章で結ばれている。

けれども、この行き過ぎによって闇斎学派は、日本において「異国の道」――厳密にいえば海外に発生した全体的な世界観――に身を賭けるところに胎まれる思想的な諸問題を、はからずも先駆的に提示したのではなかったか。そこに闇斎学派の光栄と、そうして悲惨があった。（同三〇七頁）

つまり、丸山はここで、特に「海外に発生した」原理を信じ、その原理に「賭けた」主体が、他の主体とどのように関わればよいのか、そしてどのように秩序と関わればよいのかを、模索しているのである。直接には過去を論じながら、同時に「戦後デモクラシー」の原理に「賭けた」「思想する者」として、その時代の日本の思想状況に向き合い、あるメッセージを読者に伝えようとしているのである。

こうして、丸山は、闇斎学派の思想内容には嫌悪を感じながらも、同時に、彼等の苦闘に共感し、同情し、尊敬さえしているように見える。(6) 闇斎学派は、親分と子分の人格的融合ではなかった。教師と弟子たちとの仲良しクラブでもなかった。そこを評価するのである。大勢順応や、「のっぺりした解放感」や、「自我」の「肉体的乱舞」や、「のっぺり反逆」よりは、時には「絶交」を、時には厳しい世界観闘争を、「『真の』道への忠誠」（同二六四頁）自体を尊ぶが故に、多分、丸山は選ぶのである。

ところで、第三論文で、丸山は、「忠誠loyaltyの概念を拡張すれば、自我のそれ自らへの忠誠――いわゆる自己にたいする忠実さというような意味も含めることが可能である」（第八巻一六四頁）と述べている。

しかし、丸山は、何の原理も理念も無い、単なる「自我のそれ自らへの忠誠」「自己に対する忠実さ」は、評価しないであろう。それは、その時その時の自分の心や、情《じょう》や、欲のままに振舞うことが「自己に対する忠実」であり、最も「誠実」な態度だという考え方であり、感じ方である。国学者のいう「直《なお》き心」はそれに近い。そして、「のっぺりした解放感」や、「自我の肉体的乱舞」にも接近する。

丸山は、既述のように、あくまで「自我を超えた客観的原理、または自我の属する上級者・集団・制度など、にたいする自我のふるまいかた」について語る。しかし、ここで「自我を超えた客観的原理」というのは、そのようなものが実在し、それは人類誰もが承認せざるをえない妥当性を持つという意味ではないであろう。丸山はそのような価値絶対主義者ではない。したがって、「客観的」とは、「自我」の「外」に元来は存在するという意味であろう。そして、その「外」なるものを、意識空間において「上」にあるものと思い描き、「自我を超えた」と表現するのであろう。

だが、ここには一つの疑問がある。それは、とりわけ自由な社会においては、そのような「自我を超えた客観的原理」を信奉するか否かも、実は、その「自我」が選択し、決めるものではないだろうか、という疑問である。

勿論、当の「自我」は、その「客観的原理」自身が自分に迫り、自分を捉えたと観念するかもしれない。しかし、当人の意識にかかわらず、複数の「原理」が併存し、あるいは共存し、あるいは闘争している状況にあっては、そのいずれかを「自我」が信奉するのは、「自我」の側の選択と解するほかないのではないだろうか。現に丸山は、闇斎学派について、「道」に、「人格」を「賭け」、あるいは「身を賭け」、あるいは「全人格を賭してコミット」（第十一巻二四七頁）したと表現している。原理が人格を捉えたのではなく、人格がある原理に自らを投企したのである（なお、丸山は、主体が自ら新たな「理念」や「原理」を形成し、構成し、創造することについては、少なくともこの四論文では語っていない。それらは、既成のものとして論じられている）。

だとすれば、原理や理念への忠誠とは、それを選び、それに「賭け」た「自我」自身への「忠誠」ということにもなるであろう。そして、それに基づいて、現実の秩序に働きかけるということになるのであろう。

この関係を図示すれば、結局、

［主体⇅原理］→秩序　あるいは、［主体＋原理］→秩序

となる。

そこで、主体あるいは自我は、自らをある原理や理念に「賭け」る。そして自分自身の選んだ

原理や理念に「忠誠」たらんとする。それが同時に自己に「忠誠」であるということになる。それ故、その原理や理念に背いた時、人は自責の念にかられることになる。さらには、自己の崩壊すら感じることになるであろう（その後、別の原理や理念に「賭け」直すことについては言及がない）。

丸山は、第四論文では、第三論文と異なり、原理による「被縛性」について語っていない。それは、原理が一方的に人を「縛る」という表現に、やや問題を感じるようになったことを示唆するのではないだろうか。そして、丸山の「原理」「主体」「秩序」をめぐる生涯をかけた模索は、結局、この［主体＋原理］↓秩序という構造と、それがもたらす困難性とある種の崇高性の提示に行き着いたのではないだろうか。

おわりに

丸山は、日本の思想史の単なる観察者ではない。まして、過去の思想を「現代」の高みから嘲笑したり、冷笑したりはしない。彼は、現在から出発して過去に溯り、もう一度現在に戻って来る。(7) 彼の生きていた、その時その時の日本の思想と政治の状況を見据えつつ、そこに生きる読者たちに、過去の「思想する者」たちの軌跡を示して、あるいは激励し、あるいは忠告し、あるいは警告していたのである。その意義は、色褪せていない。

(1) 本稿は、二〇一四年七月二十四日にソウルの峨山《アサン》政策研究院で行った報告「丸山眞男の儒教解釈について」を大幅に改訂し、増補したものである。

(2) 丸山は、この二論文執筆後も、この問題について思索を続け、その意味を明確化しようとしている。例えば、「日本における儒教の変遷」(熱海セミナー報告、一九七四年三月)(丸山眞男文庫草稿類デジタルアーカイブ資料番号406-1、九〜一〇頁)(講演の速記に丸山が詳しく修正を加えたもの)では、この点について、次のように述べている。「同じく儒教といっても、まず第一に、儒教の教義なり概念なりについての内容的な理解が、その社会においてどこまで広く、また深く存在したかということと、それから第二に儒教のなかの伝統的な範疇たとえば、五倫五常とか、天の道とかいった範疇が、ある時代の人々に共通した世界認識の道具としてどの程度まで用いられたかということとは、やはり区別しなければなりません。経典を読む人が少なかったからといって、また経典の理解の程度が浅薄だったからといって、必ずしも第二の意味で儒教の「影響」が大きいものではなかった、とはいえない。さらに、儒者の社会的位置がどうであったかということと、儒教のイデオロギー的影響ということも、必ずしも同じ問題ではない」。おそらく丸山は、この第二の意味においては、儒教が一貫して徳川日本において重要な「影響」力を持っていたと考えるのであろう。

(3) 後に陸軍統制派の指導者となる、永田鉄山(一八八四〜一九三五)は、つとに一九二〇年、次のように述べたという(以下、川田稔『浜口雄幸と永田鉄山』講談社選書メチエ、二〇〇九年、二二一〜二二四頁による)。「我が国民性を観察するに、……往々にして堅忍持久、隠忍苦節を持するというような緩燃性《かんねんせい》に欠くるおそれがある。また家族制度の下に養成された自然の結果でもあろうが、依頼心強く自治自律の念に乏しいように思われる。おまけに外的律法の下に制縛的に訓育せられているため、自覚に欠け責任感が十分でない点があるように思われる。」(「国防に関する欧州戦の教訓」一九二〇年)。そして、「これらの日本人の欠点は、また欧米人の長所」であり、「彼らは大戦において、日本人には欠けているそのような自主独立の精神、個人の自覚に裏打ちされた責任の観念、それに基づく強靭かつ堅忍不抜の心的持久力」を持っているという。

(4) ここで「陶治」という語がなぜ用いられるのか、一見疑問であるかもしれない。それについては、例えば、丸山眞男文庫草稿類デジタルアーカイブの「「忠誠と反逆」関係資料　原稿草案(未発表七枚)」(資料番号667-5、作成一九五〇年代後半)が参考になる。そこでは、『労新』(『労働者新聞』一九二二年)に掲載された国定忠治を題材とした講談(それは、「斬取り強盗も極僅かの人達の迷惑で大勢の人達が助かる」として正当化している）を例にとって、「それはまさしく明治社会主義の志士仁人《ししじんじん》が大きな期待をかけた大衆的な騒擾《そうじょう》と暴発が志士仁人の指導なしに「直接」に自らの口を開いた姿であった。したがってそうした「反逆」は組織的陶冶も「理論」による訓練もふくめて、およそ一切の拘束をはねのけようとする。……やがてこうしたアノミー状況から発する激情的「反逆」はマルクス主義的政党と組合の「指導」の下におかれる。けれどもそれは職場の反逆を「積分」した組織化では必ずしもなく、むしろ指導者によって、象徴的操作の「客体」として上からとらえられたものであった。したがって、マルクス主義の教えた原理への忠誠が大衆的基盤で定着するに至らないままに、そうした直接性はファシズム段階における「産報」による組織化に吸収されて行ったのも怪しむにたりない。」と述べられている。ここにいう「組織的陶冶」とは、組織的に運動を展開するにあたって必要な、主体的であってしかも自らを規律する精神や態度を養うことを意味するのであろう。

（5）幕末について、丸山眞男文庫草稿類デジタルアーカイブ「「忠誠と反逆」草稿断片」（資料番号179、作成一九五九年）で、丸山はこう指摘している。「幕府や藩主への「反逆」を志士たちが合理化しえた根拠は必ずしも幕府や藩主の行動が天皇への忠誠に反したという点にだけ求められたのではなかった。幕藩体制がすでにパースナルな主従的結合をこえて高度に組織化され、この組織への忠誠が儒教的な原理によって合理化されていたことが、まさに幕府や藩主の「失政」によって、原理への忠誠を組織への忠誠から剝離することを可能にしたわけである。」

（6）実際、晩年の丸山の自宅の応接間には、朱熹の詩の拓本が飾られていた。彼にとって、朱子学がただ「封建的」な忌まわしい思想であったなら、そのようなことをしたはずはあるまい。

（7）一般に、丸山は、日本語で書く時は外国人の読者を想定しないようである。外国の思想状況は、日本とは異なる。それ故、丸山の思想家的側面が、日本人と外国人に同時に語りかけることを、難しくしているのではないだろうか。

☆初出、東京女子大学丸山眞男記念比較思想研究センター編『二〇世紀における知識人と教養――丸山眞男文庫デジタルアーカイブの構築と活用』、二〇一七年三月。
丸山の蔵書・草稿類は、没後、すべて東京女子大学に寄贈され、「東京女子大学丸山眞男記念比較思想研究センター」（通称、丸山文庫）が設置された。本稿は、同文庫の関係者による、同文庫のデジタルアーカイブ（ネット上に公開されている）を利用した共同研究の論文集に収載されたものである。本書への収録にあたって、極く一部の表現・表記を改めた。

31　丸山眞男『政治学　一九六〇』解題

『政治学　一九六〇（丸山眞男講義録第三冊）』（東京大学出版会、一九九八年）

本書については、今後、丸山眞男の他の主要な諸作品同様、様々な角度から論じられることになるであろう。その際にありうる誤解を避けるため、本書の性質・内容に関する基本的な事項を以下に注記する。

（一）底本

（1）凡例に記したように、本書の主たる底本は、丸山が、東京大学法学部における一九六〇（昭和三五）年度冬学期の「政治学」の講義（一九六〇年一〇月から一九六一年二月まで）のために準備した講義草稿である。その態様は、以下の通りである。

ルーズリーフノート（パイロット万年筆株式会社製十八孔薄型ルーズリーフノート）三冊。

Ｂ５判、一頁が二九行のルーズリーフ。ブルーブラックのインクで、原則として開いたノートの右面にのみ筆記。往々、左面・欄外にも筆記。

第一冊（第一講・第二講）
紺色ビニール表紙。六八葉（内五葉は、半分ないし三分の一に裁断したもの）のルーズリーフ。他に最後に七葉、挟み込まれている。
ごく一部赤色・青色のボールペンによる加筆と修正。これは、差し込まれた草稿の一部と同じペンによると思われるので、後述する教養学部での講義の際のものであると推定される。

第二冊（第三講）
暗緑色ビニール表紙。四二葉。途中、中江兆民の文章の抜き書きが四葉、挟み込まれている。
ごく一部、第一冊と同じく、赤色・青色のボールペンによる書き込みがある。

第三冊（第四講・第五講・第六講）
黒色ビニール表紙。五七葉（内一葉は、小さく裁断したもの）。他に、途中に一葉、最後に八葉（内一葉は、小さく裁断したもの）、挟み込まれている。

なお、本講義草稿には、「カード参照」等と記され、その部分は、別に用意されたカードを利用して講義がなされたと推測される個所が、第二講に一個所、第四講に三個所ある。しかし、残念ながら該当するカードは未発見であり、利用できなかった。〔第一刷校了後、そのカードが発見された。付録二一七頁以下参照。〕

（2）また、これも凡例に記したように、丸山自身が一部分校閲し、加筆・修正を施した「プリント」をも、本文作成のために利用した。「プリント」は、学生による講義筆記ノートをガリ版刷にしたもので、戦前から、東大法学部の特に聴講者の多い講義については、各種作成・販売されていたものである。コピー機械が存在しなかった当時、とりわけ講義の一部あるいは全部に出席しなかった学生の期末試験準備には、便利なものであった。

その態様は、以下の通りである。

『丸山先生　政治学』（一）　表紙に「昭和三六年一月刊　東京大学出版会教材部」序論から第四講の一まで。「はしがき」に「三五年一二月二三日の御講義までを収録致しました」と記されている。「はしがき」の筆者名は「東大出版会教材部・法学部編集委員」。B5判、一一九頁。

『丸山先生　政治学』（二）　表紙に「昭和三六年二月刊　東京大学出版会教材部」第四講の二から「結語」まで、「はしがき」（筆者名は、第一分冊と同じ）に、「二月三日の四時間目の御講義まで収めました」とあり、さらに、「熱心に編集して下さったK君に感謝致します」と記されている。おそらく、両分冊とも、この「K君」の筆記ノートが（少なくとも主な）底本になったのであろう。

B5判、六〇頁。

丸山は、発売後これを入手し、第一分冊について、二冊（以下、甲本・乙本という）に、部分的に、加筆・修正を施した。

第一分冊の甲本（加筆・修正は、概してかなり詳細。「プリント」のコピーであるのでおそらく一九七〇年代以降。）

序論・第一講の始めから一の終わりまで（七頁）。同三と四（八頁）。

第二講四の途中二頁（但し、ここは計一三字の修正もしくは挿入に過ぎない）。

第四講の始めから一の冒頭二頁、一の最後の部分三頁。

第一分冊の乙本（加筆・修正は、極めて簡略。）

第一講の始めから一の終わりまで（三頁）。

第四講一の冒頭四頁。

（3）講義当時、法学部の学生だった熊野勝之氏は、大学ノート一冊に講義を筆記した。全てで九一頁。丸山は、一九九二年二月にこれを借り受け、その最後の部分三頁（第五講の最後の部分から結語まで）に、かなり詳細に、加筆・修正を施した。これも、利用した。

(4) 丸山は、一九六五(昭和四〇)年度、通年(といっても、同年四月から一二月まで)、週一回の、東京大学教養学部文科三類(主として、文学部・教育学部に進学する)の一年生を対象とした「政治学」の講義を行った。その講義を当時学生として聴講した厚東《こうとう》洋輔氏・渡辺弘道氏の筆記ノートも参照することができた。これにより、この講義は、全く新しいものではなく、ほぼ一九六〇年度の法学部における「政治学」の講義草稿と『政治の世界』(一九五二年。『丸山眞男集』第五巻所収)とを利用してなされたこと、同講義草稿に差し込まれた簡略なメモの一部は、この講義のためのものであったこと、またこの講義の際、一九六〇年度の講義草稿の一部に加筆がなされたらしいこと等が判明した。

(二) 編集の方針と方法

以上の材料に、以下のような編集の方針と方法を以て、臨んだ。

(1) 本文は、主に上記講義草稿に拠って作成した。その際、講義草稿への丸山自身の後からの加筆と推定される部分も、一切区別しなかった。厳密な区別は困難だからである。

プリントと熊野ノートの、丸山自身の筆跡による加筆・修正部分、および、加筆・修正のある頁と同頁で加筆・修正部分のごく近くにあり、明らかに丸山が読み、しかも修正を加えなかったと判断される部分については、講義草稿と基本的に同等の資料価値があるものとみなした。そして、講義草稿と、加筆・修正部分等が重複している場合には、両者(一部については三者)を読み比べ、趣旨が最も詳細・明確に述べられていると思われる文を本文とした。そして、煩雑になることを避け、どこがどこから採った部分であるかを一々注記することはしなかった。

この作業を行った部分は、異なった時点で書かれた丸山の文の合成となったわけである。しかし、それでよいと判断した。何故なら、第一に、丸山は、プリントとノートに加筆・修正する際に、自分の講義草稿との照合は、明らかに行っておらず（そのため草稿に比して記述が大きく簡略化している場合もある）、したがって、加筆・修正された部分こそを最終稿とするというのは、適当ではないからである。第二に、しかし、加筆・修正部分の方が詳細で明快な場合も確かにあり、これを全て無視するのも惜しいからである。第三に、かといって、二つ、あるいは三つの本文を列挙・並列して、敢えて読みにくい書物にする必要があるほどに内容的な差異があるとは思えないからである。

かくして、本書は、講義草稿そのままの活字化ではない。講義草稿は、往々、順序も錯綜し、欄外への記入もしばしばあり、したがってそのまま活字化することは、厳密には不可能である（厳密に草稿そのままであることを目指すならば、全て写真版にするしかない）。草稿に書かれていることを、講義で話されたであろう順序に並べるためにも、プリント・筆記ノートの利用は必要であった。

一方、本書は、一九六〇年度の講義で実際に語られたこと、あるいはそこで語られるはずであったことの再現の試みでもない。それも、不可能であった。プリントには、明らかな聞き違いもあり、（例えば草稿に記述がない部分について）それを底本とするというのは、危険である。しかも、丸山の、プリントや筆記ノートへの加筆は、一部に止まり、しかも不完全なままに終わった。彼は、自分の講義草稿でなく、聴講者のノートに加筆・修正を加えて刊行することをくりかえし試みた。おそらくそれは、草稿は所詮話すためのメモであり、実際に教室で語ったことこそが講義の内容であり、したがって、学生のノートを一種の口述筆記とみなし、これを利用して書物にすることが望ましいと考えたからであろう。しかし、その企ては、完成しなかった。しかも実のところ、草稿の方が、多くの場合、詳細なのである。

ただ、凡例にも記したように、草稿には記載があるが、前後の関係とプリント・筆記ノートの記述とからみて、講義ではおそらく話されなかったと判断される部分については、二字分下げて印刷に付した。また、特に必要と思われる個所については、参考までに、〔　〕内にプリントから引用した。

以上のようにいくつかの意味で、本書は、中間的な方針に拠っている。それは妥協ともいえる。しかし、適切な妥協であると信ずる。

（2）表記については、次の方針を採った。

講義草稿では、多数の西洋語が、片仮名でなく、アルファベットで記されている。それは、時には厳密な学術用語であることを示唆しているようでもあり、時には外来語を便宜的に原綴りで記しただけのようでもある（また、field と場、follower と随行者、rank and file と卒伍のように、翻訳語と相互置換的に筆記されている場合もある）。これを全て草稿のままにすることはせず、現代日本語の文章としてなるべく読み易いように、適宜、片仮名表記に改めた。

その場合、control, factor, Ideologie, image 等、既に日本語になっていると考えられる語は、始めから片仮名に改めた。event のように日本語にもなっているが、通常の日本語での意味とはずれがあると考えられる語は、初出において原綴りを示し、あとはイヴェントと片仮名表記にした。actor（actors）, attitude, contextual のように、そのまま片仮名に改めると日本語としては不自然であるか、かえって読みにくいと考えられる語は、原綴りのままとした。いずれにせよ、丸山自身が日本語の訳語と相互置換的に用いている場合でも、編者が訳語に統一するようなことは、しなかった。

なお、第三講に頻出する「リーダー」と「リーダーシップ」という二つの語は、草稿では、ほとんど単に「L.」と表記されている。編者の判断で、「リーダー」もしくは「リーダーシップ」と改めた。

仮名遣い・送り仮名は、原則として講義草稿に拠っている。しかし、草稿自体でも必ずしも一貫していないので、今日の慣用に従って一貫させたり（例えば、「〜して行く」は、「〜していく」と改めた）、草稿で相対的に多い表記法に揃えたりした（例えば、「対して」は、「たいして」に揃えた）。形式を整え、なるべく読み易くするためである。

（3）引用ないし引照されている書物については、適宜、書誌的事項を加え、訳書が現在までに出版されている場合は、読者の便宜を考え、それも付記した。

（三）「政治学」講義の位置

（1）東京大学法学部において丸山眞男は、「東洋政治思想史」（一九六七年度より、「日本政治思想史」と改称）の講義の担当者だった。広い意味での政治学の科目の一つで、法学部（三、四年生が在学する）の学科に準ずる区分、第一類私法コース・第二類公法コース・第三類政治コースのどの学生にとっても（必修科目ではなく）選択科目（四年生対象）であった。その彼が、一九六〇年、即ちその春に日米安全保障条約の改定をめぐる運動が大きく昂揚した年の冬学期に、狭い意味での「政治学」即ち政治原論の講義（第二類・第三類の学生にとって必修科目。三年生対象）を担当したのは、偶然である。戦後、前年まで担当していた堀豊彦が、一九六〇年三月に停年退官し、担当者がいなくなったからである。法学部の恒例により、講義担当者の決定は、前年の秋には行われたと思われる。したがって、いわゆる安保闘争の昂揚と、丸山の「政治学」講義担当に、関連はない。なお、翌一九六一年には、同僚の辻清明《つじきよあき》が担当し、その後は、岡義達《おかよしさと》（一橋大学教授）が担当した。岡は、一九六四年四月には東大に異動し、丸山退職以後まで在職したから、結局、丸山の東大法学部における「政治学」講義の担当は、ただ一度となったわけである。

　講義は、当時の授業時間表によれば、月曜日の第三時限（午後一時から二時五〇分まで）と、金曜日の第二時限（午前一〇時二〇分から一二時一〇分まで）の週二回、法文二号館二階の六〇〇人以上を収容する大教室、三一番教室で行われた。同教室は、劇場のように高い天井と二階席を有し、床面は前方に向けて緩く傾斜し、正面には舞台を思わせる高く広い教壇がある。丸山は、その中央の教卓に上記のルーズリーフ・ノートを拡げ、春の「安保闘争」における行動によって一段と著名になった「あの」丸山眞男が政治について何を語るのかと、固唾を呑んで待ちうける黒い学生服の学生たち（当時の東大法学部には、女子学生は——いても——学年に数名だった）の鋭い視線を浴びつつ、ゆっくりと話し始めたのであろう。参考文献の紹介から始まった講義は、回を重ね、第一回の講義（一〇月）の時、真緑の葉を繁らせていた窓外の銀杏も、最後の講義（二月始め）の時には、その黄葉をすべて散らし終えていたことであろう。そして、その間に、浅沼稲次郎社会党委員長が演説中に右翼少年によって刺殺され（一〇月一二日）、米国ではケネディが大統領選挙に当選し（一一月八日）、衆議院選挙があり（一一月二〇日。当選者、自民党二九六名、社会党一四五名、民社党一七名、共産党三名）、池田勇人内閣が「国民所得倍増計画」を閣議決定していた（一二月二七日）。同年九月には、NHK・日本テレビ等がカラーテレビの本放送を開始している。東京の大半が焦土だった敗戦の日から数えて、一六回目の秋と冬の時期であった。

（2）東京大学法学部の「政治学」の講義は、政治学の原論を内容とすることが予定されている。すべての（広い意味での）政治学系の科目の中心として、政治という現象に対する体系的な基礎的理解をもたらすことがねらいである。

しかし、丸山の「政治学」講義を、俗にいう「丸山政治学」の基礎理論・原理論などとみなすのは、おそらく適当でない。それは、少なくとも二つの意味においてである。

第一に、本講義は、概ね、主体↓集団↓指導↓政党と単線的上向的に理論展開しているようにも見える。しかし、実は必ずしもそうではない。各講の間の関係、各講の中の節の関係、そして時には節の中での論点の移動にも、理論的「必然性」は必ずしもない。政治一般にかかわる一貫した理論体系を構築しているというわけではないのである。たとえば、丸山自身の『政治の世界』(一九五二年)に比してもそうであり、その後の「政治学」専担者、岡義達の『政治』(岩波新書、一九七一年)と比較すればさらにそうである。(たとえば)「権力というものだけを一元的に基本的な基礎概念として組み立てていくということは、必ずしも現代の政治状況の分析の上に有効でない」、「権力の運動法則というものを追究する」「純粋政治学」といったものは成り立たないのではないかと、本講義の年に丸山は語っている(「政治学の研究案内」『経済セミナー』一九六〇年五月号。高畠通敏との対談である。『丸山眞男座談』四、岩波書店、一九九八年)。たとえば、宇野弘蔵のマルクス経済学における、「純粋資本主義」に関する「経済原論」のような体系を目指したわけでは、そもそもないのであろう。

第二に、本講義は、丸山の政治現象にかかわる一切の知見を位置付ける大きな枠組みとなっているというものでもない。確かに政治にかかわる一般命題が、具体的な例とともに、次々と紹介されてはいる。その意味で、丸山の全著作の中で最も長大な「政治原論」である。しかし、だからといって、この「原論」が、彼の諸作品を統括する要めだとは言い難い。本講義の「理論」を具体的な政治現象に「応用」した結果、彼の「超国家主義」等の分析が流出してきたわけでもない。仮に、「丸山政治学」というものがあるとしても、それは、何らかの抽象的理論体系の上に構築された政治に関する知識の構造などとしてあるわけではないのである。

それでは、本講義は、その中にいう「市民の日常的立場からの操作的な政治学」(第二講1)、「一般市民(コモンマン)の日常的立場からの操作的 operative な政治学」(結語)なのであろうか。あるいは少なくともそれを目指したものであろうか。上に引いた対談で丸山は、「いかに大衆をつかむとか、いかに大衆を指導していくかという、もっぱら上からの発想」によらない、「すべての人間がポテンシャルな革命家であるという想定に立ったような政治学とも、またでき上った体制への適応性を中心にした政治学とも、違」う「日々デモクラシーを創造していく市民の立場から、状況をいかに把握し、いかに操作してゆくかということを中心にして考える政治学」について語っている。「いまばくぜんと私が考えているのは、技術としての政治学(Politics as art)を市民としての立場から構築してゆくという方向」だというのである。

春にその「方向」を語った丸山は、秋にそれを実行したのであろうか。

一面でその通りであろう。たとえば第一講の「政治的リアリズム」の記述も、「いわゆる政治的肉食獣の生活ではなく、政治・権力以外の人間活動、文化の意味に我々の生活を根ざしてこそ、政治の人間における位置と役割を正しく位置づけることができる。正しい意味での政治的リアリズムは、そこに発酵する。」と結ばれている。第二講の種々の政治的態度の解説でも、最後には、アパシーに陥らず、「パブリックな事柄への日常的な生き生きとした関心を持続する」ための

「対症法」が提示されている。第三講のリーダーシップの類型論も、決して指導者のための心得論で終わっていない。「悪しき指導への糾弾は、これを更迭し、自らの集団内からこれに代える良き指導を生み出す能力と責任によって裏付けられないかぎり、積極的市民の政治的批判とはいえない」と、問題は、結局「市民」の側に投げ返されている。「リーダーシップを他人事でなく、自己の問題として打開していく姿勢」が要請されるのである。第四講も、同様である。政党のかかえるさまざまなディレンマを指摘しつつ、なお、それを敢えて引き受けて打開していく他に、民主政を実現していく道のないことが示唆されている。あくまで、「市民」が対象である。そして、聴講学生の中には、将来の公務員もまちがいなくいただろうが、「職業としての行政」は論じられない。

しかし、それでは、「技術としての政治学」になっているだろうか。

それは、疑わしい。丸山自身の認める通り、講義内容は、「思考法の問題、判断方法の問題」(結語)に傾いている。政治に関与するための、また、その際の、心得・覚悟・モラルに、概していえば重心がある。そこには、たとえば松下圭一のいう、「市民立法」や、「市民」自身の「《政策型思考》の自立ないし成熟」(『政治・行政の考え方』岩波新書、一九九八年)を助けるような具体的方法論の構想は、結語に述べられた政治学体系のプランにも、未だ――と言っていいであろう――含まれていないのである。無論、「市民運動」の実践的教則本などとしての性格も持っていない。

今日、卒然と、とりわけ第一講を読むとき、そこに記された政治に参加する者への要求は、苛酷にさえ見えるかもしれない。状況に距離を置きつつ、それを不断の変化の相において捉えるリアルな政治認識をし、理論と実践との間の不断の緊張に耐えつつ、賭けの要素を払拭できない難しい判断をしなければならないとすれば、むしろ良心的な「市民」ほど、「それほど難しいならば自分は政治に関わる資格などない」と尻込みすることにならないだろうか。これほどの要求に応じて、なお政治に参与するのは、特別な才能の持ち主か、特別に自惚れの強い人々ばかりということにならないだろうか。これが、「コモンマン」のための政治学だろうか。

要求の苛酷さを丸山は認めるであろう。しかしなお、おそらく彼は、もしも本当に民主政を実現していこうと願うならば、やはりそのような「政治的成熟」を多くの「市民」が目指す他はないのだ、出来合いの制度を導入しさえすれば民主政になるというものではないのだ、と答えるのであろう。マイネッケ、ヴェーバー、シュミット等を承けて、政治における「悪」を強く自覚する彼の政治観は、単純な進歩史観にもたれかかった楽天的なおめでたい民主主義者たることを彼に許さず、その議論に独特の深みをもたらしているのである。

しかも、丸山は、そもそも政治的関心を持たない学生に、政治への関心を持つように誘っているのではない。政治的真空において抽象的一般論を述べていたのでもない。その年の春、多くは「安保闘争」に関わって、あるいは熱狂し、あるいは激昂し、あるいは困惑し、あるいは絶望した（であろう）学生たち（その中には、無論、マルクス主義者もいた）——そして、その背後にいた日本の「市民」たち——に、語りかけていたのである。この時点において、彼等に、政治について特に語るべきだと考えたことを、語っていたのである。そして、政治を決して甘く見ず、したがって簡単に「挫折」せず、政治の困難さを充分承知しながら、しかも「脱政治化」してアパシーに陥らず、まして「二度目の政治参与」としての「ヒステリックな暴風のような」「過政治化」にも走らず、ユーモアを忘れない「能動的市民」として生き続けるように、静かに勧めていたのである。

その意味では、結語における「能力のなさと時間的余裕のなさのため、構想の半ばしか話せなかった」という述懐にかかわらず、彼は、この時のこの聴衆のための（「技術としての政治学」の基礎となる）「政治原論」は、かなりの程度、既に語り終えたのではないだろうか。おそらくそれは、過去の政治思想史の研究と、政治的理想への情熱と、生々しい現実政治の認識の企ての三者が、常に相互に支え合っていた彼の、この時の「政治原論」の主要部分だったのである。

ちなみに、五年後の教養学部（原則として一、二年生が在学する）における「政治学」講義では、丸山は、本講義の第一講は省略し（代わりに「現代政治学の問題」と題する新しく書き下ろした第一講を設け）、その後、概ね、本講義の第二講→『政治の世界』→第三講→第四講を、話したようである。その時点の一年生には、かつての第一講部分は必ずしも適当でないと考えたのではあるまいか。（新たな第一講のための講義メモは、本書に付録として収めた。）

念のために付け加えれば、以上は、丸山の「政治学」が、彼の政治的立場からするその時その時の特定の党派的意図に導かれていたということを意味しない。全く意味しない。語りかける具体的相手を想定しつつも、例の通り彼の言葉は、政治という、ある意味で偉大で、そしてある意味で恐ろしく、しかも人間存在にもののけのようにつきまとって離れない現象への深刻な省察へと、何人をもいざなうのである。彼が出した、一九六五年講義の次の期末試験問題は、それを鮮やかに象徴している。

「　政治学試験問題

つぎの命題について論評せよ。

一、政治は可能性の技術である。

二、極左と極右は相通ずる。

以上二問

（注意　諸君の答案がいかなる政治的イデオロギーあるいは世界観の立場に立って書かれようとも、そのこと自体は採点の考慮に入らない。）」

本書の成立は、何よりも、丸山先生の草稿類を厳重に保管し、しかも必要に応じて寛容にその借用を許された丸山ゆか里様の御協力によって可能になったものである。深く感謝する。

また、学生時代の貴重な筆記ノートを貸与し、複写を許してくださった熊野勝之氏、厚東洋輔氏、渡辺弘道氏にも、心からの謝意を表する。これらが無かったならば、草稿の解読は、さらに困難だったであろう。

また、教材部のプリントを編集した「K君」にも——その本名が明らかでないのは残念だが

――感謝したい。聞き違いによる微笑ましい誤記等も少なくないものの、単なるアルバイト仕事に終わっていないその努力の成果は、丸山先生御自身をも助けたのである。

さらに、東京大学出版会編集部の門倉弘氏にも、心から感謝する。門倉氏は、丸山先生の生前からこの一連の講義録の出版計画を進められ、本巻についても忍耐強い産婆役を務められた。

本書の公刊は、丸山先生の御遺志を継いだものである。かつて直接に指導を受けた一人として、そのために協力することは嬉しい責務であった。しかし、もし先生御自身が本書を読まれたならば、満足されるか否かについて、自信はない。今は、せめて御遺志に大きく背いていないことを祈念するばかりである。

☆初出、『政治学 一九六〇（丸山眞男講義録第三冊）』（東京大学出版会、一九九八年）。

私が編集した『政治学 一九六〇（丸山眞男講義録第三冊）』の解題である。同書を手に取らない方にも、丸山の一面を具体的に知っていただくには役立つと思い、本書に収録した。

本書への収録にあたり、極く一部、表記を整え、語句を補足し、読点を補った。

32　追悼　丸山眞男先生

本学会会員、丸山眞男先生は、本年八月、逝去された。八二年四カ月余の御生涯だった。

先生は、一九一四年に生まれ、一九三七年に東京帝国大学法学部を卒業後、直ちに助手に採用され（指導教官は、南原繁教授）、一九四〇年、同助教授に昇任、新設の「政治学政治学史第三講座」（通称、東洋政治思想史講座。一九六五年、「アジア政治思想史講座」と改称）を担当された。一九五〇年、教授に昇任。一九七一年には、健康上の理由により退官されたものの、本来の停年の時を迎えられる一九七四年三月まで、大学院非常勤講師として、病を押して後進の指導に尽力された。その後も、強い精神力をもって研究・執筆に従事され、日本の（そして地球の）一市民として意見を表明され、同時に、接触を求める国内外の研究者・市民の様々な要望に、寛容に、根気強く応じ続けられた。しかし、本年晩春以来、御病気が悪化し、東京が異常に暑かったあの五二回目の「八月一五日」、遂に永逝されたのである。

例えば、今日、日本の政治思想に学問的関心を持つ者――プロであれ、アマチュアであれ――に限ってもよい。およそそのような者で、『日本政治思想史研究』『日本の思想』『「文明論之概略」を読む』『忠誠と反逆』等の名著に接しないものはいないであろう。無論、それはそこに述べられたすべてが、金科玉条として拳々服膺《けんけんふくよう》されているということではない。学問の世界にそのようなことはありえない。しかし、例えば、五六年前に書かれた先生の助手論文を、現在の徳川時代の思想史研究者も、無視することができない。一九四二年以来書かれた先生の福沢諭吉研究を、現在の福沢研究者も、避けて通ることはできない。それらは、研究史において、また「学問の思想史」において、研究者が自分を位置付けるための確乎たる座標軸をなしているのである。先生の関わったすべての知的分野において、多少とも同様のことが言えるであろう。しかも、その広大な分野での諸業績は、見事に相互連関している。その意味で、先生は、ご自身の指摘された「あらゆる時代の観念や思想に否応なく相互連関性を与え、すべての思想的立場がそれとの関係で——否定を通じてでも——自己を歴史的に位置づけるような中核あるいは座標軸に当る思想的伝統はわが国には形成されなかった」(『日本の思想』五頁)という状況を、一部、みずからの努力によって克服されたのである。そして、だとすれば、本学会会員を含む多くの人々は、語の深い意味において、多分、多少とも「丸山学派」なのである。

一方、先生に「弟子」はいない。少なくとも、先生の言葉遣いでは、そうだった。談話の文脈上、「弟子」と言っておかしくないところでも、必ず、「研究室でぼくが助教授として指導教官になっていた助手とか院生とか」(『丸山眞男集』第十二巻、二六四頁)といった回りくどい表現を敢えてされた。それはおそらく、研究者養成は、師資相承としてではなく、制度に則って教授団全体によって行われるという新制大学の建前を、実行においてのみならず表現においても、尊重されたからである。同様の、律儀に、そして頑固なまでに、自分も承認した建前を遵守する態度は、随所に見られた。おそらく、その背後には、一切の公共的な建前を軽侮して「本音で行こうぜ、本音で」と言い放つような態度が、一見痛快にして「野党的」でありながら、その実、建前の現実化を当初から放棄することによって、結局、現に権勢を有するもの――人であれ、現象であれ――をそのまま容認し、承認し、遂には翼賛するに至ることへの、凛とした拒否があった。かつて直接に先生の指導を受けるという特権に与《あずか》った者たち（「弟子」ではなく！）は、それを理解した。そして、その個人的な温かさと原則を守る厳しさとの双方を、共に愛したのである。

先生にはそのような両面があった。その文体が表し、その音楽への深い愛情が示しているように、先生には、豊醇な美意識があった。しかし、耽美主義は断乎として拒絶された。その論証の緻密さの示すように、先生には、事物の細部への鋭敏な感受性があった。しかし、現実の無限のニュアンスに埋没し、結果として曖昧さに居直ることは、嫌悪された。先生は、「不合理」が「合理」を支え、「合理」の極みが「不合理」に至り、大きな善意が途方もない残虐さをもたらすといった歴史の皮肉に、よく言及された。しかし、それを理由に、思想的・政治的な態度決定を回避し、不決断に陥ることを、峻拒された。そして、「近代」がその当初からかかえている問題性も、先生は強く意識された。しかし、それをさも事新しげに言い立てて憎悪の気分を醸し、理性自体をみずから呪詛し、さらには人類史全体を嘲笑するような態度には、決して与《くみ》されなかった。

当然ながら、先生への関心は国内外で高い。現在、その既発表の作品をほぼ網羅した『丸山眞男集』（全十六巻、別巻一）が、刊行中である。従来から次々に著されている日本語による研究書・論文に続き、最近、英語による研究書も刊行された（Rikki Kersten, *Democracy in Post-War Japan: Maruyama Masao and the Search for Autonomy*, London; Routledge, 1996.）。先生の作品は、中・韓を含む多くの言語に翻訳され、欧米に、アジアに、先生を敬愛する人々は多い（先生を時には感情的に論難する人々の中に、そのような人がいったい一人でもいるだろうか）。

先生を失ったことは、無論、設立間もないわが学会にとって大きな痛手である。しかし、実は、およそ自主的な知の営みを愛し、人類の「知の共和国」の繁栄を願う者すべてにとって、これは、深い痛手なのである。

一九九六年九月二六日

☆初出、『政治思想学会会報』第三号（政治思想学会、一九九六年一〇月）。

政治思想学会は、西洋・日本を問わず、およそ政治思想・政治哲学を研究する者が交流することを目指して結成された学会である。後ろから三つ目の段落の「人類史全体」が、印刷の際、何故か「人類全体」となってしまっていた。今回、これを元の原稿のままに復元した。

Ⅵ

挨拶と宣伝

33　李退渓と「普遍性」

（一）はじめに

韓国を初めて訪問した日本人の多くは、一〇〇〇ウォン紙幣を見て、そこに描かれた肖像が、李滉（号は、退渓。一五〇一―一五七〇）という十六世紀に生きた朱子学者であるという説明を聞くと、驚くと思います。朱子学者が紙幣の肖像になるなどということは、日本では考えられません。

何故でしょうか。

それは、第一に、日本では、儒学・朱子学は、いわゆる「封建的」な時代の、古臭い教説の体系だと普通は考えられているからです。その思想的伝統は、現代の国民が誇りに思い、機会あるごとに想起すべきものだ、などとは、一般に考えません。

第二に、日本では、儒学・朱子学は、中国の思想だと考えるからです。外国である中国の思想をよく理解し、実践したということは、独立国として誇るべきことではないと、多分かなりの数の日本人が感じるからです。つまり、儒学者を顕彰するということは、日本では、ナショナリズムの感情に反する可能性があります。

ちなみに、近年の日本の紙幣の肖像は、近代の学者・文学者ばかりです（二〇二四年から、経済人が一人加わる予定)。

では、何故、韓国では、李退溪のような朱子学者が、現代の自由で民主的な国家を構成する国民の象徴的存在たりうるのでしょうか。この、日本人から見ると不思議な事態を、どう解釈すればよいのでしょうか。以下において、この疑問に対する私の解答の試みを御紹介したいと思います。それが当たっているのかどうか、韓国の皆様に判定していただければ幸いに存じます。

(二) 現代国家と朱子学

まず、現代の韓国が李退溪を象徴的人物とするのは、彼の信じた朱子学の思想体系の全体を、そのまま現在においても信奉し、実践すべきものだ、と国として決めているということではないだろうと思います。

例えば、退溪の「聖学十図」第一は、「太極」が「動いて」、「陰陽」そして「五行《ごぎょう》」が生じ、それらの運動・運行によって春夏秋冬の季節が巡っていると説明しています。しかし、韓国が「太極」と易の「卦《け》」を描いた図を国旗にしているからといって、韓国の科学者が「陰陽五行」で自然を説明しようとするということはありえないでしょう。

また、退溪は、「三綱」、即ち「君と臣」「父と子」「夫と妻」の三つの上下関係をこの世の秩序の根幹と考えましたが、現代社会においてもそうだとは、おそらく言えません。そもそも韓国は、「民国」即ち共和国であって、そこに君主はいない。大統領は「君」ではなく、財閥の指導者も「君」ではない。会社の上司と部下の関係も、「君臣」ではない。そして、「妻」が「夫」に忠誠を尽くすべきだという考えも、現代韓国の女性は承認しないでありましょう。

さらに、韓国には多くのキリスト教徒がいると聞いていますが、キリスト教と儒教とが両立するか否かは、十六世紀の中国以来、激しい論争になっている大きな問題です。すべてのキリスト教徒に、朱子学を信奉せよと命じることは不可能でしょう。

このように考えると、朱子学がそのまま現代韓国の国是となるということは、ありえないと思います。朱子学、あるいはより広く儒学・儒教が、そのまま現代韓国の正統の思想・信条 orthodoxy となることはできない。

では、李退渓の思想のどこが、現代においても尊ぶべき、学ぶべき側面なのでしょうか。

(三) 道理

李退渓の思想の、現代においてなお尊ぶべき、学ぶべき側面の一つは、現実がいかにあろうとも、理想・理念・規範を高く掲げ、それを現実と明確に区別し、そして現実を少しでもその理想・理念・規範に近づけようとする態度なのではないでしょうか。

退渓のその態度をよく象徴しているのが、彼の、朱子学者の中でも独特の「四《し》端《たん》理《り》発《はつ》・七《しち》情《じょう》気《き》発《はつ》」論です。私は、韓国における現在の「四端理発・七情気発」論についての研究状況を知りませんので、皆様にとってはおそらく分かりきったことかと存じますが、以下において、まず、私の「四端理発・七情気発」論についての理解を述べます。

「四端」、即ち、孟子のいう、「惻隠・羞悪・辞譲・是非」という四種類の心（『孟子』公孫丑上）と、「七情」即ち、『礼記』礼運篇にいう「喜・怒・哀・懼《く》・愛・悪・欲」の七種類の「情《じょう》」との関係は、いかなるものか。まず、孟子のいう四種類の「心」とは「情」の意味だという解釈が前提ですが、その上で、この四種類の情と七種類の情とはどのような関係にあるのかという問題です。

孟子によれば、例えば、小さな子供が井戸に落ちそうであるのを見たならば「あっ危ない、かわいそう！」と思う「怵惕惻隠《じゅってきそくいん》の心」は、人ならば誰にでもあるものです。自分の不善を羞じ、人の不善を憎むという「羞悪の心」も、己を去り人に与えようとする「辞譲の心」も、善を知ってそれを是とし、悪を知ってそれを非とする「是非の心」も、同様です。それは、人の生まれつき有する本性、即ち「天理」が、容器の中にあるものの端緒、即ち糸口が外にはみ出たように、外に現れ出たものである、と朱子は説明しています（『孟子集注』）。一方、『礼記』には、「何を人情というのか。喜・怒・哀・懼・愛・悪・欲である。この七つは、学ばずにできるのである。（何謂人情。喜怒哀懼愛悪欲。七者弗学而能。）」とあります。そこで、人ならば誰にでもあるというこの四種の「情」と七種の「情」とは、いかなる関係にあるのかが問題になるわけです。

多くの朱子学者は、次のように説明すると思います。

「情」は人の「心」の「気」の動きである。人の「心」は「外物」（心の外にあるすべての物事）に触れることがまったく無ければ、「心」の本体である「性」、即ち「理」（つまり、人の

在るべき在り方。마땅히 그렇게 해야하는 것, 마땅히 그러할 것）と共にあって、静まりかえっている。しかし、「外物」に触れると、それに反応して「心」が動く。それが「情」である。ただ、「情」の動きの中には、良いものもあれば、悪いものもある。良い「情」は、人の「性」即ち「理」に沿って「気」が動いた結果である。悪い「情」は、その「理」から逸脱して「気」が動いた結果である。ところで、「四端」は、すべて「理」に沿ったもの、即ち「理」の現れであるから、どれも良い「情」である。これに反して、「七情」には、良い情と悪い情との双方が含まれている。例えば、自分の利益にさえなればよいとその実現を目指す「私欲」も、「欲」であるので「七情」の内だが、これは悪いものである。

つまり、「四端」は四種類の良い「情」を指しており、これに対し、「七情」は悪い「情」と良い「情」とを総合した表現である――これが普通の解釈だと思います。別の言い方をすると、「情」はすべて「気」の動きだが、それが「理」に合致している場合と合致していない場合がある。「四端」は合致している四つの「情」を指し、「七情」は合致している場合と合致していない場合を含めて言う、ということです。

ところが、李退溪は、そのような説明を拒否しました。そして、「四端」と「七情」とを厳格に区別しました。そして、「四端は理に発し、七情は気に発する」（「四端之情、理発而気随之、……七者之情、気発而理乗之……若気発不中而滅其理、則放而為悪也」、『進聖学十図箚』『退溪先生文集』巻之七）と定式化しました。

この二者は、いずれも理気に外ならない。しかし、そのよって来たるところ、おのおのその主たるところ、その重たるところによって言えば、一方は理であり、一方は気であると言っていけないことがあろうか（二者雖曰皆不外乎理気、而因其所従来各指其所主與所重而言之、則謂之某為理某為気、何不可之有乎。）（「答奇明彦（論四端七情第一書）」、『退溪先生文集』巻之十六）[1]

四端は理に支配されていて気がこれに随う。七情は気に支配されていて理がこれに乗ずる。それ故に、端は微かになりやすく、情は暴走しやすい。（「四端主於理而気随之。七情主於気而理乗之。故端易微而情易暴。」）（「答李仲久」、『退溪先生文集』巻之十）

なぜ、退溪はこのように、「四端」と「七情」とを厳格に区別しようとしたのでしょうか。それは、退溪が「近年、羅整庵が理気は異物ではないとする説をとなえ、朱子の説を非とするに至っている。（近世羅整菴倡為理気非異物之説、至以朱子説為非。）」（「答奇明彦　論四端七情第一書」『退溪先生文集』巻之十六）、「整庵の書は、現代の人が多くその毒にあたっている。（整菴書今人多中其毒）」（「答奇明彦」丁卯『退溪先生文集』巻之十七）と、羅欽順に対して強い警戒感を示していることから明らかです。[2]

羅欽順（整庵。一四六五〜一五四七）は、王守仁（陽明。一四七二〜一五二八）と同時代の明代の人で、退溪から見れば、近年の中華の最新の思想動向を示す人です。整庵は、「気」が様々に運動・運行しながらそこに乱れないものがある、「そうである所以は解らないが、しかしそうなる――それがいわゆる理だ。もとより気と別に一つの物があるわけではない。理は気に依って立ち、気に附して運行するのだ。（有莫知其所以然而然、是即所謂理也。初非別有一物。依於気而立、附於気以行也。）」（『困知記』巻上第十一条）、「理とはただ気の理である。気がめぐるところにおいて、それを観ることができる。（理只是気之理、当於気之伝折処観之。）」（同、続巻上第三十八条）等と主張しました。現実の「気」とは別個に、つまり現象の奥底に「理」があるのではなく、現実の中に理があるというのです。

　退溪からすると、それは、異なる物を丸呑みにするものです。そして、結局、「気」をもって人の本性を論ずるという弊に陥り、ついには「人欲」を「天理」と見做すということになる――そういう危険性のある考え方です（「夫講学而悪分析、務合為一説、古人謂之鶻圇呑棗。其病不少、而如此不已、不知不覚之間駸駸然入於以気論性之弊、而堕於認人欲作天理之患矣。」、「答奇明彦　論四端七情第一書」『退溪先生文集』巻之十六）。

　微妙な相違ですが、退溪は、「天理」と「人欲」とを明確に区別したいのです。自分にとっては都合が良いとしても他の人々の願いとは矛盾するような欲望を、みずから「天理」だと理解し、そう称して押し通すようなことを許したくないのです。ですから、「四端」も「七情」の一種だとか、「七情」の内で良いものを「四端」と呼ぶ、とは言いたくない。それでは、善悪の区別が曖昧になりかねない。悪に流れてしまうことを警戒すべき「七情」と、純粋に正しい「四端」とは、明確に区別しなければならない――それが、退溪の「四端理発、七情気発」説の意味であり、意図であると思います。

なお、「理発」「気発」という表現も、退溪の指摘するように、『朱子語類』に例があります（巻第五十三第八十三条「四端是理之発、七情是気之発」）。また、朱子は、「人心」と「道心」（「人心惟危、道心惟微、惟精惟一、允執厥中」、『尚書』大禹謨）、つまり、現実の人の心と、天理に基づく人の本心との区別を説明して、それぞれを「形気の私から生じたもの」と「性命の正しさに由来するもの」と表現したこともあります（「以為有人心道心之異者、則以其或生於形気之私、或原於性命之正」、朱熹『中庸章句』序）。類似の表現であり、退溪は朱子学者として逸脱したことを述べているとはいえません。

以上のように理解するならば、退溪の「四端理発、七情気発」説とは、要するに、存在と価値、事実と規範、現実と理想、これらの二項の区別を厳格にし、事実・現実がいかにあろうとも規範・理想・理念を高く掲げる、という態度の表明です。既成の現実を理想・理念と曖昧に混同して、正当化することを拒否する、という姿勢の宣言です。それは、決して「封建的」でもなく、古臭くもありません。

そうだとすれば、現代韓国において、この朱子学者の肖像が国民を鼓舞するものとして掲げられるのも、その理由が理解できる。私は、そう考えます。

（四）普遍性

さらに、退溪は、「私」を憎み、「公」であることを目指します。「私」とは、自分や自分たちだけにとって利益になることを目指す態度です。「公」はその逆です。道徳的に正しいとは結局「公」であることであり、悪とは「私」です。退溪は、次のようにくりかえしています。

私とは一心の害虫であり賊であって、すべての悪の根本です。（私者一心之蟗賊而萬悪之根本也）（「戊辰　経筵啓劄二」、『退溪先生文集』巻之七）

聖人の地位にあっても、なお偏僻《へんぺき》の私があることを恐れて、常に警戒するのです。（雖至聖人地位猶恐或有偏僻之私常懍懍為戒）（同）

そして、例えば先輩の学説を批判するのは慎重にすべきだとしつつも、こう述べます。

弟子が師の書を議するのを厭うべきこととしないのは、義理天下之公をもってするからではないでしょうか。誰が先か誰が後か、誰が師か誰が弟子か、あれかこれか、どれを取りどれを捨てるか、それは、もっぱら何が至当であるかによるのであって、変更することはできません。故にこの解（黄仲擧「白鹿洞規集解」）は、あなたの門人の中の道理を識り、是非を公にする者とその得失を論じ、その去るべきところを去り、その存すべきところを存して、改めて原稿を造って世に行うならば、後学にとって幸いです。（以弟子而議師門之書不以為嫌者、豈不以義理天下之公也。何先何後何師何弟何彼何此何取何舍一於至当而不可易耳。故是解也得與其門人之識道理公是非者考其得失而去其所可去存其所可存改刊以行於世、則後学之幸也。）（「重答黄仲擧」、『退溪先生文集』巻之十九）

先輩や先生の学説であっても、誤りは誤りです。それを指摘することを避けてはならない。「義理天下之公」が優先するのです。

この「公」という漢字は、英語のpublicと翻訳することがありますが、その意味はかなり違います。Publicとは、何か。例えば、最も権威のある英語辞書、*Oxford English Dictionary*（Second Edition, Clarendon Press, 1989）は、まず、Pertaining to the people of a country or localityと説明し、ついで次のように敷衍しています。

Of or pertaining to the people as a whole; that belongs to, affects, or concerns the community or nation; common, national, popular.

つまり、何か特定の国や地域の人々全体にかかわる、というのがpublicの意味です。ある集団の人々全体にかかわるという意味から、public-spiritedである（公共心がある）ことは、その集団の中では尊敬されることですが、その集団の外部に対してはいくらでも偏狭でありえます。例えば、アメリカ合衆国でpublic spiritを持った人が、America First（アメリカ・ファースト）を唱えるということは、十分にあり得ます。したがって、publicであることが直ちに普遍的な道徳的意味を持つことはありません。

これに対して、李退溪のいう「公」とは、特定の国や地域にかかわるものではありません。ともかく、公平で、偏りが無いことです。ですから、狭い範囲での公平を意味する場合もありえますが、往々にして、人類全体に通用するという意味です。「公」である「義理」は、慶尚道だけで通用するものではなく、韓国でだけ通用するものでもなく、全人類にとって正しいものであるはずです。自分にだけ都合の良いことは「公」ではなく、自分たちにだけ都合の良いことも「公」ではない。全「天下」に向かって、後ろ暗いところがまったく無いのが、本当の「公」です。常に、より広い「公」、より大きな「公」に照らして、一点の偏頗・不公平の曇りもないように、最高の人格者である「聖人」さえ注意を怠らないのです。

このような「倫理的な正しさとは普遍的であることだ。普遍化可能性を持つ判断が倫理的なのだ」という立場は、イマヌエル・カントImmanuel Kantの倫理哲学の立場とかなり共通します。ご存じのように、カントは、「自分の意思の準則が、一般的な立法の原理たりうるか否か」が正邪の判断の基準だ、と主張しました（『実践理性批判』）。同様に、退溪にとっては、「仁・義・礼・智・信」という徳目は、両班だけに通用するものではなく、韓国人だけに通用するものでもなく、万人に通用するものでした（現代でも、例えば、原則として人に対して「仁」であることは、誰からみても善いことでしょう(3)。

ところで、「偏僻之私」が無いかどうかは、ただ自分で注意すれば良いのでしょうか。自省し、自戒すればそれで十分でしょうか。そうではありません。それでは、自己欺瞞が生ずる可能性があります。自分は「公」だと思い、そう称していても、実は「私」であるという偽善が生ずる可能性があります。

その可能性を封じる重要な手段が、「講習討論」です。朱子が、『大学章句』伝之三章で「学とは講習討論の事をいう（学謂講習討論之事）」と述べた、あの「講習討論」です。一人で自省するだけでなく、他の人々と議論を交わし、自分の考えが本当に正しいかどうかを相互に批判して、確かめるのです。先ほどの引用にもあったように、自分の先生の説であっても、批判してかまいません。友人の説なら当然のことです。李退溪の奇大升（明彦）との一〇年以上継続した書簡による討論もその一例です。その際、退溪は、自説に誤りがあると思えば、堂々と訂正しました。意見がどうしても異なれば、「天下之公論を待つのみ」（「答奇明彦（論四端七情第二書）後論」、『退溪先生文集』巻之十六）です。彼の弟子も、「先生は学者と講論し、疑わしいところに到ると、自分の考えを主とせず、必ず博《ひろ》く衆論をとった。（先生與学者講論到疑処不主己見、必博采衆論。）」（『退陶先生言行通録』巻之二「類編　学問第一」）と回顧しています。

立場にかかわらず、自由に議論するわけです。それは、「義理天下之公」を追求するためでした。そして、人は「公」なる道理に沿って生きるべきものです。この意味で、李退溪において、議論の自由は、人間が人間らしくあるための必須の条件でした。

特定の人間関係や立場を超えた、議論によって保障された普遍性の追求、それもまた、現代韓国において、李退渓が国民の伝統の誇るべき象徴になっている理由なのではないでしょうか。私は、そう理解しております。

（五）世界認識と道理

ところで、李退渓の次のような文章は、現代から見るとやや問題があるように感じられるかもしれません。

天に二つの太陽は無く、民に二人の王はいない。春秋の大一統は、天地の常経であり、古今の通義である。大明は天下の宗主であり、海の片隅から太陽の昇る地まで臣服していないところは無い。（天無二日民無二王、春秋大一統乃天地之常經古今之通義也。大明為天下宗主、海隅日出罔不臣服）（「礼曹答日本国左武衛将軍源義清」、『退渓先生文集』巻之八）

つまり、中国大陸の王朝である明朝を、全世界の「宗主」と認め、「朝鮮国」を含めた全世界が明朝に「臣服」することを当然としているのです。これは、現代において通常考えられている国家間関係の理解とは、異なります。現代では、平等の「主権」を有する国家が並立し、権利としては平等な国家同士が条約等を締結して関係を構築するというのが、国際関係についての通常の理解だからです。

しかし、退渓のいう「臣服」は明朝の経済力や軍事力を畏敬するということではありません。また、自国内の政治についてすべて明朝の指示に従うということでもありません。そうではなく、人類の普遍的な道徳を最も早く発見した「聖人」の生じた地として、そして最もよく普遍的な道徳を体現している、道徳の中心として、尊敬するという意味です。無論、明朝が普遍的な道徳を最もよく体現していたかという事実認識については、大いに疑いがあります。しかし、普遍的な道理を信じるならば、世界各地においてその実現の度合いには差があり、ある地においてはそれが最もよく体現されているということは、論理的に言って当然にあるはずです。普遍的な道理が、普遍的な基準になるからです。共通の基準が無ければ、（力によるものではない）中心もなく、周辺もありません。

退渓は、大陸の王朝が清朝に代わって以後の朝鮮国における「小中華」主義者のように、自国こそが世界の中心だ、というのではありません。ただ、当時においては、明朝中国が中心だと認めたということです。それは、外国崇拝ではありません。普遍的道理の信奉の結果です。彼において、儒学・儒教は「中国思想」などではないのです。そして、それは、現代において、例えば「人である以上、決して奪われるべきではない基本的な人権がある。それが普遍的な道理である」と信じた人が、自国よりはどこかの外国においてこの道理がよく実現していると言ったとしても、外国崇拝ではないのと同じことです。そして、基本的人権の原理を真摯に信じる人は、それが西洋で発達したからといって、「西洋思想」だとは言いません。

そして、一般的に言って、普遍的道理を自国こそが世界で最もよく実現していると信じて自己満足している人よりは、自国はまだまだ不十分だと認めている人の方が、真剣に自己改善の努力をするのではないでしょうか。

結局、現代韓国において李退溪が国民にとっての誇りになりうるのは、単純に優れた朱子学者だったからというのではない。そうではなく、既成の現実に埋没して、それを正当化したり自己満足することを鋭く拒否し、普遍妥当性のある道理・理想・理念を求め、そのために議論することをためらわず、自己欺瞞や偽善を避け、そのような道理の追求によって自己と社会をより善くしていこうとした――そういう態度において素晴らしかったから、なのではないか。私は、そう理解いたします。

聴衆の皆様の御判断はいかがでしょうか。

（1）なお、「答奇明彦（論四端七情第二書）」では、「與所重」の三文字を削除しています。
（2）退溪は、奇明彦の説が羅整庵の「理気非二物之説」に近いと前に述べたのは誤りだったとして、一度その意見を撤回しました（「答奇明彦（論四端七情第二書）後論」、『退溪先生文集』巻之十六）。しかし、その後、再度、整庵の説と合致していると指摘しました（「（丙寅）重答奇明彦　別紙」、『退溪先生文集』巻之十六）。
（3）但し、例えば、基本的人間関係（「五倫」）の一つとして、「夫婦有別」を信じたことは、普遍性を欠いていると現代からは見えます。女性も男性も人であることからすれば、その生まれだけで上下が決まり、一方は再婚しても良いが他方はしてはならず、一方は専ら「内」のことをしなければならないというのは、同じ人間でありながら（子供がいつか親になる可能性があり、年長者もより年長の人から見れば年少者であるような）置換可能性がまったく無い関係です。それを正当化するのは、「偏僻之私」ではないでしょうか。

☆国際退溪学会主催「退溪逝世四五〇年記念　第二八次退溪学国際学術会議『現代人의 삶、退溪에게 묻다（現代人の生：退溪に問う）』」（二〇二〇年一一月）における「基調講演」。同会議の報告集に、韓国語訳・英語訳と共に掲載された。

国際退溪学会の本部はソウルにあり、聴衆は、主に韓国の儒学研究者と儒学信奉者である。そして、李退溪の没後四五〇年を記念し、専ら退溪から何を学ぶべきかを主題とした会議であった。そのような会議の性質上、この報告には挨拶の要素があるが、決して「社交辞令」を述べたわけではない。

34 閉講のあいさつ（東京大学公開講座）

東京大学の公開講座は、毎年春と秋に開かれ、その企画委員長には、学部長が輪番で当たっております。この春の番は法学部長ということでしたので、私は、企画委員の先生方と共に企画・人選を考え、また、講座には毎回出席して、皆様と共に講義を聞かせていただきました。御参考になるかどうかはわかりませんが、一聴講者としての私の感想を二つ、御紹介したいと存じます。

第一の感想。

十九世紀のフランスの小説家、フロベールに『決まり文句の辞典』という作品があります。そこには、我々が考えも無しに言ってしまう紋切り型の表現が集められていて、それを読むと、自分もついついそう言ったり書いたりしていたことに気付かされ、恥ずかしくなる——そういった「辞典」です。例えば、「イリアス」を引くと、「オデュッセイアと続けて言う」と書いてある。「オデュッセイア」を引くと、「イリアスと続けて言う」と書いてある。読みもしないで名前だけ覚えて、「古典」として崇めている俗物性が、暗に指摘されているわけです。以前、私はこの本を読んで、「現代」という語を引いてみました。すると確か、「転換期である」と書いてありました。つまり、既に十九世紀の人たちも、「今や転換期である」「現代は転換期だ」などとしきりに口にしていたようです。もしかすると、人類は、太古から、「最近、世の中が変わってきた」「どうやら今や転換期だ」などと言い続けているのかもしれません。

これを読んだとき以来、私は、「今は転換期だ」などとはけっして言うまいと決心しておりました。しかし、この四月七日以来、五回にわたって、皆様と共に「未来」についての「講義」を聞いてきて、私はこう思いました。この「今」は、これまでの「今」と違って、どうやら本当に「転換期」らしいと。

まず、日本社会は、大沢（真理）先生のお話では、超高齢社会になり、従来の「性」による役割分担が大きく崩れることになりそうです。また、先週のお話では、日本経済・日本企業の在り方も大変革の時のようです。日本政治は、無論、明らかに転換期です。また、食料供給の在り方も、医療や教育も変わる。そして、地球環境も大きく変わるようです。さらに、驚くべきことに、宇宙全体も転換期を迎えたようでして、「最近」、宇宙はその拡大の速度を上げた、というのが、佐藤（勝彦）先生のお話でした。もっとも、宇宙物理学者のいう「最近」とは、三日前や数年前のことではなさそうですが……。ともかく、どうやら私たちは、本当に、宇宙の、地球の、世界の、日本の、何重もの巨大な転換期に、偶然にも遭遇し、生きているようです。

それゆえに、先が見えないという将来への不安もあります。しかし、講義を聞いているうちに、私は、そう無闇に不安になる必要もないのだ、ということも教えられたように思いました。高齢化・少子化の問題も、解決の道はあるようです。日本経済再生にも方法はあるようです。政治も、私たち有権者が賢くふるまうことによって、良くなりうるようです。また、地球の温暖化は確かに大問題ですが、しかし、地球表面がすべて砂漠化するようなことは起きない、したがって食料が絶対的に不足することにはなるまい、というお話でした。また、宇宙の未来は人類にはどうにもなりませんが、しかしどうにもならなくても、私たちの人生には、所詮、直接の影響はありません。

つまり、私たちは無闇に不安にならなくてもいい。おそらく私たちは絶望する必要はない。むしろ転換期は、皆で賢く対応すれば、すばらしいチャンスなのかもしれません。私たちも、そして、私たちの子供たち、孫たち、曽孫たちも、結構楽しく、うまくやっていくかもしれません。私はそう感じました。それに、本公開講座の最後の講義（「死の先にある未来」池澤（優）先生）によれば、私たちは無論いつかはこの世を去らなければならないものの、それでもそのこと自体によって、後の世代に、生きることの意味と希望とを与えることさえできるようです。

そういうわけで、私は、十人の先生の講義を聞き終わって、口笛を吹いてスキップしながら帰宅しようと思うほどには楽天的な気分ではありませんが、しかし、うつむいてとぼとぼと帰らずにはすみそうだ——そういう気分です。皆様はいかがでしょうか。

第二の感想。

私は、不勉強で、自分の専門からこれほどに遠い先生方のお話を、これほどまとめて聞いたことは、これまでありませんでした。講義はそれぞれ実に興味深く、感銘を受けました。それは単に、種々の最先端の知識が得られたということではありません。様々な問題について考えるときに、こういう探求の仕方をするのだな、こういうふうに考えていくとすっきりと解ってくるのだな、ものが見えてくるのだな、ということを教えられた、それで感銘を受けたのです。つまり、新しい知識を獲得した喜びだけでなく、新しい考え方を学んだという喜びです。おそらく多くの皆様も、それを感じられたのではないでしょうか。

学問の楽しさ、面白さを、私は改めて感じました。学問の府、大学には、それぞれにちょっと変わった面白い人たちがたくさんいます。その中には、今日判明したように、毎日お葬式の意味について考えている方さえいらっしゃるようです。大学は、多種多彩の人々が世界中から集まって、毎日、自然について、社会について、文化について、人間について、学生と共に、考え、学び、実験し、議論している、本当に面白い所です。浦安の方にある何とかランドも結構面白いのかもしれませんが、しかし、あそこも毎日通えば飽きるのではないでしょうか。しかし、学問は日進月歩、毎日毎日、深く、広くなっています。だから、何十年の間、大学に通っても、けっして飽きることはありません。

東京大学は、これからも、学問の研究と教育を一生懸命行ってまいります。そして、論文や本にあらわすだけでなく、このような公開講座も催し、その学問の歓びを、大学外の皆様にもどんどん分かちあっていきたいと考えております。どうか皆様、これからも、この本郷の知性のワンダーランドにお出かけくださいますように。

本日までの熱心な御静聴、本当にありがとうございました。

二〇〇一年五月十九日

☆初出、東京大学綜合研究会編『未来（東京大学公開講座七四）』（東京大学出版会、二〇〇二年）。

東京大学の安田講堂で春秋二回開催されている「東京大学公開講座」の企画委員長としての挨拶である。この時の講演者と題目は、以下の通りである（全一〇回）。蒲島郁夫「日本政治の未来」、伊藤元重「日本経済の未来」、上野川修一「食品と食生活の未来」、川島博之「二十一世紀の食料生産」、宮島篤「臓器の再生と幹細胞」、小泉英明「未来に向けて脳を育む」、大沢真理「超高齢社会への軟着陸と男女平等」、池澤優「死の先にある未来」、松井孝典「地球と人間圏の未来」、佐藤勝彦「宇宙の未来論」。

35　本をうまく選ぶ

読みたい本は多い。買いたい本も多い。次々に新刊も出る。でも、人生の時間も使えるお金も限られている。しかも、買った本を読んで期待はずれだったとしても、返品はきかない。「不良品」をつかまされても、お金も時間も、もどらない。この本はもう二度と買わないぞ、と言っても意味がない。市場社会において、本はそういう奇妙な商品です。――それゆえ、本は、投入したお金と時間がムダにならないように、うまく選びたいものです。

しかし、それは、むずかしい。読んでから選べば確実ですが、それは選ばないということですね。書評を読んで参考にするというのもよいですが、買うかどうかを決める前にその本の書評をかならず読んでみる、というわけにもいきません。お気に入りの著者の本だから選ぶというのはかなり確実でしょうが、知らない著者が今後自分の気に入るかどうかは、読まなければわかりません。知っている人の本だけを読むというのでは、自分で自分を狭くしてしまいます。結局、本は、中身を正確には知らないままに選ぶほかありません。

では、どのようにして中身を正確には知らないままに、自分にとって大事な出会いとなるかもしれない本を見つけ、選べばよいのでしょうか。

私の考えはこうです。

第一に、出版社です。それぞれの分野には、それを得意とする、さらにはそれを専門とする出版社があります。その分野に興味がある以上は、そこを無視するわけにはいかないという出版社が確かにあります（大出版社とはかぎりません）。しかし、その社の新刊情報を見落とさないよう、不断に注意しているというのも大変です。では、どうするか。例えば、多くの出版社が発行している薄い安価な雑誌（ＰＲ誌）を購読するのが便利です。そうすれば毎月、一月おき、あるいは四季ごとに、確実に郵便受けに情報が届きます。広く学術書・教養書に興味があるならば、東京大学出版会の『ＵＰ』（ユウ・ピイ）もおすすめです（『ＵＰ』は、発行部数が大きく、文系・理系にまたがり、東大教員の多くも読んでいます。そのため、新刊情報が便利であるだけでなく、そこに毎号載る一〇編ほどの文章の書き手は、同じ専門の同僚の眼と、専門を異にする全国の知的な人々の眼との双方を意識しています。結果として、読みごたえがあり、しかも読みやすい文章が多いと思います）。

無論、各社のホームページから、メール・マガジンなどの受信登録をする手もあります。

第二に、書名です。「プリウス」「リーフ」と聞いただけでは、どのようなクルマかわかりません。しかし、例えば『阿蘭陀《オランダ》が通る　人間交流の江戸美術史』とあれば、江戸時代にも続いたオランダ東インド会社との貿易をめぐる、人物の交流や絵画の往来を紹介した本だろうという見当はつきます。それだけではありません。「阿蘭陀が通る」という諧謔味のある表現は、その本が謹厳なる教科書ではなく、無数の注を備えて批判に対する防禦を整えたいかめしい論文集（往々、非専門家には、つまらない部分が多い）でもなく、「鎖国」にまつわるこりかたまった通念を、新しい視角から軽やかにときほぐそうとするものだろう、と想像させます（実際、そうです）。

著者と出版社は、その内容にふさわしいすべての読者にその本を届けたいと願っています。そのために、書名の決定には、深く考慮をめぐらし、細心の注意をはらっています。読者の側も、書名の意図や含意を読み解くのが、うまく本を選ぶための一つのコツだと思います。

第三に、目次です。書名で興味をいだいた本の内容をよりくわしく知るには、目次を見るのが一番です。その本の構成や使われている主な概念がわかります。つまり、その主題をどのように解き明かそうとしているのかがわかります。さらに著者の力量や品性も、ある程度わかります（東大出版会では、気鋭のさまざまな専門家の集まった委員会で、目次の言葉づかいまでチェックしています。ひどい目次の本は出さないためです）。目次は、出版社のPR誌やホームページで見ることができます。最近は、図書館の電子目録で、目次を見られるものも増えました。

大学教師は、学生に「古典を読め」とよく言います。それは、時々のベストセラーよりも、永年、無数の人々を感動させてきたロングセラーの方が、はるかに読むに値する、と考えるからでしょう。そのとおりだと思います。でも、今年刊行された本がやがて古典になるかもしれません。既成の古典だけでなく、そのような本を真っ先に見つけて、読む。そして、人にもすすめる。それは、新規開店の美味しいアイスクリーム屋さんを見つけて人にすすめる以上に、今、この世を共に生きる仲間たちへの貢献ではないでしょうか。

☆初出、パンフレット『知のチカラ×未知のチカラ　東京大学出版会の三六〇冊』（東京大学出版会、二〇一一年一〇月）。
東京大学出版会の宣伝パンフレットへの寄稿を求められて執筆した文章である。

36　渡辺浩『日本政治思想史　十七〜十九世紀』（二〇一〇年）について

未読者　十七世紀から十九世紀の日本の「思想」と言えば、儒教などでしょう？　ひからびた、お説教じみたものばかりなのではありませんか。

著者　とんでもありません！　あの大胆な構図の浮世絵や、自由自在なストーリーと演出の歌舞伎、そして、あの洗練された美意識を生み出したのが徳川日本ですよ。人々の思考・思索だけが、退屈なつまらないものであったはずはありません。

未読者　ああ、それでは、「それなりに「近代的なもの」の「萌芽」もあって、捨てたものではなかった」とか言うのですか？

著者　いいえ！　私は「近代的なもの」を尺度にして、昔の人を採点したりはしません。歴史家は教師ではありませんし、昔の人も生徒ではない。正と負の両面において「近代」を知っているからといって、我々がえらいわけではない。数百年後の今でも名の残っている学者・思想家などは、本当に頭が鋭いです。御自分の書いた文章が数百年後にも読まれるという確信のある方以外は、謙虚に昔の人々に接するべきですよ。

未読者　でも、同時代のヨーロッパの絢爛たる哲学・思想の歴史から見ると、この小さな列島内の思想の流れは、所詮は、起伏の少ない、ささやかな小川ですよね。

著者　まず、十八世紀初め頃で三千百万余という日本列島の人口は、当時のヨーロッパのどの国よりも大きい。そして、江戸の百万余という人口は、当時のロンドンやパリよりもはるかに大きい。しかも、大坂・京都という性質の違う大都市もある。つまり、徳川日本は、当時の世界標準では、高度に都市化した大国です。

未読者　そうは言っても、貧しい。

著者　産業革命が日本で自生的には起きなかったのは事実です。つまり、蒸気機関と電気の利用は日本では始まらず、その結果、十九世紀になると、欧米との間で経済力などでかなりの差がつきました。でも、元来、商品経済が発達し、印刷・出版も極めて盛んです。幕末に来日した欧米人は、しばしば日本人の識字率の高さと広範な読書習慣に、自国以上だと驚いています。当然、思想的な交流・論争も盛んでした。欧米とまったく異なる、それでいて精緻な思想の、劇的な歴史が展開したのです。

しかも、そういう諸思想の交流・交錯が、徐々に徳川体制の崩壊を準備しました。さらに、「文明開化」と独特の国民国家建設という急激な大変革を導きました。徳川の世に育った人たちが、積極的に欧米の思想・制度を摂取し、独自に解釈し、進んで拡散し、実現していったのです。そのようなことが全世界で最初に起きたのが、この日本です。なぜそのようなことが起きたのか、不思議ではありませんか。その原因を知りたくありませんか。私はそれが知りたかったのです。この本は、その解答の試みでもあります。

☆初出、『東京大学出版会創立七〇周年記念リーフレット　第二弾　二一世紀を照らす』（二〇二一年八月）。東京大学出版会編集部から、自著を紹介する文章を書くように依頼されて、執筆した文章である。

索引

か行

さ行

た行

な行

は行

ま行

や行

ら行

わ行

A-Z

渡辺 浩（わたなべ ひろし）

一九四六年、横浜生まれ。東京大学法学部卒業。東京大学法学部教授、法政大学法学部教授を歴任。現在、東京大学名誉教授、法政大学名誉教授、日本学士院会員。専門は日本政治思想史。著書『近世日本社会と宋学』（東京大学出版会、一九八五年、増補新装版二〇一〇年）、『東アジアの王権と思想』（東京大学出版会、一九九七年、増補新装版二〇一六年）、『日本政治思想史　十七～十九世紀』（東京大学出版会、二〇一〇年）、『明治革命・性・文明――政治思想史の冒険』（東京大学出版会、二〇二一年）など。

筑摩選書 0272

日本《にほん》思想史《しそうし》と現在《げんざい》

二〇二四年一月一五日　初版第一刷発行
二〇二四年七月三〇日　初版第三刷発行

著　者　渡辺《わたなべ》 浩《ひろし》

発行者　増田健史

発行所　株式会社筑摩書房
東京都台東区蔵前二-五-三　郵便番号 一一一-八七五五
電話番号　〇三-五六八七-二六〇一（代表）

装幀者　神田昇和

印刷 製本　中央精版印刷株式会社

 ISBN978-4-480-01783-3 C0310

筑摩選書 0150

憲法と世論

戦後日本人は憲法とどう向き合ってきたのか

境家史郎

憲法に対し日本人は、いかなる態度を取ってきただろうか。世論調査を徹底分析することで通説を覆し、憲法観の変遷を鮮明に浮かび上がらせた、比類なき労作！

筑摩選書 0165

教養派知識人の運命

阿部次郎とその時代

竹内 洋

大正教養派を代表する阿部次郎。『三太郎の日記』で栄光を手にした後、波乱が彼を襲う。同時代の知識人との関係や教育制度からその生涯に迫った社会史的評伝。

筑摩選書 0172

内村鑑三

その聖書読解と危機の時代

関根清三

戦争と震災。この二つの危機に対し、内村鑑三はどのように立ち向かったのか。聖書学の視点から、その聖書読解と現実との関わり、現代的射程を問う、碩学畢生の書。

筑摩選書 0184

明治史研究の最前線

小林和幸 編著

政治史、外交史、経済史、思想史、宗教史など、多様な分野の先端研究者31名の力を結集し明治史研究の最先端を解説。近代史に関心のある全ての人必携の研究案内。

筑摩選書 0192

アジア主義全史

嵯峨 隆

アジア諸国と連帯して西洋列強からのアジア解放を目指したアジア主義。その江戸時代から現在までの全史をたどりつつ、今後のアジア共生に向けて再評価する試み。

筑摩選書 0228

中庸民主主義

ミーノクラシーの政治思想

崔 相龍

小倉紀蔵 訳

儒学とギリシア哲学に共通する中庸の政治哲学を現代に活かすべく「中庸民主主義」を提唱。元駐日韓国大使の政治学者が、分断の進む世界を変革する方策を考える。

筑摩選書 0231

「天下の大勢」の政治思想史

頼山陽から丸山眞男への航跡

濱野靖一郎

丸山眞男が言う日本人の「勢い」の意識とは何か。頼山陽、阿部正弘、堀田正睦、勝海舟、木戸孝允、徳富蘇峰の天下の大勢をめぐる思想から日本近代史を読み直す。

筑摩選書 0245

平和憲法をつくった男 鈴木義男

仁昌寺正一

日本国憲法第9条に平和の文言を加え、25条の生存権を追加することで憲法に生命を吹き込んだ法律家・政治家「ギダンさん」。その生涯をたどるはじめての本格評伝。

筑摩選書 0250

丸山眞男と加藤周一

知識人の自己形成

山辺春彦 鷲巣力／東京女子大学丸山眞男記念比較思想研究センター 東京女子大学丸山眞男記念比較思想研究センター 監修

戦後日本を代表する知識人はいかにして生まれたのか？出生から敗戦まで、豊富な資料とともに二人の自己形成過程を比較対照し、その思想の起源と本質に迫る。

筑摩選書 0254

日本政教関係史

宗教と政治の一五〇年

小川原正道

統一教会問題でも注目を集めている政治と宗教の関係の変遷を、近現代の様々な事例をもとに検証。信教の自由と政教分離の間で揺れ動く政教問題の本質に迫る。

筑摩選書 0255

日本人無宗教説

その歴史から見えるもの

藤原聖子 編著

「日本人は無宗教だ」とする言説の明治以来の系譜をたどり、各時代の日本人のアイデンティティ意識の変遷を解明する。宗教意識を裏側から見る日本近現代宗教史。

筑摩選書 0260

南北朝正閏問題

歴史をめぐる明治末の政争

千葉功

南北朝時代の南朝・北朝のどちらが正統かをめぐる明治末の大論争は深刻かつ複雑な政治的・社会的事件だった。現代の歴史問題の原点となった事件の真相を解明する。